PRAXISLEITFADEN PSYCHIATRIE

Rechtsfragen
in Psychiatrie und
Neurologie

PRAXISLEITFADEN PSYCHIATRIE

RECHTSFRAGEN IN PSYCHIATRIE UND NEUROLOGIE

G.A.E. RUDOLF
H.R. RÖTTGERS

2., aktualisierte und
erweiterte Auflage

DUV **DeutscherUniversitätsVerlag**
GABLER · VIEWEG · WESTDEUTSCHER VERLAG

Die Deutsche Bibliothek - CIP-Einheitsaufnahme

Rudolf, Gerhard A. E.:
Rechtsfragen in Psychiatrie und Neurologie / G. A. E. Rudolf; H. R. Röttgers. -
2., aktualisierte und erw. Aufl. - Wiesbaden: DUV, Dt. Univ.-Verl., 2000
   (Praxisleitfaden Psychiatrie)
   (DUV : Medizin)
   Früher u.d.T.: Rudolf, Gerhard A. E.: Rechtsfragen in der Psychiatrie
   ISBN 3-8244-2138-0

Univ.-Prof. Dr. med. G.A.E. Rudolf
Klinik und Poliklinik für Psychiatrie und Psychotherapie der Universität Münster

Dr. med. Hanns Rüdiger Röttgers, M.A.
Leiter des Sozialpsychiatrischen Dienstes, Landkreis Verden

Der Deutsche Universitäts-Verlag ist ein Unternehmen der Fachverlagsgruppe
BertelsmannSpringer.

http://www.duv.de

Herstellung: Gütersloher Druckservice GmbH, Gütersloh
Printed in Germany

ISBN 3-8244-2138-0

Inhalt

Vorwort zur 2. Auflage

Seit der ersten Auflage dieses Buches im Jahre 1997 - das eine ausgesprochen positive Resonanz fand - haben sich einige rechtliche Veränderungen ergeben (Neuregelungen des Sozialgesetzbuches, Novellierung des Betreuungsgesetzes, Fahrerlaubnisverordnung), die jetzt in den Text aufgenommen wurden. Zudem gibt es in vielen strittigen Fragen auch eine neue Rechtsprechung, die zu berücksichtigen war. Sie betrifft vor allem die praktische Handhabung des Betreuungsrechts bei psychisch Kranken und hat daher Bedeutung für die Bearbeitung von Themen wie die Zulässigkeit freiheitsbeschränkender Eingriffe und die Frage nach der Verhältnismäßigkeit einer dauerhaften Betreuung bei rezidivierenden Erkrankungen. Auch sonst wurde der Text in verschiedensten Kapiteln erweitert und ergänzt.

Erstmals mussten wir auch, wenn auch (noch) nur in einer Randbemerkung, Fragen der wirtschaftlichen Machbarkeit erwähnen: Die straffe Budgetierung widerspricht in eklatanter Weise dem Vollversorgungsanspruch der gesetzlich Krankenversicherten und wird in Zukunft die Verschreibung innovativer, aber kostspieliger Medikamente weiter erschweren. Noch gibt es hierzu neben allgemein deklamatorischen Äußerungen der Politik keine praktischen Leitlinien oder konkreten Urteile. Es ist aber zu erwarten oder besser gesagt zu befürchten, dass kommende Auflagen dieses Buches sich auch mit diesen Fragen und ihren rechtlichen und therapeutischen Folgen werden auseinander setzen müssen.

Ansonsten bleibt es bei dem Versuch, eine lesbare Mischung zwischen der puren Kommentierung von Gesetzestexten und den Bedürfnissen des klinischen und praktischen Alltags zu schaffen. An manchen Stellen, an denen dies in der ersten Auflage nicht oder nur unvollkommen gelungen ist, worauf aufmerksame Leser uns hingewiesen haben, haben wir uns bemüht, die Anregungen aufzunehmen und im Text umzusetzen.

Wir verstehen dieses Buch nicht als abgeschlossenes Werk, sondern als permanente Baustelle, an der fortwährend Umbauten und Verbesserungen vorgenommen werden müssen, und sind für Hinweise auf Fehler und jede Anregung zur Optimierung dankbar.

Zu danken ist Herrn J. Weser und seinen Mitarbeiter(inne)n für Geduld und Engagement bei der Umsetzung des Manuskriptes in eine lesbare Form sowie der Firma Lilly Deutschland GmbH, Bad Homburg, für die Unterstützung dieses Buchprojektes und dessen Verbreitung in der interessierten Ärzteschaft.

Münster und Verden, im Februar 2000

G.A.E. Rudolf
H.R. Röttgers

1. Einleitung

Faktum ist, dass ärztliches Handeln in ein differenziertes und vielgestaltiges System von rechtlichen (und damit justiziablen) Regeln eingebunden ist. Das gilt insbesondere für die Tätigkeit in der Psychiatrie. Hier dem Arzt durch Erweiterung seines Wissenshorizontes für Rechtsfragen etwas mehr Sicherheit und Kompetenz zu geben ist Absicht dieses Buches. Es kann allerdings kein Ersatz für psychiatrisch-juristische Spezialliteratur sein, auf die in den Literaturempfehlungen am Ende der einzelnen Kapitel hingewiesen wird.

Bei weiterführenden Fragestellungen sind die Rechtsabteilungen der Landesärztekammern, die für die jeweiligen Bereiche zuständigen Leistungsträger (z. B. Krankenkassen, Rentenversicherungsträger usw.) sowie die Gerichte (z. B. im Falle der Betreuung die Vormundschaftsgerichte) Ansprechpartner.

Die inhaltliche Gliederung und der Umfang der einzelnen Kapitel richtete sich nach den praktischen Erfahrungen der Autoren während ihrer Tätigkeit als klinische Psychiater. Eine Gliederung des Inhalts nach Rechtsgebieten (z. B. Zivilrecht, Strafrecht usw.) spielte eine nachgeordnete Rolle.

Der suchende Leser gelangt zu den Texten der ihn interessierenden Fragestellungen und den (hoffentlich) befriedigenden Antworten bzw. zu vertiefenden Bearbeitungen einer juristischen Frage durch das Inhaltsverzeichnis oder durch das ausführliche Stichwortverzeichnis am Ende des Bandes.

Die Sprache der Gesetzestexte und die der Juristen ist in der Regel eindeutig und präzis - und damit für den nicht daran gewöhnten Leser häufig nicht einfach zu lesen und zu verstehen. Gleiches gilt natürlich auch für die Sprache der Mediziner. Es lag in der Natur der Sache, dass die Autoren hier einen Kompromiss zwischen „Fachjargon" und „Alltagsprosa" suchen mussten. Ob dieser gelungen ist, ist nicht sicher zu beantworten. Sicher ist aber, dass der gesamte Text, in „Alltagsprosa" übersetzt, immens an Umfang zugenommen hätte, und das auf Kosten von Übersichtlichkeit und Handhabbarkeit.

2. Rechtliche Fragen im Praxisalltag

2.1 Arzt-Patienten-Vertrag

Das Arzt-Patienten-Verhältnis wird juristisch als ein zivilrechtliches Verhältnis angesehen und gewertet. Dies gilt trotz des großenteils öffentlich-rechtliche Elemente enthaltenden Charakters der GKV und der Krankenhausmedizin. Dementsprechend finden in Fragen des Vertragsschlusses und der Haftung im Wesentlichen die **Vorschriften des Bürgerlichen Gesetzbuches (BGB)** Anwendung, die vor allem in Behandlungsfragen durch das **ärztliche Standesrecht** ergänzt werden. Die Vergütung, ihre Bestimmung und Durchsetzung regelt sich dagegen nur noch im Bereich der Selbstzahler und der Leistungen außerhalb des Leistungskataloges der gesetzlichen Krankenversicherung nach zivilrechtlichen Grundsätzen.

Der Arzt-Patienten-Vertrag stellt einen so genannten Dienstvertrag i.S. d. §611 ff. BGB dar. Der Arzt schuldet dem Patienten daher kunstgerechte *Bemühungen* (den „Dienst") um die Genesung, nicht aber den Heilerfolg an sich.

Ein Werkvertrag dagegen würde die Verpflichtung bedeuten, ein bestimm-tes Resultat zu erzielen. In der Medizin gibt es Werkverträge vor allem im Hilfsmittelbereich (etwa die Lieferung oder Reparatur eines Hörgerätes) und bei zahntechnischen Leistungen.

2.1.1 Zustandekommen des Vertrages

Während der Patient die freie Arztwahl hat, ist der **Arzt in der Wahl seiner Patienten nicht frei**: Vielmehr besteht eine allgemeine Berufspflicht zur Übernahme erbetener Behandlungen. Die unbegründete Ablehnung kann Schadensersatzansprüche begründen, im Falle der kassenärztlichen Versorgung besteht ohnehin eine Behandlungspflicht. Diese ergibt sich aus dem so genannten Sicherstellungsauftrag der Kassenärztlichen Vereinigungen (KV), die die gesamte ambulante ärztliche Versorgung der GKV-Patienten als Verpflichtung übernommen haben, dadurch aber auch ein Monopol für die Leistungserbringung in der gesetzlichen Krankenversicherung beanspruchen können.

Eine begründete **Ablehnung der Behandlung** kann sich z. B. auf ein irreparabel zerstörtes Vertrauensverhältnis oder auf das wiederholte Nichtbefolgen ärztlicher Anweisungen berufen: In einem solchen Falle sollte sowohl zur **Vermeidung von Regressansprüchen** als auch im Interesse des Patienten eine sorgfältige Dokumentation erfolgen, die auch konkrete andere Behandlungsmöglichkeiten aufzeigt.

Es versteht sich, dass in Notfällen stets ein Behandlungsanspruch des Patienten besteht.

Das Ablehnen z. B. einer selektiven somato- oder psychotherapeutischen Behandlung aber dürfte unter der Wahrung der oben genannten Voraussetzungen und Kautelen statthaft sein.

Der Behandlungsvertrag kommt in aller Regel ohne besondere Formalitäten („konkludent") dadurch zustande, dass der Patient den Arzt aufsucht und dieser die Behandlung aufnimmt.

Die Schriftform ist also nicht notwendig. Dies gilt ebenso für Selbstzahler. Hier ist allerdings zu beachten, dass Abweichungen von der Gebührenordnung für Ärzte nur schriftlich vereinbart werden können. Dies findet in Form einer so genannten Abdingung statt, die die Bezeichnung und Gebührenordnungsnummer der Leistung, den Steigerungssatz und den vereinbarten Betrag enthalten muss (§ 2 Absatz 2 der GOÄ).

Der **Vertragsabschluss setzt die Geschäftsfähigkeit des Patienten voraus**. Darunter versteht man die Fähigkeit, Rechtsgeschäfte eigenverantwortlich vorzunehmen. Ein solches Rechtsge-

schäft kann z. B. der oben besprochene Abschluss eines Behandlungsvertrages sein. Sonderfälle der Geschäftsfähigkeit sind die Prozess-, die Testier- und die Ehefähigkeit (s. Kap. 6,7,10.1).

Die Geschäftsfähigkeit ist nicht positiv definiert, sie wird vielmehr bei jedem Volljährigen erst einmal als gegeben angesehen. Wer die Nichtgeschäftsfähigkeit eines Erwachsenen behauptet, muss dieses im Zweifelsfalle beweisen.

Das Gesetz regelt daher nur die Fälle der Geschäftsunfähigkeit bzw. der beschränkten Geschäftsfähigkeit.

Ist ein Patient nicht geschäftsfähig, z. B. bewusstlos oder schwer in seinem Realitätsbezug gestört, und ein gesetzlicher Vertreter nicht verfügbar - dies ist ein häufiger Fall in der Notfall- und Intensivmedizin - kommt deswegen statt des „normalen" Behandlungsvertrages nur eine vertragsähnliche Rechtsbeziehung im Rahmen der so genannten **Geschäftsführung ohne Auftrag** (§§ 677, 680, 683 BGB) zustande. Die Handlungen des Arztes finden im so genannten mutmaßlichen Interesse des Patienten statt und begründen auch einen Honoraranspruch.

2.1.2 Einwilligung des Patienten in die ärztliche Behandlung

Die Notwendigkeit der Einwilligung des Patienten in die Behandlung durch den Arzt ergibt sich aus folgender Überlegung: Aus dem im Grundgesetz verankerten Recht auf Menschenwürde (Art. 1 (1) GG) und aus dem Grundrecht auf freie Entfaltung der Persönlichkeit (Art. 2 (1) und (2) GG) folgt, dass jeder Mensch alleine bestimmen kann, was mit ihm geschieht.

Jegliche ärztliche Behandlung, die ihrer Natur nach einen Eingriff insbesondere in den Körper des Patienten darstellt, muss daher von einer nach vorausgegangener, **hinreichender Aufklärung** erteilten Einwilligung gedeckt sein, um sich nicht als unrechtmäßig zu erweisen. Eine Behandlung gegen den Willen des Patienten - mag sie aus ärztlicher Sicht auch noch so in dessen Interesse stehen - ist nicht zulässig. Dementsprechend stellt nach der gefestigten Rechtsprechung des BGH die Heilbehandlung im Rahmen des dreigliedrigen Straftatsbegriffes (Tatbestand/Rechtswidrigkeit/Schuld) tatbestandsmäßig eine Körperverletzung dar, wobei die Strafbarkeit nur im Rahmen der Prüfung der Rechts-

widrigkeit durch eine entsprechende Einwilligung entfallen kann.

Für den Psychiater ist weiterhin zu beachten, dass die Rechtsprechung darüber hinaus die **Behandlung** mit vielen Psychopharmaka, insbesondere **Neuroleptika, als „persönlichkeitsverändernden Eingriff"** versteht.

Die gestörte, krankheitsbedingt veränderte Persönlichkeit wird zum Ausgangspunkt der Betrachtung genommen. Von diesem Ausgangspunkt aus gesehen stellt das Zurückdrängen krankheitsbedingter Veränderungen und die Wiederherstellung der prämorbiden Persönlichkeit denknotwendig einen „persönlichkeitsverändernden Eingriff" dar, der besonders hohe Anforderungen an Aufklärung und Einwilligung stellt.

Aus ärztlicher Sicht sind das Konstrukt des Heileingriffs als eine nur durch Einwilligung straffrei gestellte Körperverletzung wie auch das Verständnis

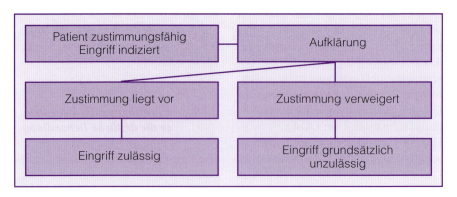

Abb. 1:   Zulässigkeit ärztlicher Eingriffe

der medikamentösen Therapie schwerer Psychosen als ein „persönlichkeitsverändernder Eingriff" lebensfremd und nur schwer nachvollziehbar. Sie entsprechen jedoch der herrschenden Meinung der deutschen Rechtslehre wie auch ständiger Rechtsprechung und müssen daher so zur Kenntnis genommen und respektiert werden.

2.1.2.1 Einwilligungsfähigkeit

Die Einwilligungsfähigkeit ist etwas anderes als die Geschäftsfähigkeit: Die Einwilligung stellt die Gestattung einer Handlung und/oder eines Eingriffs dar, nicht aber eine Willenserklärung bezüglich eines Rechtsgeschäftes. Damit können Einwilligungs- und Geschäftsfähigkeit im Einzelfall auseinander fallen.

Eine dem Arzt erteilte Einwilligung ist entsprechend nur dann wirksam, wenn der Einwilligende auch einwilligungsfähig ist. Probleme ergeben sich hier vor allem in den Bereichen psychisch Kranker, unter Betreuung stehender Personen und Minderjähriger.

- Psychisch Kranke
Ob psychisch Kranke einwilligungsfähig sind, kann nur der Arzt feststellen (BGHZ 29, 46, 51); generelle Regeln etwa nach Diagnosegruppen lassen sich hierbei schwer aufstellen, vielmehr wird auf den Einzelfall abzustellen sein.
Voraussetzung für die Feststellung der

Einwilligungsfähigkeit ist in jedem Fall, dass auch der psychisch kranke Patient psychisch und physisch dem Aufklärungsgespräch folgen und eine eigene Entscheidung treffen kann (BGH NJW 1987, 2291, 2293).

- Unter Betreuung stehende Personen (s.a. Kap. 4)
Nach dem seit dem 1.1.1992 geltenden neuen Betreuungsrecht, welches an die Stelle der früheren Rechtsinstrumente der Vormundschaft und Pflegschaft getreten ist, kann für einen bestimmten Personenkreis ein Betreuer bestellt werden. Voraussetzung ist hierfür gem. § 1896 BGB, dass diese Personen aufgrund von Krankheit oder körperlicher/geistiger/seelischer Behinderung ihre eigenen Angelegenheiten nicht oder nur teilweise besorgen können.
Mit den Angelegenheiten, die zu besorgen, also nach eigener Entscheidung zu regeln sind, meint das Gesetz nicht etwa konkrete Verrichtungen wie die Körperpflege, die Nahrungsmittelzufuhr oder das Geldabheben von einem Girokonto. Wenn jemand hierzu nicht in der Lage ist, könnte er ja einen anderen damit beauftragen. Der vom Alltagssprachverständnis her vieldeutige Begriff der „Betreuung" hat also hier nichts mit pflegerischer Betreuung, pädagogischer Unterstützung, praktischer Hilfe oder menschlicher Zuwendung zu tun. **Das Betreuungsrecht hat vielmehr die Aufgabe, Defizite bei der Abgabe von Willenserklärungen oder der Erledi-**

gung von Rechtsgeschäften zu kompensieren.

Zur Klarstellung kann sich ein Betreuer im Sinne des Betreuungsgesetzes deswegen etwa als „gesetzlicher" oder „rechtlicher" Betreuer bezeichnen.

Bei seinen Entscheidungen hat sich der Betreuer gem. § 1961 BGB am Wohl des Betreuten unter Achtung des grundsätzlichen Willensvorranges des Betreuten zu orientieren. Eine vom Betreuer gegen den erklärten Willen des Betreuten gegebene Einwilligung ist unbeachtlich. Weiterhin ist bei besonders gefährlichen ärztlichen Eingriffen gem. § 1904 BGB neben der Einwilligung des Betreuers auch die Einwilligung des Vormundschaftsgerichts einzuholen.

Nach der Novellierung des Betreuungsrechts von 1999 gilt dieses gerichtliche Entscheidungsprivileg auch für Bevollmächtigte des Patienten, die z. B. in einer Vorsorgevollmacht („Patiententestament", „Patientenverfügung") mit der Gesundheitssorge bedacht wurden und bis dahin nicht der Einwilligungspflicht unterlagen.

Eine Einwilligung in bzw. Anweisung zu aktiv lebensbeendenden Maßnahmen ist nicht vom Aufgabenbereich eines Betreuers gedeckt (LG München 1, 18.2.99, 13 T 478/99).

- Minderjährige

Für den Bereich der Einwilligung von Minderjährigen in die ärztliche Behandlung sind gesetzliche Regelungen nicht vorhanden. Die Regeln über die Geschäftsfähigkeit sind, wie oben dargestellt, nur in einem begrenzten Maße heranzuziehen, da die Einwilligung in ärztliche Heilbehandlung nach Ansicht der Rechtsprechung (zuletzt BGHZ 105, 45, 47f.) keine rechtsgeschäftliche Willenshandlung, sondern die Ermächtigung zur Vornahme tatsächlicher Handlungen, die in den Rechtskreis des Gestattenden eingreifen, darstellt. Die Rechtsprechung (BGH FamRZ 1959, 200; LG München FamRZ 1979, 850) beurteilt daher die Wirksamkeit der Einwilligung nach der konkreten Einsichts- und Urteilsfähigkeit des Minderjährigen, wobei hierbei darauf abgestellt wird, ob der Minderjährige nach seiner geistigen und sittlichen Reife Bedeutung und Tragweite des Eingriffs zu erfassen vermag (BGHZ 29, 32). Hieraus ergibt sich - immer unter Berücksichtigung des jeweiligen Einzelfalles - für die ärztliche Praxis, dass bei **Minderjährigen unter 14 Jahren in der Regel eine Einwilligung der Eltern erforderlich** ist. Vom 14. bis zum vollendeten 18. Lebensjahr ist dann unter den oben genannten Kriterien und unter Berücksichtigung von Art und Ausmaß der Behandlung zu prüfen, ob der Minderjährige allein einwilligen kann oder ob nicht eine Einwilligung der Eltern erforderlich ist (vgl. BGH, NJW 190, 511). Der rechtliche Terminus technicus ist der der natürlichen Einwilligungs- oder Zustimmungsfähigkeit, die so von der formal, nämlich kalendarisch geregelten Volljährigkeit abgesetzt wird.

Das klassische Beispiel ist hier die Verordnung eines oralen Kontrazeptivums an eine Minderjährige, die heute in aller Regel ohne Einwilligung und Wissen der Eltern erfolgt.

Hinzuweisen ist in diesem Zusammenhang darauf, dass dann, wenn im konkreten Fall eine **Einwilligung der Eltern** erforderlich ist, diese **von beiden Elternteilen gemeinsam einzuholen** ist. Dies ergibt sich aufgrund des gemeinsamen Sorgerechts der Eltern (§§ 1626, 1627 BGB) und dem Grundsatz der Gesamtvertretung (§ 1629 I BGB).

2.2 Ärztliche Pflichten

2.2.1 Pflicht zur Behandlung nach dem Stand der Wissenschaft

Die Behandlung hat nach den Regeln der medizinischen Wissenschaft zu erfolgen; mit dem Grad der Gefährlichkeit einer Behandlung steigen die Anforderungen an die notwendige Sorgfalt.

Haftungsansprüche ergeben sich aus dem Arzt-Patienten-Vertrag und dem Recht der unerlaubten Handlungen, aus letzterem sind auch Ansprüche auf Unterhaltsersatz nach Todesfällen sowie immaterielle Schäden zu begründen.

Gerade bei **risikoreichen Behandlungsverfahren** trägt der durchführende Arzt die Verantwortung; ein Rückgriff auf die Produkthaftung z. B. bei einer verunreinigten Pharmacharge ist dabei jedoch nicht ausgeschlossen.

Sorgfaltspflichtverletzungen werden an der berufsfachlich gebotenen Sorgfalt, also einem abstrakten Begriff, gemessen, nicht etwa an den Gepflogenheiten einer bestimmten Klinik. Auch ein nachgeordneter Arzt kann daher in Anspruch genommen werden, wenn er fehlerhaften oder fachlich überholten Weisungen eines Vorgesetzten oder einer eingefahrenen, nicht optimalen Vorgehensweise einer Klinik folgt.

2.2.1.1 Behandlungsfehler

Wie bereits dargestellt, handelt es sich bei dem Arztvertrag um einen bürgerlich-rechtlichen Vertrag. Daher gelten auch hier die allgemeinen Regeln des bürgerlichen Rechts, insbesondere des Schuld- und Deliktsrechts, sodass bei Vorliegen eines Behandlungsfehlers eine Haftung des Arztes aus dem Arztvertrag selbst und aus dem Delikt in Betracht kommt.

- Vertragliche Haftung des Arztes
Begeht der Arzt im Rahmen seiner Tätigkeit einen Behandlungsfehler (= Schlechterfüllung), so wird man hierfür im BGB vergeblich eine Haftungsgrundlage suchen, denn dort ist nur der Fall der Nichtleistung geregelt. Diese Lücke wurde von der Rechtsprechung durch die Figur der positiven Vertragsverletzung geschlossen (pVV), welche inzwischen auch gewohnheitsrechtlich anerkannt ist.

Voraussetzung für eine Haftung des Arztes im Rahmen der pVV ist, dass er während des Behandlungsverhältnisses eine ihm obliegende Pflicht schuldhaft verletzt hat und dem Patienten dadurch ein Schaden entstanden ist. **Maßstab des Verschuldens** ist hierbei § 276 I (1) BGB, wonach der Schuldner (hier der Arzt) Vorsatz und Fahrlässigkeit zu vertreten hat. Während Satz 2 des § 276 „Fahrlässigkeit" als „Außer-Acht-Lassen der im Verkehr erforderlichen Sorgfalt" definiert, fehlt für den „Vorsatz" eine solche Legaldefinition; die von der juristischen Literatur entwickelte Definition versteht hierunter das Wissen und Wollen eines rechtswidrigen Erfolges. (Der Ausdruck „Erfolg" wird juristisch nicht wie in der Umgangssprache positiv, also als erwünschtes und angestrebtes Ergebnis, verwendet, sondern kennzeichnet jeweils das faktische Resultat einer Handlung, ob erwünscht oder unerwünscht, normativ gut oder böse. Der Tod des Opfers ist juristisch der „Erfolg" einer Mordhandlung!) Hinsichtlich des durch den Arzt im Falle der pVV zu ersetzenden Schadens bestimmt § 249 Satz 1 BGB, dass der Patient tatsächlich (also in der Realität) so zu stellen ist, als ob das schädigende Ereignis nicht stattgefunden hätte (sog. Naturalrestitution), für Fälle der Verletzung einer Person bestimmt Satz 2, dass der Schadensersatz auch durch Geldzahlung erfolgen kann. Hinsichtlich des **Umfanges des Schadensersatzes** sind dem Patienten alle

materiellen Schäden zu ersetzen. Hier zählen nach Ansicht der Rechtsprechung sämtliche Heil- und Pflegekosten (BGHZ 106, 28, 31), Aufwendungen für Krankenhausbesuche durch nahe Angehörige und der durch Behandlungsfehler entgangene Gewinn, der bei normalem Geschehen eingetroffen wäre (§ 252 BGB). Nicht ersatzfähig sind dagegen fiktive Behandlungskosten (BGHZ 97, 14); der Patient kann nur Geld verlangen, wenn er die konkrete Absicht hat, einen Eingriff durchführen zu lassen.

Weiterhin ist ein Anspruch des Patienten auf Ersatz der Behandlungskosten auch dann ausgeschlossen, wenn die Aufwendungen eines ärztlichen Eingriffes wegen eines geringfügigen ärztlichen Behandlungsfehlers eine für den Ersatzpflichtigen unzumutbare Höhe erreichen (BGHZ 63, 295: kosmetische Operation einer belanglosen Narbe).

Schließlich hat auch der Patient die Pflicht, den Schaden möglichst gering zu halten. Kommt der Patient dieser Pflicht nicht nach, sind seine Schadensersatzansprüche zu mindern.

- Deliktische Haftung des Arztes (§ 823 BGB)

Neben der Haftung des Arztes aus dem Behandlungsvertrag kommt auch immer eine Haftung aus einem Delikt, also einer unerlaubten Handlung (§§ 823 ff. BGB), in Betracht.

So trifft im Hauptfall des § 823 (1) BGB den Arzt dann eine **Schadensersatzpflicht**, wenn dieser im Rahmen der ärztlichen Behandlung vorsätzlich oder fahrlässig das Leben oder den Körper seines Patienten verletzt hat und diese Verletzung rechtswidrig war. Auch hier ist nochmals auf die gefestigte Rechtsprechung (aus neuerer Zeit OLG Koblenz NJW 1990, 1541) hinzuweisen, die den ärztlichen Eingriff ohne Rücksicht auf den Heilzweck, die Indikation oder das Gelingen tatbestandsmäßig als Körperverletzung qualifiziert.

Hinsichtlich des Umfangs des ersatzfähigen Schadens kann nach oben verwiesen werden, da auch hier der Maßstab des § 249 BGB gilt.

Hinzuweisen ist aber auf eine Besonderheit des Deliktsrechts, die für den Patienten vorteilhaft ist. Während im Bereich des § 249 BGB nur die materiellen Schäden des Patienten ersetzt werden, erhält der Patient im Bereich des Deliktrechts im Falle der Körperverletzung gem. §§ 823, 847 BGB auch eine Entschädigung für immaterielle Schäden. Dieses **Schmerzensgeld** hat zum einen eine Ausgleichsfunktion für die Inkommensurabilität der Beeinträchtigung des Patienten, zum anderen besitzt es auch eine gewisse Genugtuungsfunktion für den Geschädigten.

Als **immaterielle Schäden** kommen insbesondere körperliche Schmerzen, seelische Leiden und die Herabminderung von physischen und psychischen Funktionen in Betracht.

Die Höhe der Entschädigung ist nach billigem Ermessen festzusetzen; Bemessungsgrundlagen sind hierbei u.a. Aus-

maß und Schwere der Störungen, Alter und persönliche Verhältnisse von geschädigtem Patienten und Arzt, Größe und Heftigkeit der Schmerzen, Dauer der stationären Behandlung und Arbeitsunfähigkeit, Ungewissheit des weiteren Krankheitsverlaufes/Frage der endgültigen Heilung und der Grad des Verschuldens (Beispiele bei Palandt, BGB, § 847 Rdnr. 10). Angesichts der unübersehbaren Rechtsprechung ist immer auf den Einzelfall abzustellen.

2.2.2 Aufklärungspflicht

Die Aufklärungspflicht ergibt sich aus dem Arzt-Patienten-Vertrag sowie aus der zwar vielfach kritisierten, aber rechtlich fortbestehenden Auffassung, Heileingriffe als Körperverletzung anzusehen, deren Rechtswidrigkeit durch die Einwilligung des Patienten nach vorheriger umfassender Aufklärung entfällt. **Haftpflichtprozesse werden immer stärker von dem Vorwurf der unterlassenen oder unvollständigen Aufklärung geprägt.** Ein Schadensersatzanspruch des Patienten ergibt sich nämlich auch dann, wenn zwar kein Behandlungsfehler vorliegt, die Einwilligung des Patienten (auch für eine lege artis erfolgte Behandlung!) aber durch den Arzt nicht nachgewiesen werden kann.

Die Einwilligung wiederum ist nach dem oben Gesagten erst dann wirksam, wenn ihr eine umfassende Aufklärung vorangegangen ist. Die Beweispflicht für Aufklärung und Einwilligung trifft hier nach den allgemeinen prozessualen Beweisregeln stets den Arzt.

2.2.3 Dokumentationspflicht

Die Dokumentation stellt eine so genannte **Nebenpflicht** aus dem Behandlungsvertrag dar.

Sie sollte neben den Befunden (bei Aufnahme und im Verlauf) und der diagnostischen Einordnung insbesondere die Begründung für die therapeutischen Entscheidungen enthalten. Zweckmäßigerweise ist bei risikobehafteten Therapiemaßnahmen, zu denen praktisch alle medikamentösen Verfahren gehören, jeweils ein Vermerk über die Aufklärung des Patienten hinzuzufügen.

Im Streitfalle gilt für die ärztliche Dokumentation die Wahrheitsvermutung: Bestreitet der Patient eine stattgefundene und dokumentierte Aufklärung z. B. über Neuroleptika-Nebenwirkungen, das Risiko einer Narkose oder eines Eingriffs, muss er dies beweisen. Im umgekehrten Fall, also **beim Fehlen einer vollständigen Dokumentation, tritt eine Beweislastumkehr ein**: Der Arzt muss eine zwar stattgefundene, aber nicht in den Unterlagen dokumentierte Aufklärung z. B. durch Zeugenaussagen detailliert nachweisen, was praktisch schwer möglich sein dürfte.

2.2.4 Schweigepflicht und Offenbarungsgründe

Der Arzt ist nach § 203 StGB zur Verschwiegenheit verpflichtet, dies gilt auch gegenüber Angehörigen von Patienten.

Der Arzt hat auch seine Mitarbeiter auf die Schweigepflicht hinzuweisen.

Grundsätzlich sollte eine Entbindung von der Schweigepflicht aus Dokumentations- und Beweisgründen schriftlich erfolgen und den Adressaten der Information und deren Umfang (z. B. private Zusatzversicherung, Mitteilung über Krankenhausaufenthalt und Diagnosen) enthalten.

Offenbarungspflichten bestehen insbesondere gegenüber den Kostenträgern und sind im SGB (s.a. Kap. 12.1) geregelt.

Ein **Offenbarungsrecht** kann sich aus einer Rechtsgüterabwägung ergeben, die den Bruch der Schweigepflicht als kleineres Übel gegenüber den Folgen der Wahrung der Schweigepflicht erscheinen lässt.

Eines der seltenen Beispiele ist die Weigerung eines krankheitsbedingt fahruntüchtigen Patienten, auf die Nutzung eines KFZ zu verzichten (s.a. Kap. 9).

In diesem Falle kann eine Mitteilung an die Straßenverkehrsbehörde oder die Polizei zulässig und geboten sein; eine Dokumentation der Güterabwägung ist zu empfehlen.

Einzelne Landesgesetze treffen weitere Detailregelungen (PsychKG Niedersachsen), die jedoch ebenfalls immer darauf hinweisen, dass eine Abwägung der infrage stehenden Rechtsgüter vorzunehmen ist.

2.2.5 Akteneinsichtsrecht des Patienten

Das Einsichtsrecht des Patienten in die Behandlungsunterlagen ergibt sich aus dem Arzt-Patienten-Vertrag sowie dem allgemeinen Persönlichkeitsrecht und ist höchstrichterlich mehrfach bestätigt worden.

Das **Recht auf Einsicht in die objektiven Befunde** wie Laborwerte ist uneingeschränkt gegeben, auch psychiatrische Krankenakten genießen hier grundsätzlich keinen Sonderstatus.

Da sie häufig aber auch Angaben von Dritten und über Dritte enthalten und bei psychodynamischen Erwägungen auch die Persönlichkeitssphäre des Therapeuten berühren, kann hier eine Beschränkung auf Teile des Krankenblattes geboten sein.

Gleiches gilt für den Fall, dass durch die Einsichtnahme dem Patienten eine erhebliche Gefahr, z. B. durch eine Motivation zum Suizid, droht: Hier ist jedoch eine einzelfallspezifische Begründung erforderlich, die Berufung auf das „therapeutische Privileg" reicht alleine nicht aus (vgl. BGH NJW 1983, S. 330 ff., NJW 1985 S. 674 ff.).

Ein Herausgabeanspruch besteht nicht, die Einsichtnahme wird daher in der Regel in der Praxis/Klinik erfolgen. Der Patient kann eine Vertrauensperson, die auch ein anderer Arzt oder ein Rechtsanwalt sein kann, hinzuziehen. Kopien der Krankenunterlagen sind auf Verlangen gegen Kostenerstattung auszuhändigen (vgl. OLG Köln NJW 182, S. 704 ff.).

Das Einsichtsrecht besteht auch außerhalb eines Rechtsstreits, also vorprozessual.

Die **Krankenakten können** komplett etwa im Rahmen einer staatsanwaltschaftlichen oder richterlichen Anordnung, also eines so genannten „Durchsuchungsbefehls", **beschlagnahmt werden**. Hier gibt es auch keine Zurückbehaltungsrechte für Teile der Akten oder der Dokumentation.

In den letzten Jahren hat es im Zusammenhang mit dem Vorwurf des Abrechnungsbetruges sowohl in Kliniken als auch in Praxen solche Beschlagnahmungen gegeben.

In einem solchen Falle sollte man unverzüglich einen Rechtsanwalt einschalten und schriftlich von den Ermittlungsbehörden im Durchsuchungsprotokoll niederlegen lassen, dass etwa die Praxisabläufe und Therapien und die Gesundheit durch das Fehlen der Unterlagen massiv gefährdet sind. Es bietet sich außerdem an, den Ermittlungsbehörden nahe zu legen, unverzüglich Kopien zu fertigen und die Originalunterlagen zurückzugeben.

Selbstverständlich tragen dann die Ermittlungsbehörden die Verantwortung für die Einhaltung der Schweigepflicht, eine Verweigerung der Unterlagen unter Hinweis auf die Schweigepflicht ist nicht möglich.

Literatur:

BVerwG, MedR 1989, 336.

LAUFS A. Arztrecht. 6. Aufl. Beck: München 1999.

Handreichungen für Ärzte zum Umgang mit Patientenverfügungen. Deutsches Ärzteblatt 96, Heft 43, 29.10.1999.

Zur Verwendung von patientenbezogenen Informationen für die Forschung in der Medizin und im Gesundheitswesen. Zentrale Ethikkommission. Deutsches Ärzteblatt 96, Heft 49, 10.12.1999

sowie die weiteren im Text angegebenen Urteile und Gesetzestexte.

3. Behördlich-richterliche Unterbringung ("Zwangseinweisung")

Gesetzliche Grundlagen: Unterbringungsgesetze der Länder (s. Anhang 13.19).

In jedem Bundesland existiert eine gesetzliche Grundlage, auf der die zwangsweise Unterbringung eines psychisch kranken Menschen geregelt ist.

Klassisch als "Unterbringungsgesetze" firmierend, befassen sich die neueren Fassungen auch mit anderen Hilfen und mit Schutzmaßnahmen für psychisch Kranke.

Damit sind rechtspolitisch "Zwitter" aus Eingriffs- und Leistungsgesetz entstanden: Einerseits werden Zwangsmaßnahmen und z. B. Ausnahmen von der Schweigepflicht begründet, andererseits regeln die Gesetze Beratungs- und Leistungsansprüche.

Im Einzelfall können daraus erhebliche Rollenkonflikte entstehen, die hohe Anforderungen an Fragen des Daten- und Persönlichkeitsschutzes, an Behörden- und Ablauforganisation und vor allem an die menschliche und fachliche Kompetenz der Beteiligten stellen.

Immerhin ist zu begrüßen, dass dadurch die akute Krankheitsphase eines psychisch Kranken rechtlich nicht mehr nur als "Störung der öffentlichen Sicherheit und Ordnung" eingeordnet wird, sondern schon institutionell auch therapeutische Überlegungen in die Entscheidungsabläufe einbezogen werden sollen.

3.1 Allgemeine Überlegungen

Die Ausführungen in Kapitel 2 haben bereits verdeutlicht, welch hohe rechtliche Anforderungen an das Arzt-Patienten-Verhältnis gestellt werden und welch hoher Stellenwert der Selbstbestimmung des Patienten bis hin zu der höchstrichterlich bestätigten "Freiheit zur Krankheit" (BVerfGE 58, 208, 226 ff.) eingeräumt wird.

Daraus ergibt sich, dass die zwangsweise Unterbringung eines Menschen in einem Krankenhaus nur in eng umrissenen Grenzen zulässig sein kann.

Die **Behandlungsbedürftigkeit eines psychischen Leidens alleine stellt in keinem Fall einen Grund für eine öffentlich-rechtliche Zwangsunterbringung dar**.

Dies gilt auch für die mögliche Belastung von Familie und Umgebung; ein wirtschaftlicher Schaden etwa aufgrund einer in einer Manie getroffenen unsinnigen geschäftlichen Disposition oder eine Verwahrlosung des Betreffenden ist kein Rechtfertigungsgrund für eine Zwangsunterbringung; dasselbe ist für die einfache Störung der öffentlichen Ordnung zu sagen.

Desgleichen darf durch eine Unterbringung auch nicht die Durchsetzung einer Behandlung bei nicht vorhandener Krankheitseinsicht oder Behandlungsbereitschaft erzwungen werden.

Diese sehr restriktive deutsche Regelung ist durch Erfahrungen mit dem Missbrauch der Psychiatrie für die Zwecke eines totalitären Systems, nämlich des nationalsozialistischen Regimes, motiviert und stellt die Selbstbestimmung in den Mittelpunkt der Überlegungen.

Andere europäische Länder stellen geringere Anforderungen an eine unfreiwillige Krankenhausunterbringung und ermöglichen diese auch aufgrund individualfürsorglicher Erwägungen.

In der Bundesrepublik **stellt einzig eine akute und erhebliche Eigen- oder Fremdgefährdung eine hinreichende Begründung für eine Zwangsunterbringung** dar und dies auch nur dann, wenn kein milderes Mittel zur Abwendung der Gefahr zur Verfügung steht.

Wichtig ist, dass zusätzlich zur Eigen- oder Fremdgefährdung eine psychische Erkrankung vorliegen muss: Lehnt ein psychisch gesunder Patient aus religiösen oder ähnlichen Gründen eine lebensnotwendige Maßnahme ab, so ist diese Entscheidung zu respektieren. Die Behandlung darf also nicht durch eine Unterbringung und eine etwa damit einhergehende Zwangsbehandlung erwirkt werden.

Gerade im Fall der Zeugen Jehovas, die grundsätzlich Bluttransfusionen ablehnen und damit ggf. auch das eigene Leben gefährden, ist eine Unterbringung nach dem PsychKG unter Berufung auf die akute Lebensgefahr analog zur Suizidalität nicht zulässig.

Die Unterbringungsgesetze der Länder sind in diesem Punkt einheitlich.

Ebenfalls weitestgehend einheitlich geregelt ist die Bestimmung, dass eine Unterbringung nur durch richterlichen Beschluss im Rahmen eines ordentlichen Verfahrens zulässig ist.

Deswegen ist es anzustreben, in möglichst jedem Unterbringungsverfahren eine unmittelbare richterliche Anhörung zu erwirken.

Die **Unterbringung durch die örtliche Ordnungsbehörde** aufgrund eines ärztlichen Zeugnisses ist nur eine Ausnahme für unaufschiebbare Notfälle und bedarf der unverzüglichen richterlichen Überprüfung, für die in den Unterbringungsgesetzen bindende Fristen vorgeschrieben sind.

Dass in manchen Regionen diese Ausnahmeregelung zur Routine geworden ist, ist bedenklich und konterkariert den Schutzgedanken des Gesetzes.

3.2 Ärztliche Pflichten und praktisches Vorgehen

Der Arzt wird in aller Regel durch Angehörige und/oder Ordnungsbehörden zu einem psychisch Kranken gerufen, dessen Verhalten zur Sorge Anlass gibt.

Die Angaben Dritter reichen jedoch zur Ausstellung eines „ärztlichen Zeugnisses" (Mustertext s. Abb. 2a/b) nicht aus, vielmehr ist eine persönliche Untersuchung des Kranken zwingend erforderlich.

In jedem Bundesland gibt es für dieses Verfahren einen allerdings jeweils leicht differierenden Vordruck. Muster aus Nordrhein-Westfalen und Niedersachsen sind auf den folgenden Seiten abgedruckt.

Viele dieser Formulare enthalten außerdem eine ausdrückliche Erklärung des Arztes, dass er persönlich diese Untersuchung durchgeführt hat; der Zeitpunkt ist anzugeben.

Ein telefonisch oder per Fax übermitteltes „Fern-Unterbringungsgutachten" ist nicht zulässig und widerspricht neben dem Gesetzestext auch der ärztlichen Sorgfaltspflicht.

Das **ärztliche Zeugnis** muss eine Beschreibung des krankheitsbedingten Verhaltens, eine Diagnose sowie die Begründung enthalten, warum eine akute Eigen- oder Fremdgefährdung vorliegt.

Ist dies beim Suizidversuch eines melancholischen Patienten offensichtlich, so reicht in einem anderen Fall bei der Berufung auf eine „Fremdgefährdung" keineswegs die Benennung der theoretischen Möglichkeit aggressiven Verhaltens, vielmehr muss eine Einzelfallbegründung die Unterbringungsnotwendigkeit stützen.

Die meisten Unterbringungsgesetze fordern darüber hinaus eine Zuordnung der aktuellen Symptomatik zu einer der vier Diagnosekategorien: „Psychose", „einer Psychose gleichkommende Störung", „Schwachsinn" oder „Sucht".

Ein **Mustertext** könnte wie folgt lauten:

Ich habe Herrn X heute psychiatrisch untersucht. Er befindet sich seit ... Jahren wegen einer Psychose in Behandlung und hat diese vor drei Monaten abgebrochen.

Zurzeit besteht bei Herrn X ein Krankheitsbild, das von unkorrigierbaren Sinnestäuschungen und Fehlwahrnehmungen der Realität geprägt ist.

Er fühlt sich von seiner Umgebung verfolgt und bedroht und hat in meiner Gegenwart (oder: in der des Zeugen Y) angekündigt, seine Nachbarn für diese vermeintliche Bedrohung erschlagen zu müssen.

Von Herrn X geht krankheitsbedingt eine akute Fremdgefährdung aus.

Eine sofortige Unterbringung in der geschlossenen Abteilung eines psychiatrischen Krankenhauses ist die einzige Möglichkeit, mit der diese Fremdgefährdung abzuwenden ist.

(Ggf.:) Die Unterbringung soll unver-

Ärztliches Zeugnis für die Unterbringung in einer geschlossenen Anstalt

Name, ggf. Geburtsname, Vorname	Geburtsdatum	Geburtsort	Familienstand

Anschrift	Krankenkasse

Leidet an

☐ einer Psychose   ☐ einer psychischen Störung, die in ihrer Auswirkung einer Psychose gleichkommt

☐ einer Suchtkrankheit   ☐ Schwachsinn

Krankheitsbefund und Darstellung der Gefahrensituation:

Dieses krankheitsbedingte Verhalten stellt eine gegenwärtige Gefahr für die öffentliche Sicherheit oder Ordnung dar, die nur durch die Unterbringung in einer geschlossenen psychiatrischen Fachabteilung abzuwenden ist.

Die Unterbringung sollte

☐ nach Beschluss durch den Amtsrichter erfolgen.

☐ sofort (vor Beschluss des Amtsrichters) durch das Ordnungsamt erfolgen.

Datum der Untersuchung	In meiner Behandlung seit	Stempel des Arztes / der Ärztin oder der Anstalt
Nächste/r Angehörige/r (vollständige Anschrift)		
		Unterschrift, Datum
		Name des Arztes / der Ärztin in Blockschrift

Verteiler:

1. Ordnungsamt der Stadt Münster - Original und 1. Durchschrift -
2. Psychiatrische Anstalt - mit Einlieferung des Patienten/der Patientin -
3. Ausstellende/r Arzt / Ärztin

32 1.228/11 93

Abb. 2a: Musterformular zur Unterbringung nach dem PsychKG aus NRW

Ausfertigung für das Gericht

☐ **Ärztliches bzw. amtsärztliches Gutachten**   ☐ **Ärztliches bzw. amtsärztliches Zeugnis**
     (§ 70 FGG)   **(§ 18 NPsychKG)**

über die Notwendigkeit der Unterbringung im abgeschlossenen Teil eines Krankenhauses

Name, Vorname	Geburtsdatum
Anschrift	
Gesetzliche Vertreterin/gesetzlicher Vertreter/Betreuerin/Betreuer/Pflegerin/Pfleger	
Eltern (Personensorgeberechtigte)	
Ehegattin/Ehegatte	Kostenträger
Untersuchung am	auf Veranlassung von

Das Verhalten der kranken Person

☐ gegen sich selbst   ☐ gegen andere

ist aus folgenden Gründen nach meinem ärztlichen Ermessen als eine gegenwärtige erhebliche Gefahr für die öffentliche Sicherheit anzusehen.

Begründung:

_____

_____

_____

_____

_____

_____

_____

Die o. g. Person leidet an

☐ einer Psychose   ☐ einer Suchtkrankheit   ☐ Neurose

☐ Es liegt eine abnorme Erlebnisreaktion vor.

Diese von der o. g. Person ausgehende Gefahr kann nur durch die Unterbringung in einem geschlossenen Teil eines Krankenhauses beseitigt werden, wie auch eine sachgemäße Hilfe nur in der Durchführung dieser Maßnahme gegeben ist.

☐ Die sofortige Unterbringung der o. g. Person ist aus ärztlicher Sicht unumgänglich (vorläufige Einweisung nach § 18 NPsychKG).

☐ Die Unterbringung der o. g. Person ist aus ärztlicher Sicht unbedingt erforderlich (Unterbringung gemäß § 70 Abs. 1 Nr. 3 FGG)

Eine Verständigung mit der kranken Person ist

☐ möglich   ☐ eingeschränkt möglich   ☐ nicht möglich

Eine Anhörung der kranken Person ist

☐ ausführbar   ☐ nicht ohne Nachteile für den Gesundheitszustand ausführbar.

Durch meine eigenhändige Unterschrift bestätige ich ausdrücklich, daß dieses Gutachten/Zeugnis aufgrund der o. g Untersuchung erstellt wurde. Eine freiwillige Behandlung im LKH wird nach eingehender Befragung abgelehnt.

32.98 200 08 97

_____   _____
Ort, Datum   Unterschrift und Stempel der Ärztin/des Arztes

Abb. 2b: Musterformular zur Unterbringung nach dem PsychKG aus Niedersachsen

züglich durch die Ordnungsbehörde erfolgen, wenn eine richterliche Anhörung nicht sofort durchführbar ist.

Wichtig ist, dass das ärztliche Zeugnis alleine nicht ausreicht, um eine Unterbringung durchzuführen. Dieser Schritt kann ausschließlich durch das Gericht bzw. in einem Eilverfahren durch die Ordnungsbehörde erfolgen; formal ist der untersuchende Arzt wie auch im Gerichtsverfahren nur als Sachverständiger tätig und trifft selbst keine Entscheidungen. Deshalb sollte auch z. B. der Krankenwagen erst dann gerufen werden, wenn die Ordnungsbehörde den formalen Unterbringungsantrag gestellt hat bzw. dieser Vorgang sichergestellt ist. Denn der Transport stellt bereits einen Bestandteil der Unterbringung dar, weil er in die Freiheitsrechte des Patienten eingreift. Ohne wirksamen Beschluss wäre folglich das Krankentransportpersonal verpflichtet, den Patienten in dem Augenblick gehen zu lassen, wenn er diesen Wunsch artikuliert.

3.3 Behandlung während der Unterbringung

Grundsätzlich darf im Rahmen der Unterbringungsgesetze zunächst nur die Unterbringung in der geschlossenen Abteilung eines psychiatrischen Krankenhauses erfolgen.
Die Frage der Behandlung ist davon erst einmal unberührt. Schließlich geht es

bei der öffentlich-rechtlichen Unterbringung um die „Beseitigung einer Gefahr für die öffentliche Sicherheit und Ordnung": Die Gefahr als solche ist beseitigt, wenn ein akut psychisch Kranker in der Klinik eingetroffen ist und so durch sein Verhalten sich selbst oder andere nicht mehr gefährden kann.
Die Unterbringungsgesetze der meisten Länder nehmen hierzu nur insoweit Stellung, als sie in der Regel den (selbstverständlichen!) Anspruch auf eine medizinisch notwendige Behandlung sowie Rehabilitations- und Eingliederungsmaßnahmen auch während der zwangsweisen Unterbringung festschreiben.
Dies bezieht sich jedoch auf eine mit dem Einverständnis des Patienten erfolgende Behandlung.
Die **Frage der Einwilligungsfähigkeit** des Patienten ist hier von größter Bedeutung. Sie ist je nach Schwere des Eingriffs besonders zu prüfen.
Explizite Regelungen für eine Behandlung gegen den Willen des Patienten werden in einigen Landesgesetzen (z. B. PsychKG Brandenburg) nicht getroffen und widersprächen auch der juristischen Sicht, nach welcher auch eine „Freiheit zur Erkrankung" angenommen wird und die äußerliche Gefahr durch die Einweisung des Kranken in eine ihn und andere schützende Umgebung zunächst abgewandt ist.
Demgegenüber schreiben einige andere Unterbringungsgesetze eine Duldungspflicht fest für „unaufschiebbare Behandlungsmaßnahmen in Krisensitua-

tionen" (§ 13 (3) ThürPsychKG, ähnlich Bayern, Berlin und Nordrhein-West-falen) oder Maßnahmen, die erforderlich sind, „um von dem Betroffenen eine nicht anders abwendbare gegenwärtige Gefahr einer erheblichen Schädigung seiner Gesundheit oder für sein Leben abzuwenden" (§ 26 (3) PsychKG Schleswig-Holstein). In Nordrhein-Westfalen ist eine Behandlung ohne Ein-willigung oder gegen den Willen des Betroffenen oder dessen Vertretung oder der rechtsgeschäftlich Bevollmächtigten „nur in Fällen von Lebensgefahr, von erheblicher Gefahr für die eigene und für die Gesundheit anderer Personen" zulässig (§ 18 (4) PsychKG NRW).

Unabhängig von den landesgesetzlichen Spezifika ist zusammenfassend festzu-halten, dass eine **Behandlung ohne Ein-willigung** des Untergebrachten oder gar gegen seinen erklärten Willen wenn überhaupt nur im Hinblick auf die Er-krankung, wegen derer die Unterbrin-gung erfolgte, also die so genannte Anlasskrankheit, zulässig ist. Selbst hierbei kann nur die akute Symptoma-tik angegangen werden, die Einleitung z. B. einer Rezidivprophylaxe gegen den Willen des Patienten ist keinesfalls vom Unterbringungsrecht gedeckt (und wäre ja auch langfristig ohne seine Mit-wirkung nicht aussichtsreich).

Sollten andere Erkrankungen bei der stets notwendigen körperlichen Unter-suchung oder bei der Erhebung des psy-chischen Befundes festgestellt werden, gilt hier, dass der im Wege der Zwangs-einweisung im Krankenhaus Unterge-brachte in Bezug auf diese anderen Er-krankungen einen „normalen" Patien-tenstatus genießt.

Hiermit sind Eingriffe außerhalb von Notfallsituationen (Bewusstseinsver-lust, schwerste interkurrente körper-liche Erkrankungen) ohne Einwilligung des Patienten oder dessen Vertreter bzw. Bevollmächtigten nicht zulässig.

Unproblematisch dürfte darüber hinaus in jedem Falle die Behandlung schwerer Erregungszustände mit sedierenden Medikamenten dann sein, wenn anders eine Gefährdung von Mitpatienten oder Krankenhauspersonal durch den Patien-ten nicht abzuwenden ist: Die Rechts-figur des rechtfertigenden Notstandes (§ 34 StGB) erlaubt immer dann eine Verletzung von Rechtsgütern, wenn nur durch diese die Gefährdung anderer, höherwertiger Rechtsgüter abgewandt werden kann.

Die unfreiwillige Verabreichung eines sedierenden Medikamentes stellt zwar einen - geringfügigen - Eingriff in Selbstbestimmung und allgemeines Persönlichkeitsrecht des Kranken dar, dieses hat jedoch in unserem Beispiel gegenüber dem höherwertigen Rechts-gut der körperlichen Unversehrtheit an-derer zurückzustehen.

Inwieweit allerdings eine **längere neuroleptische Behandlung gegen den Willen des Patienten** zulässig ist, ist, wie oben bereits angesprochen, aus rechtlicher Sicht äußerst fraglich (s. Kap. 2.1.2, S. 15).

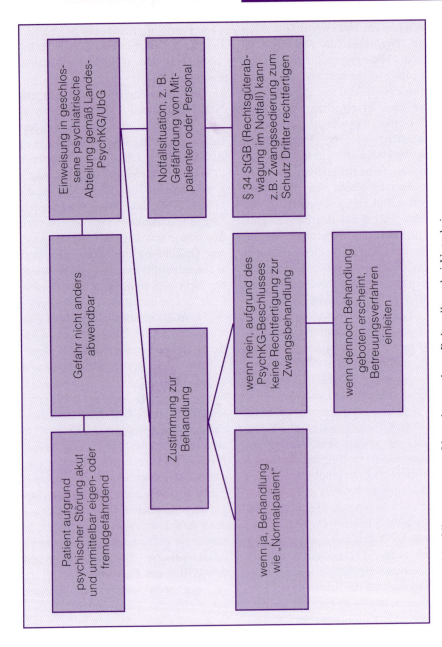

Abb. 3: Ablaufdiagramm zum Vorgehen und zur Behandlung bei Unterbringungen

Wenn dessen Urteilsvermögen auch krankheitsbedingt vermindert oder verändert sein mag, so ist doch die Willensäußerung des Patienten in der vorgebrachten Form zu respektieren. Insbesondere sind auch aus therapeutischer Sicht „unvernünftige" Entscheidungen des Patienten zu respektieren.

Die „reine Lehre" der Rechtswissenschaft sieht, wie oben (s. S. 16) dargestellt, in einer neuroleptischen Behandlung eines schizophren Erkrankten einen „persönlichkeitsverändernden Eingriff", der immer der Einwilligung des Betroffenen bedarf.

Vielfach wird eine neuroleptische Behandlung darüber hinaus auch missverstanden als eine Methode, die selbst keine Besserung erwarten lässt, sondern lediglich psychotherapeutische Behandlungen einleiten und ermöglichen soll.

Selbst neueres juristisches Schrifttum kultiviert noch diesen folgenschweren Irrtum (z. B. JÜRGENS u.a. 1999, WEBER 1995).

Sollte eine längere Behandlung mit Neuroleptika medizinisch notwendig erscheinen und der Patient diese konsequent ablehnen, empfiehlt es sich daher dringend, beim zuständigen Vormundschaftsgericht die **Errichtung einer Betreuung für den Aufgabenkreis der ärztlichen Behandlung** zu beantragen.

Zwar darf auch ein Betreuer nur in umgrenzten Ausnahmefällen gegen den Willen des Patienten eine Behandlung erwirken, jedoch kann sich dieser im Zweifelsfall um die gerichtliche Genehmigung einer strittigen Behandlung bemühen. Die Rahmenbedingungen, denen die Behandlung im Rahmen einer bestehenden Betreuung unterliegt, werden im Kapitel 4 weiter ausgeführt.

Eine **Elektrokrampfbehandlung** gegen den erklärten Willen des nach dem PsychKG Untergebrachten ist nach einhelliger Rechtsauffassung unzulässig.

Dies gilt auch für diagnostische Eingriffe mit einem relevanten Komplikationsrisiko: Da gerade eine psychiatrische Akutsymptomatik auch durch eine neurologische Grunderkrankung ausgelöst werden kann und diese ggf. dringend behandlungsbedürftig sein kann, sind die daraus folgenden praktischen Probleme erheblich.

Jeder erfahrene Kliniker kennt **Fälle verzögerter Diagnostik**, in denen z. B. ein akutes exogenes Psychosyndrom im Rahmen einer Enzephalitis oder Meningitis als akute schizophrene Psychose missdeutet wurde, die an sich nötige Liquoruntersuchung mangels Zustimmung des Patienten nicht sofort stattfand und die Behandlung der Grunderkrankung erst verspätet begann.

Als Orientierung kann hier gelten, dass ein klinisch begründeter Verdacht auf eine exogene Psychose in der Regel eine hinreichende Begründung für eine zerebrale Bildgebung und eine Liquoruntersuchung darstellt. Auch hier muss bei dezidierter Ablehnung die bereits erwähnte Rechtsfigur des rechtfertigenden Notstandes herangezogen werden.

Sollte, wie in solchen Situationen eher zu erwarten, der Patient bereits so stark beeinträchtigt sein, dass er sich weder zustimmend noch ablehnend äußern kann, erfolgen die ärztlichen Handlungen dagegen aus rechtlicher Sicht im mutmaßlichen Interesse des Patienten (s.a. 2.1.1).

Die ärztlichen Kollegen der Radiologie verlangen zur rechtlichen Absicherung ihrer Untersuchung häufig die formale Einwilligung mit „Unterschrift" und sollten deswegen ebenso über diese Fragen informiert werden, um unnötige Verzögerungen zu vermeiden.

Im Falle der **Einwilligung des Kranken in den stationären Aufenthalt und die weitere Behandlung** ist die Einwilligungsfähigkeit des Untergebrachten sorgfältig zu prüfen und die Entscheidungsfindung zu dokumentieren. Wenn eine rechtlich beachtliche Einwilligung vorliegt, sind mit diesem Augenblick alle Unterbringungsbeschlüsse zunächst hinfällig.

Dies kann aber zu der unübersichtlichen Konstellation führen, dass etwa kurz nach dem Weggang des Richters, dem der Untergebrachte die Freiwilligkeit versichert hat und der deswegen den Beschluss aufhebt, der Untergebrachte „es sich anders überlegt", also das Einverständnis mit dem Aufenthalt widerruft.

Manche Gerichte begegnen diesem für alle Beteiligten schwierigen Problem dadurch, dass sie im Anhörungsprotokoll in Gegenwart des Patienten aufnehmen, dass dessen Freiwilligkeitserklärung auch bei Widerruf so lange Geltung haben soll, bis ggf. eine neue richterliche Beschlussfassung erfolgen kann.

Es ist für jede Klinik sinnvoll, diese und andere Verfahrensfragen mit dem zuständigen Unterbringungsrichter einmal grundsätzlich zu klären, um dann in unvorhergesehenen Situationen angemessen reagieren zu können.

3.4. Sonderprobleme bei Kindern und Jugendlichen

Eltern bzw. Sorgeberechtigte sind nach dem § 1631 b BGB berechtigt, Kinder „mit einer Freiheitsentziehung verbunden" unterzubringen. Hierbei muss einerseits das Jugendamt hinzugezogen werden, andererseits eine vormundschaftsgerichtliche Genehmigung erfolgen.

In Eilfällen ist die Unterbringung „nur zulässig, wenn mit dem Aufschub Gefahr verbunden ist". In einem solchen Falle ist die gerichtliche Genehmigung unverzüglich nachzuholen.

Zur Begründung der Unterbringungsnotwendigkeit führt das Gesetz nichts aus, es ist aber unstrittig, dass hier sowohl individualfürsorgliche Gründe (Behandlungsnotwendigkeit) wie auch die Gefahrenabwehr (analog zu den PsychKG) infrage kommen. Damit ist theoretisch ein umfassendes Instrument vorhanden und eine Anwendung der

Unterbringungsgesetze bei Nichtvolljährigen nicht notwendig.

In Krisensituationen ist aber oftmals, ähnlich wie bei Erwachsenen, dieses geordnete Verfahren mangels rascher Verfügbarkeit des Gerichts nicht durchzuhalten.

Damit sind Eltern, Ärzte, Jugendamt und Polizei etwa am Wochenende und in der Nacht in Krisensituationen trotz der vorhandenen Rechtsgrundlage in vielen Fällen hilflos und erwägen eine Maßnahme nach den Unterbringungsgesetzen des jeweiligen Bundeslandes. Diese Gesetze sind ihrem Wortlaut nach grundsätzlich auch für Kinder und Jugendliche anwendbar.

Mehr noch als bei Erwachsenen muss aber eine öffentlich-rechtliche Zwangsunterbringung bei Kindern und Jugendlichen das letzte Mittel bleiben, wenn eine tatsächliche Eigen- oder Fremdgefährdung vorliegt und durch andere Möglichkeiten nicht beherrscht werden kann.

Die verfassungsrechtlich aus dem Erziehungsrecht der Eltern abgeleitete Unterbringungsbefugnis nach § 1631 b BGB hat ohne Zweifel Priorität; die Unterbringung eines Nichtvolljährigen in einer geschlossenen Abteilung muss daher unverzüglich dem zuständigen Vormundschaftsgericht mitgeteilt werden. Hierfür ist neben der unterbringenden Ordnungsbehörde auch die Klinik verantwortlich. Das Gericht wird in aller Regel nach einer persönlichen Anhörung und im Falle der Notwendigkeit dann die öffentlich-rechtliche Unterbringung durch eine Genehmigung der elterlichen Unterbringung ersetzen.

Literatur:

JÜRGENS A, KRÖGER D, MARSCHNER R, WINTERSTEIN P. Das neue Betreuungsrecht. 4. Aufl. Beck: München 1999.

KUNZE-TURMANN M, WILLE J. Freiheitsentziehung bei Kindern und Jugendlichen aus jugendpsychiatrischer und juristischer Sicht. Gesundheitswesen 61 (1999), 548-552.

RÖTTGERS HR, LEPPING P. Zwangsunterbringung und -behandlung psychisch Kranker in Großbritannien und Deutschland: Vergleich der rechtlichen Grundlagen und der medizinischen Praxis. Psychiatrische Praxis 26 (3) Mai 1999, 139-142.

RÖTTGERS HR, WELTERMANN B, EVERS S, HUSSTEDT I. Psychiatrische Akutsymptomatik als Erstmanifestation einer HIV-Infektion: Differenzialdiagnostische, therapeutische und medizinrechtliche Probleme. Nervenarzt, im Druck.

WEBER T. Der Einfluß des Betreuungsgesetzes auf die freiheitsentziehende Unterbringung. Springer: Berlin - Heidelberg - New York 1995.

SAAGE P, GÖPPINGER H. Freiheitsentziehung und Unterbringung. 3. Aufl. Beck: München 1994.

4. Betreuung

4.1 Allgemeines

4.1.1 Gesetzliche Grundlagen

Seit dem 1.1.1992 hat das neue **Betreuungsgesetz (BtG)** das bis dahin gültige Vormundschafts- und Pflegschaftsrecht abgelöst. Zielsetzung des neuen Betreuungsgesetzes ist, die Rechtsstellung psychisch kranker und körperlich, geistig oder seelisch behinderter Menschen zu verbessern. So ist als ein herausragendes Merkmal des neuen Betreuungsrechtes die Abkopplung der Frage nach der Betreuungsnotwendigkeit von der Frage nach der Geschäftsunfähigkeit (§ 104 BGB; s. Kap. 7.1) zu nennen.

Die alten Vorschriften zu Pflegschaft und Vormundschaft gelten nicht mehr und sind im Laufe der zurückliegenden Jahre bei anstehenden Fragen der Betreuung eines Pfleglings oder eines Entmündigten nach altem Recht unter dem Aspekt des jetzt allein geltenden Betreuungsrechts überprüft und den neuen gesetzlichen Regelungen angepasst worden.

Im **Bürgerlichen Gesetzbuch (BGB)** mussten zahlreiche Veränderungen vorgenommen werden. Die wesentlichen materiellen Gesetzesvorschriften finden sich in den §§ 1896 ff. BGB. Die Verfahrensvorschriften sind im **Gesetz über die freiwillige Gerichtsbarkeit (FGG)** zusammengefasst (ausführliche Gesetzestexte: s. Anhang).

Die **Novellierung des Betreuungsrechts im Jahre 1999** befasste sich vor allem mit administrativen und finanziellen Veränderungen für die Betreuer. Inhaltlich bedeutsam ist allerdings, dass ein z. B. durch ein Patiententestament Bevollmächtigter nunmehr anders als früher bei risikoträchtigen Eingriffen unabhängig von dem Inhalt der Vollmacht ebenfalls eine Genehmigung des Vormundschaftsgerichts einholen muss. Nachfolgend sind nur diejenigen rechtlichen Gesichtspunkte dargestellt, die für einen Psychiater oder Neurologen in der Praxis relevant werden könnten. Hinsichtlich der umfangreichen Verfahrensvorschriften und der Detailfragen, die durch das BtG in zahlreichen Rechtsbereichen des BGB entstehen können (Vertragsrecht, Mietrecht etc.), wird auf die Kommentare zum BtG verwiesen. **Bei im Praxisalltag aufkommenden Zweifeln und Bedenken** sollte immer versucht werden, sich schnell über eine Anfrage beim zuständigen Vormundschaftsgericht Sicherheit zu verschaffen, nicht zuletzt deshalb, weil die Handhabung vieler Auslegungsfragen im weitgehenden Ermessen des Gerichts steht und sich deshalb die Vorgehensweise in benachbarten Gerichtsbezirken bereits erheblich unterscheiden kann.

Auskunft geben auch die kommunalen Betreuungsbehörden, deren Telefonnummern über die jeweiligen Stadt- bzw. Kreisverwaltungen zu erhalten sind.

Diese Betreuungsbehörden werden fachlich meist mit Sozialarbeitern besetzt und sind in der Regel entweder beim Sozial- oder beim Jugendamt, in Einzelfällen auch beim Gesundheitsamt angesiedelt.

4.1.2 Das gerichtliche Verfahren

Das Betreuungsverfahren wird vom **Vormundschaftsgericht** nach Antrag des Betroffenen, aber auch ohne Antrag des Betroffenen von Amts wegen, meist aufgrund einer Anregung Dritter (z. B. Familienangehörige, Nachbarn, Behörden) eingeleitet.

Für die **Anordnung einer Betreuung** ist in erster Linie das Gericht zuständig, in dessen Bezirk der Betroffene zur Zeit der Antragstellung seinen „gewöhnlichen Aufenthalt" hat. Der Begriff des „gewöhnlichen Aufenthaltes" fällt meist mit dem melderechtlichen „ersten Wohn-

sitz" zusammen; bei Nichtsesshaften oder bei Personen, bei denen der Wohnsitz nicht ermittelt werden kann (Immigranten), ist im Zweifelsfall das Gericht zuständig, in dessen Bezirk das Bedürfnis nach einer Betreuung offensichtlich wird.

Der Betroffene ist in jedem Falle **verfahrensfähig**, d.h., er kann Anträge stellen und Rechtsmittel gegen gerichtliche Entscheidungen einlegen.

Kann der Betroffene seine Interessen selbst nicht hinreichend wahrnehmen, bestellt ihm das Gericht einen **Verfahrenspfleger** (z. B. eine Vertrauensperson aus dem Familien-, Freundes- oder Bekanntenkreis, einen Mitarbeiter aus Betreuungsvereinen, einen Sozialarbeiter oder Rechtsanwalt).

Das Gericht hört den Betroffenen vor seiner Entscheidung - von wenigen Ausnahmefällen abgesehen - **persönlich an,** um sich einen unmittelbaren Eindruck von ihm zu verschaffen. Zu den Ausnahmen gehören etwa die Personen, bei denen das ärztliche Sachverständigengutachten feststellt, dass jegliche Kommunikation unmöglich ist (selbst dann kann das Gericht selbstverständlich eine Anhörung versuchen), oder Personen, bei denen der Sachverständige feststellt, dass eine Anhörung mit schweren gesundheitlichen Gefährdungen verbunden wäre.

Wegen der Bedeutung des Rechtsschutzes sind nur wenige Fälle vorstellbar, in denen einem kommunikationsfähigen Menschen eine Anhörung verweigert werden sollte: In der Regel reicht es, wenn das Gericht auf Hinweis des Sachverständigen in der Formulierung der Entscheidungsgründe Rücksicht auf die jeweilige Situation nimmt und statt der Nennung schwerwiegender Diagnosen (etwa einer Alzheimer-Erkrankung mit der Gefahr einer zusätzlichen emotionalen Belastung) auf die „gesundheitlich bedingte Hilfsbedürftigkeit" hinweist.

Das Gericht gibt **Dritten** (der Betreuungsbehörde, Familienmitgliedern oder anderen nahe stehenden Personen) Gelegenheit zur Äußerung.

Erst nach Einholung eines **Sachverständigengutachtens**, welches in aller Regel zur Vorbereitung der Anhörung dient und daher sinnvollerweise zeitlich vorher angefordert wird, über die Notwendigkeit, die Dauer und den Umfang der Betreuung sowie die Dauer der Hilfsbedürftigkeit darf das Gericht einen Betreuer bestellen.

Nach Bekanntgabe der Entscheidung an die Verfahrensbeteiligten erlangt diese mit der Bekanntgabe an den Betreuer Wirksamkeit.

Bei Eilbedürftigkeit kann das Gericht in einem vereinfachten Verfahren durch einstweilige Anordnung einen vorläufigen Einwilligungsvorbehalt (s.u.) anordnen, einen Betreuer entlassen oder dessen Aufgabenkreis vorläufig erweitern. **In besonders eiligen Fällen** kann das Gericht anstelle des Betreuers (solange dieser noch nicht bestellt ist oder seinen Pflichten nicht nachkommen kann) selbst die notwendigen Maßnahmen treffen.

Als **Rechtsmittel** gegen eine Entscheidung des Gerichts in Betreuungssachen (also auch gegen eine Entscheidung, eine Betreuung nicht einzurichten!) kommen in Betracht:

- die (unbefristete) Beschwerde
- die sofortige Beschwerde (innerhalb von 2 Wochen einzulegen).

Über die **Beschwerde** entscheidet das Landgericht, gegen die unter bestimmten Voraussetzungen weitere Beschwerde bzw. „sofortige weitere Beschwerde" das Oberlandesgericht.

4.1.3   *Das ärztliche Gutachten*

Wie unten ausgeführt wird, hängen viele Entscheidungen und Weichenstellungen in Betreuungsangelegenheiten von dem Inhalt der jeweiligen ärztlichen Gutachten ab.

Dies ergibt sich daraus, dass Begriffe wie „Behinderung", „Krankheit" und „Notwendigkeit eines Eingriffs" unbestimmte Rechtsbegriffe sind. Sie sind nicht in der Sache im Gesetz definiert und müssen erst für den konkreten Fall mit Inhalt gefüllt werden.

Deswegen werden in den folgenden Abschnitten neben den rechtlichen Erläuterungen auch diejenigen Fragen, die für den ärztlichen Betreuungsgutachter bedeutsam sind, angesprochen.

Einige Überschneidungen mit Kapitel 11 dieses Buches sind daher unvermeidbar, hier aber im Sinne des Praxisbezuges ausdrücklich beabsichtigt.

4.2 Voraussetzungen für eine Betreuung

Nach § 1896 BGB kann eine Betreuung angeordnet werden, wenn eine volljährige Person aufgrund einer **psychischen Krankheit oder einer körperlichen, geistigen oder seelischen Behinderung** nicht in der Lage ist, ihre Angelegenheiten ganz oder teilweise zu besorgen. Es muss also **Hilfsbedürftigkeit** vorliegen. Die Bestellung eines Betreuers erfolgt auf Antrag des Betroffenen selbst **durch das Amtsgericht** (Vormundschaftsgericht) oder das Amtsgericht wird von Amts wegen aktiv. Auch wer entsprechend § 104 BGB geschäftsunfähig ist (s. Kap. 2 und 7.1), kann einen Antrag stellen.

Unter **„psychischer Krankheit"** versteht man schizophrene Psychosen, Affektpsychosen, körperlich begründbare Psychosen, aber auch Abhängigkeitserkrankungen, Neurosen und Persönlichkeitsstörungen. Letztere müssen aber so stark ausgeprägt sein, dass sie in ihren psychosozialen Auswirkungen mit denen schwerer psychischer Erkrankungen gleichgesetzt werden können.

Die häufigsten zu einer Betreuung führenden Erkrankungen sind erwartungs-gemäß die verschiedenen Demenzformen, danach rangieren quantitativ die Psychosen.

Eine **„geistige Behinderung"** besteht dann, wenn angeborene oder frühzeitig erworbene Intelligenzminderungen vorliegen.

Für solche Menschen, die z. B. wegen der typischen geistigen Behinderung aufgrund eines Downsyndroms dauerhaft außerstande sind, ihre eigenen Angelegenheiten wahrzunehmen, wird häufig aus Anlass der Volljährigkeit eine Betreuung eingerichtet, da bis dahin wie bei anderen Minderjährigen die Eltern als rechtliche Vertreter fungieren.

Als **„seelische Behinderung"** sind langfristige psychische Folgen von psychotischen Erkrankungen (Residualsyndrome) oder eine hirnorganisch bedingte Wesensänderung (z. B. nach schweren Schädelhirntraumen) anzusehen.

Die Diagnose der o. g. Erkrankungen oder Behinderungen **reicht allein nicht aus**, um eine Betreuung einzurichten. Vielmehr ist festzustellen, ob ein Betreuer bestellt werden muss. Das darf nur geschehen, wenn der Betroffene aufgrund der vorliegenden Erkrankung oder Behinderung seine Angelegenheiten ganz oder teilweise nicht mehr zu besorgen vermag und wenn überhaupt Angelegenheiten zu regeln sind. Diese Informationen ergeben sich zum Teil aus dem ärztlichen Gutachten, zum Teil aus der Stellungnahme der Betreuungsbehörde. Diese erstellt einen Bericht zum Bedarf aus ihrer Sicht und schlägt außerdem einen Betreuer vor. Dabei verschafft sie sich insbesondere einen Eindruck von der Eignung und Bereitschaft von Familienangehörigen und Freunden des Betroffenen, die Aufgabe zu übernehmen.

Die **Betreuung** soll vor allem eine **wichtige Hilfe** für den Betroffenen darstellen. Sie kann und wird aber auch häufig als Eingriff in die Privatautonomie aufgefasst werden. Daher gilt für alle Bereiche des Betreuungsrechtes der **Grundsatz der Erforderlichkeit.**

Bevor also ein Betreuer bestellt wird, muss deswegen auch überprüft werden, ob die Angelegenheiten des Betroffenen nicht ebenso gut durch einen **Bevollmächtigten** oder durch andere Hilfen, bei denen kein gesetzlicher Vertreter bestellt wird, besorgt werden können. Diese Prüfung erfolgt formal durch das Gericht; Grundlage sind in der Regel neben den eigenen Erkenntnissen des Gerichts die Stellungnahmen der Betreuungsbehörde.

Nichtsdestoweniger sollte sich auch der ärztliche Gutachter, wo immer möglich, darüber informieren, ob und inwieweit bereits Konto- oder andere Vorsorgevollmachten existieren.

Der **Umfang der Betreuung hat sich am Ausmaß der Behinderung zu orientieren** und die originären Rechte des Betroffenen so weit wie möglich zu berücksichtigen.

Je nach Situation und Notwendigkeit kann eine Betreuung allerdings auch dann eingerichtet werden, wenn der Betroffene dieser Maßnahme nicht zustimmt, weil er etwa die Notwendigkeit nicht nachzuvollziehen vermag (Maniekranke, hirnorganisch Erkrankte) oder sich nicht (mehr) zu äußern vermag.

Für ausschließlich körperlich Behinderte gilt allerdings, dass eine Betreuung nur mit ihrem ausdrücklichen Einverständnis eingerichtet werden darf.

Die **Dauer der Betreuung** ist eine bedeutsame Frage. Während etwa bei neurodegenerativen Erkrankungen mit belangvollen Behinderungen oder schweren Intelligenzmängeln der zur Betreuung führende Zustand dauerhaft ist und daher der Gutachter im Allgemeinen keine Überprüfungsfrist oder Ablaufdauer vorzuschlagen braucht (nach dem Gesetz wird ohnedies eine Betreuung maximal für die Dauer von fünf Jahren ausgesprochen), ist dies bei rezidivierenden psychischen Erkrankungen wie schizophrenen oder affektiven Psychosen anders.

In krankheitsfreien Intervallen ist die Fähigkeit, die eigenen Angelegenheiten wahrzunehmen, in der Regel nicht oder nicht so stark beeinträchtigt, dass es einer Betreuung bedürfte. Da eine Betreuung nur dann und nur so lange bestehen darf, wie sie zwingend notwendig ist, wäre sie folglich jeweils nach einer Symptomreduktion aufzuheben.

Aus ärztlicher Sicht wäre es andererseits in vielen Fällen gerade nach dem Abklingen akuter Krankheitszeichen und zur Gewährleistung einer zuverlässigen medikamentösen Rezidivprophylaxe wünschenswert, dass ein für den Aufgabenbereich „Gesundheitsfürsorge" zuständiger Betreuer etwa den Kontakt zum behandelnden Arzt hält, den Betreuten motiviert und etwa im Falle der Wiedererkrankung schnell eine Krankenhausbehandlung einleiten kann.

Wenn die Beibehaltung der Betreuung im Einverständnis mit dem Betreuten erfolgt, spricht nichts gegen diese pragmatische Regelung. Widerspricht der Betreute aber, so ist abzuwägen, inwiefern der schwerwiegende Eingriff in das Persönlichkeitsrecht, denn als solcher ist die Betreuung zu verstehen, tatsächlich noch zu rechtfertigen ist. Eine Entscheidung des Bayerischen Obersten Landesgerichtes betont folglich aus rechtlicher Sicht konsequent, dass bei wiederkehrenden psychischen Erkrankungen die Betreuung jeweils dann unverzüglich aufzuheben ist, wenn nach dem Abklingen der Akutsymptomatik das Einsichts-, Entscheidungs- und Handlungsvermögen wiederhergestellt ist (BayObLG 16.12.95, 3 Z 343/94).

4.3 Auswahl und Aufgabenbereiche des Betreuers

Bei dem vom Vormundschaftsgericht bestellten Betreuer (§ 1897 BGB) muss es sich um eine so genannte **natürliche Person** handeln. Das kann eine dem Betroffenen nahe stehende und von ihm vorgeschlagene Person sein, kann jedoch auch ein Angehöriger einer Beratungsbehörde oder eines so genannten Betreuungsvereins sein. Die Behörde als solche ist also nicht als Betreuer bestellbar. Grund für diese Regelung ist das Bestreben des Gesetzes, im Sinne einer Personalisierung und Individualisierung eine konkrete, ansprechbare und als solche wahrnehmbare Person als Betreuer zu benennen.

Das Gericht definiert die **Aufgabenbereiche**, für die der Betreuer zuständig ist. Diese werden wesentlich detaillierter beschrieben als die bisherigen Wirkungskreise im Rahmen der alten Pflegschaft. Zum Beispiel: Bestimmung des Aufenthaltes, Fürsorge für eine Heilbehandlung, Abschluss eines Heim- bzw. Anstaltsvertrages und die Kontrolle der Einhaltung, Organisation von ambulanten Hilfen zur häuslichen Betreuung, Regelung von Miet-, Pacht- und Wohnungsangelegenheiten, Klärung der Vermögensverhältnisse, Einteilung, Verwendung und Verwaltung der Einkünfte, Verwaltung des gesamten Vermögens, Führen des Schriftverkehrs u.a. Kenntnis, Kontrolle oder gar Entscheidungen über den Fernmelde- und Postverkehr werden dem Betreuer nur dann überlassen, wenn das Gericht dieses ausdrücklich angeordnet hat (§ 1896 (4) BGB). Möglich ist durchaus aber auch eine Betreuung mit dem Wirkungskreis „alle Angelegenheiten".

Dies kommt etwa dann infrage, wenn aufgrund einer schweren, vor allem neurologischen Erkrankung eine vollständige Kommunikationsunfähigkeit des Betroffenen vorliegt (Locked-in-Syndrom, schwerste traumatische Hirnschädigung, Vollbild der Demenz).

Bei psychiatrischen Krankheitsbildern ist zu erwarten, dass zumindest in einigen Aufgabenkreisen noch ein Restvermögen zur Wahrnehmung der eigenen Angelegenheiten vorliegt.

Im Sinne der Verhältnismäßigkeit und der Wahrung der Privatautonomie kann z. B. auch einem Manie- oder einem schwer Suchtkranken mit Kontrollverlust in der akuten Krankheitsphase durchaus noch die Verfügung über Beträge zur Deckung des Alltagsbedarfes belassen werden; lediglich die darüber hinausgehenden Beträge und/oder längerfristige Dispositionen wären dann durch die Betreuung zu erfassen.

Hierzu gibt es viele praktische Lösungsmöglichkeiten (Geldeinteilung, Zwei-Konten-Modelle, Guthabenkonten etc.). Zwar ist es nicht primär ärztliche Aufgabe, hierzu Detailüberlegungen anzustellen, das Gericht wird aber dem Gutachter dankbar sein, wenn er für den Einzelfall gangbare Wege aufzeigt.

Die Einrichtung einer **Betreuung hat keine automatische Wirkung auf die Geschäftsfähigkeit** (s. Kap. 2 und 7.1). Daher kann der Betreute auch in den Wirkungskreisen der Betreuung eigenständig handeln. Gleichzeitig ist der Betreuer nach § 1902 BGB aber auch Vertreter des Betreuten in gerichtlichen und außergerichtlichen Angelegenheiten.

Hier kann es zu konkurrierenden Willenserklärungen und Doppelverpflichtungen kommen; die rechtssystematischen Probleme sind auch nach einem knappen Jahrzehnt der Erfahrungen mit dem Betreuungsrecht noch ungelöst.

Beispiel: Ein geschäftsfähiger Betreuter tätigt einen Kauf, gleichzeitig hat aber der Betreuer für Vermögensangelegenheiten im Interesse des Betreuten die gleiche Sache in einem anderen Geschäft erworben und will den Kauf des Betreuten, ggf. noch unter Berufung auf einen Einwilligungsvorbehalt (s. Kap. 4.4), rückgängig machen. Der Verkäufer wiederum beruft sich auf den seines Erachtens wirksamen Kaufvertrag, da Willens- oder Erklärungsmängel bei Abschluss des Kaufvertrages nicht erkennbar gewesen seien und er so ganz zu Recht von einem geschäftsfähigen Gegenüber ausgehen musste.

Insgesamt, so der Grundsatz, hat der Betreuer die Angelegenheiten des Betreuten so zu besorgen, wie es dessen Wohl entspricht (§ 1901 BGB).

Aus den vorausgegangenen Ausführungen wird deutlich, dass die Aufgaben des Betreuers nicht einfach zu erfüllen sind. Es bedarf eines hohen Engagements, Sachverstandes und vor allem eines psychologischen Gespürs für die Belange des Betreuten, denn der Betreute bleibt in der Regel in seinen Persönlichkeitsrechten autonom.

4.4 Der Einwilligungs- vorbehalt (§ 1903 BGB)

Die Betreuung allein hindert den Betreuten also nicht, eigenständig seine Angelegenheiten zu regeln. Allerdings sieht das Betreuungsrecht auch eine Möglichkeit zur **Einschränkung der persönlichen Autonomie** vor, indem das Gericht einen so genannten Einwilligungsvorbehalt anordnen kann (§ 1903 BGB). Das ist nur dann zulässig, wenn es zur Abwendung einer erheblichen Gefahr für die Person oder das Vermögen des Betroffenen notwendig ist. Der Betreute ist dann für Handlungen, die unter den Einwilligungsvorbehalt fallen, auf die Zustimmung des Betreuers angewiesen. Für den Einwilligungsvorbehalt gelten etwa ähnliche Voraussetzungen wie für die Geschäftsunfähigkeit nach § 104 BGB.

Auch wenn in der Praxis häufig umfassende Bereiche, die unter den Einwilligungsvorbehalt fallen sollen, pauschal benannt werden, z. B. Gesundheitsfürsorge, Aufenthaltsbestimmungsrecht, Fürsorge in rechtlichen Angelegenheiten, Vermögenssorge, Behördenangelegenheiten o.Ä., sollte in jedem Einzelfall geprüft werden, ob nicht Präzisierungen möglich sind.

Beispiel: Im Bereich der Gesundheitsfürsorge ist die Zustimmung zu Bagatellbehandlungen z. B. von Erkältungskrankheiten, Routineimpfungen oder einer kleinen Wundversorgung in den meisten Fällen unbedenklich, solange

sie der natürlichen Einwilligungsfähigkeit (noch) zugänglich sind.

Hier für einen an einer beginnenden Alzheimer-Demenz Leidenden oder einen Menschen mit mäßiger Intelligenzminderung bereits einen Einwilligungsvorbehalt zu verhängen, bedeutet einen unnötigen Eingriff in das Persönlichkeitsrecht, ist also unverhältnismäßig.

Für die Angehörigen oder die Pflegeeinrichtung, die nach hausärztlicher Anordnung z. B. einer Tetanusimpfung nach Schürfverletzung gleich den Betreuer einschalten müssten, bedeutet dies zudem einen unnötigen, weil der Sache nach vermeidbaren Aufwand.

Besser sind daher in der gutachterlichen Äußerung Formulierungen wie: „Ein Einwilligungsvorbehalt für risikoträchtige Eingriffe, z. B. solche, die mit einer Vollnarkose verbunden sind, und Dauerbehandlungen ist erforderlich".

Alternativ kann man positiv diejenigen Bereiche umschreiben, in denen der Betroffene ohne Einwilligungsvorbehalt auskommt: Im obigen Beispiel würde man dann wie folgt formulieren: „Herr X kann, ohne von krankheitsbedingten Erwägungen bestimmt zu sein, hausärztlichen Routineeingriffen wie Blutabnahmen, der Versorgung von Bagatellverletzungen, Impfungen und vorübergehenden Medikationen wirksam zustimmen. Für darüber hinausgehende Eingriffe ist aus ärztlicher Sicht ein Einwilligungsvorbehalt erforderlich, da eine Nutzen-Risiko-Abwägung für komplexe Behandlungen krankheitsbedingt nicht mehr möglich ist und Herr X durch Fehleinschätzungen gefährdet ist". Willenserklärungen zur **Eheschließung** (s. Kap. 10.1) oder zur **Testamentserrichtung** (s. Kap. 7.2) können nach § 1903 (2) BGB nicht einem Einwilligungsvorbehalt unterstellt werden. Bei schweren krankhaften Störungen der Geistestätigkeit, wenn also der Betroffene i.S. des § 104 BGB geschäftsunfähig ist, ersetzt die Erklärung des Betreuers die des Kranken. Ein Einwilligungsvorbehalt ist nicht erforderlich, weil der Betreuer nicht in Entscheidungen des Betreuten einwilligen kann, sondern für diesen entscheiden muss. Der Betreuer vertritt dann gemäß § 1902 BGB umfassend die Belange des Betreuten.

Aber: Die Frage der Geschäftsfähigkeit muss unabhängig von der Betreuungsnotwendigkeit entschieden werden (s. Kap. 2 und 7.1).

4.5 Zustimmungsnotwendigkeit durch das Vormundschaftsgericht

Werden einem Betreuer Aufgaben im Bereich der Personenfürsorge übertragen, z. B. Gesundheitsfürsorge oder Aufenthaltsbestimmung, sind diesem in seiner Entscheidungskompetenz durch das Gesetz Grenzen gesetzt, und zwar dann, wenn die Rechte des Betreuten

erheblich beeinträchtigt werden. Das ist nach § 1896 BGB bei Eingriffen in den Fernmelde- und Postverkehr oder nach § 1907 BGB bei Kündigung eines Mietverhältnisses, einer Wohnungsauflösung oder bei Eingehen eines Vertrages, der zu wiederkehrenden Leistungen verpflichtet, der Fall. In diesen Fällen ist immer die Genehmigung des Vormundschaftsgerichtes einzuholen. Das gilt auch für bestimmte ärztliche Maßnahmen.

4.5.1 *Ärztliche Maßnahmen (§ 1904 BGB)*

Eine Einwilligung des Betreuers in eine **Untersuchung des Gesundheitszustandes, eine Heilbehandlung oder einen ärztlichen Eingriff bedarf der Genehmigung des Vormundschaftsgerichtes,** wenn die begründete Gefahr besteht, dass der Betreute aufgrund der Maßnahme stirbt oder einen schweren und länger dauernden gesundheitlichen Schaden erleidet. Ohne die Genehmigung darf die Maßnahme nur durchgeführt werden, wenn mit dem Aufschub Gefahr verbunden ist.

Im psychiatrischen Bereich ist an folgende Behandlungsformen zu denken: Langzeitbehandlungen, die über die Dauer der (akuten) Erkrankung hinaus weitergeführt werden sollen, z. B. die Prophylaxe mit Lithiumsalzen oder Antikonvulsiva oder die Langzeitbehandlung mit Neuroleptika oder die Behandlung mit Clozapin (LG Berlin FamRZ 1993, 24). Auch die Elektrokrampfbehandlung wird in diesem Zusammenhang diskutiert (LG Hamburg FamRZ 1994, 1204). Es gibt aber im Schrifttum auch andere Auffassungen, die auf die zutreffenderweise geringe Nebenwirkungsrate und die im Allgemeinen gute Verträglichkeit der Elektrokrampfbehandlung verweisen und deshalb die Genehmigungsbedürftigkeit verneinen (Dodegge FamRZ 196, 74).

Im Zweifelsfalle sollte das örtliche Vormundschaftsgericht um eine grundsätzliche Stellungnahme gebeten werden.

Im neurologischen und neurochirurgischen Bereich kommen alle risikogeneigten konservativen und operativen Behandlungsverfahren infrage: Hierzu zählen etwa Tumor- und Epilepsiechirurgie, aber auch nebenwirkungsträchtige medikamentöse Behandlungen.

Praktisch ist so vorzugehen:

- In einem ersten Schritt ist vom Arzt zu prüfen, ob die Untersuchung, die Heilbehandlung oder der ärztliche Eingriff eine „begründete Gefahr" für den Patienten darstellt. Diese hebt die Schwelle der Genehmigungsbedürftigkeit gegenüber der „bloßen Gefahr" an, ohne jedoch den Grad der „dringenden Gefahr" zu erhalten.
- Der zweite Schritt besteht in der Feststellung der **Einwilligungsfähigkeit** (2.1.2.1) des Patienten. Dabei kommt

es für die Wirksamkeit der Einwilligung nicht auf die Geschäftsfähigkeit nach § 104 BGB des Betroffenen an (s.a. Kap. 7.1), sondern auf die natürliche Einsichts- und Steuerungsfähigkeit. Nur wenn der Betroffene nicht einwilligungsfähig ist, stellt sich die Frage nach der stellvertretenden Einwilligung durch den Betreuer.

- Bei einem **einwilligungsunfähigen Patienten** muss der Betreuer einwilligen. Das darf er nur, wenn die Fragen der „Heilbehandlung" zu seinem Aufgabengebiet gehören. Wenn dies nicht geregelt ist, kann das Gericht den Aufgabenkreis des Betreuers ggf. im Eilverfahren um den Bereich „Heilbehandlung" erweitern.
- Der Betreuer wird im Rahmen seines Aufgabenbereichs tätig und muss beim Vormundschaftsgericht eine Genehmigung der Heilbehandlung beantragen, wenn eine „begründete Gefahr" für das Wohl des Betreuten bestehen sollte.
- Für die Entscheidung des Richters ist ein aussagefähiges **ärztliches Zeugnis oder Gutachten** notwendig, das zur Frage der Einwilligungsfähigkeit des Betroffenen, der Art und des Umfangs und der Dauer der Untersuchung, der Heilmaßnahme oder des Eingriffs und zu den Risiken und Heilungschancen Stellung nehmen muss. Der Gutachter und der die Maßnahme ausführende Arzt dürfen nicht identisch sein. Das Gutachten soll zur Er-

fordernis der zu genehmigenden Maßnahme Stellung nehmen sowie darauf eingehen, ob eine begründete Gefahr besteht, dass der Betroffene aufgrund dieser Maßnahme stirbt oder einen schweren und länger andauernden gesundheitlichen Schaden erleidet.

- Der **Gutachter sollte ein Facharzt** sein, der fachlich kompetent ist, um eine Aussage zu den Risiken der ärztlichen Maßnahme zu machen. Es kann auch notwendig sein, dass ein zusätzliches **Gutachten eines Psychiaters** eingeholt wird, wenn Zweifel an der Einwilligungsfähigkeit des Betroffenen bestehen.
- Bei **besonderer Eilbedürftigkeit**, wenn weder die Genehmigung der vom Betreuer erteilten Einwilligung durch das Gericht noch eine Vorgehensweise nach § 1846 BGB („einstweilige Maßregeln des Vormundschaftsgerichts") in Betracht kommen, besteht die Möglichkeit, dass der Betreuer mit dem Aufgabenkreis „Heilbehandlung" die Genehmigung erteilt und die ärztliche Maßnahme ohne Genehmigung des Gerichts durchgeführt wird, wenn mit dem Aufschub Gefahr verbunden ist (§ 1904 BGB).
- Ist ein Betreuer nicht vorhanden und bleibt für die Bestellung eines Betreuers usw. (s.o.) keine Zeit, kann sich die Rechtfertigung für eine ärztliche Maßnahme aus § 34 StGB („**rechtfertigender Notstand**") ergeben.

4.5.2   Sterilisation (§ 1905 BGB)

Eine Sterilisation darf nur durchgeführt werden, wenn der Betroffene einwilligt und der Betreuer wie das Vormundschaftsgericht der Operation zustimmen. Es sind mindestens zwei voneinander unabhängige Gutachten einzuholen. Der ausführende Arzt darf nicht mit einem der Sachverständigen identisch sein.

4.5.3   Freiheitsentziehende Maßnahmen (§ 1906 BGB)

4.5.3.1   Verfahren

Eine **mit Freiheitsentzug verbundene Unterbringung** eines Betreuten ist nur so lange zulässig, wie sie zum Wohl des Betreuten erforderlich ist, d.h. wenn

- aufgrund einer psychischen Krankheit oder geistigen oder seelischen Behinderung die **Gefahr** besteht, dass er sich selbst tötet oder erheblichen gesundheitlichen Schaden zufügt,
- eine Untersuchung des Gesundheitszustandes, eine Heilbehandlung oder ein ärztlicher Eingriff notwendig sind, die ohne die Unterbringung des Betreuten nicht durchgeführt werden können, und **der Betreute** aufgrund einer psychischen Krankheit oder geistigen oder seelischen Behinderung die Notwendigkeit der Unterbringung nicht erkennen oder nicht nach dieser Einsicht handeln kann.

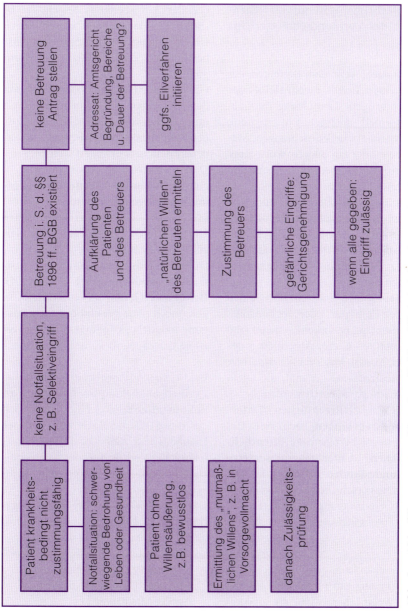

Abb. 4: Ablaufdiagramm zum Vorgehen für Eingriffe bei nicht oder nur fraglich zustimmungsfähigen Patienten

Die Unterbringung ist nur mit Genehmigung des Vormundschaftsgerichts zulässig.

Das gilt auch, wenn dem Betreuten, der sich in einer Anstalt, einem Heim oder einer sonstigen Einrichtung aufhält, ohne formell untergebracht zu sein, durch mechanische Vorrichtungen, Medikamente oder auf andere Weise über einen längeren Zeitraum oder regelmäßig die Freiheit entzogen werden soll.

Im psychiatrischen Bereich können von den freiheitsentziehenden Maßnahmen Patienten mit chronischen Psychosen, chronischen Verwirrtheitszuständen bei Demenz, Verwahrlosungstendenz u.a. betroffen sein.

Die Maßnahmen müssen über einen „längeren Zeitraum" oder „regelmäßig" Freiheitsentzug bewirken (gemeint sind hier Bettgitter, Gurte, Abschließen des Zimmers o.Ä.). Ausdrücklich sind hier auch Medikamente genannt, die allein zur Sedierung eingesetzt werden.

Neben den **zivilrechtlichen Unterbringungsregelungen** nach dem Betreuungsrecht bestehen die **öffentlich-rechtlichen Unterbringungsgesetze der Bundesländer** (s. Kap. 3). Die Verfahrensvorschriften zur Anwendung dieser Unterbringungsregelungen sind nach § 70 (1) FGG vereinheitlicht worden.

Der Betreuer kann eine zivilrechtliche Unterbringung mit Freiheitsentziehung in die Wege leiten, wenn ein entsprechender Aufgabenkreis besteht (z. B. „ärztliche Behandlung einschließlich Unterbringung" oder „Aufenthaltsbestimmung einschließlich Unterbringung").

Gibt es keinen Betreuer oder keinen mit dem Aufgabenkreis „Unterbringung", muss dieser vom Gericht bestellt bzw. der Aufgabenkreis des bereits vorhandenen Betreuers erweitert werden.

Durch **einstweilige Anordnung** kann eine **vorläufige Unterbringungsmaßnahme** getroffen werden (§ 70 h (1) FGG). Der Richter kann auch nach § 1846 BGB verfahren. Es gelten die gleichen Verfahrensregeln wie für die vorläufige Unterbringung durch eine einstweilige Anordnung nach § 70 h (3) FGG. **Bei akuter Gefahr** ist eine Unterbringung auch ohne gerichtliche Genehmigung möglich. Diese muss dann unverzüglich nachgeholt werden.

Es ist sinnvoll, jegliche so genannte **Freiheitsentziehungsmaßnahme zu dokumentieren** (s.o.). Nur so ergibt sich ein Beleg für die Rechtmäßigkeit des Handelns und kann vor späterer strafrechtlicher Verfolgung oder zivilrechtlichen Entschädigungsansprüchen schützen.

Die äußere Gestaltung der **Dokumentation** bleibt frei. Es müssen jedoch folgende Punkte ersichtlich sein:

- Personalien des Patienten
- Anlass und Grund für die Maßnahme
- Art der Maßnahme

- Dauer der Maßnahme (Datum, Uhrzeit)
- Angaben über die Einwilligung des Patienten: bei fehlender Einsichtsfähigkeit Einwilligung des Betreuers, ggf. Entscheidung des Vormundschaftsgerichtes
- Bestätigung fehlender Einsichtsfähigkeit durch den behandelnden Arzt, ggf. ärztliche Begründung der Eilbedürftigkeit der Maßnahmen
- Angaben über die bei der Maßnahme tätig gewordenen Personen (Pflegepersonen, Ärzte)
- Datum.

In einem Krankenhaus oder einer Pflegeeinrichtung ist in der Regel so vorzugehen, dass zuerst überprüft wird, ob überhaupt eine genehmigungspflichtige Unterbringung i.S. des § 1906 BGB vorliegt.

Ist der Betreute selbst einverstanden und einwilligungsfähig (s. Kap. 2.1.2.1), so genügt seine Zustimmung.

§ 1906 (4) BGB gilt nur, wenn der Betroffene nicht ohnehin untergebracht ist. Nach § 70 e FGG wird es häufig als sinnvoll erachtet, ein **Sachverständigengutachten** einzuholen. Der Sachverständige soll in der Regel ein Arzt für Psychiatrie sein, in jedem Fall muss er Erfahrungen auf dem Gebiet der Psychiatrie haben (§ 70 e (1) FGG).

Das Gutachten muss Angaben zu der seelischen Krankheit des Betroffenen oder der geistigen oder seelischen Behinderung (Diagnose) und zugleich die sich daraus ergebenden Folgen (Suizidgefahr, mangelnde Einsicht in Sinn und Zweck einer Heilbehandlung) enthalten. Es soll ferner dazu Stellung nehmen, ob eine persönliche Anhörung des Betroffenen erhebliche Nachteile für dessen Gesundheit hervorrufen kann. Das Gutachten soll ferner Angaben zur Dauer der Unterbringung machen.

Es soll eine **persönliche Anhörung** des Betroffenen durch den Richter erfolgen (§ 70 c FGG).

Angehörigen, Betreuern, einer von dem Betroffenen genannten Person seines Vertrauens, dem Leiter der Einrichtung, in der der Betreute lebt, und der zuständigen Betreuungsbehörde muss vor der Unterbringung Gelegenheit zur Äußerung gegeben werden.

Wenn ein Betroffener sich weigert, bei einer Anhörung mitzuwirken oder dem Gericht zu einem unmittelbaren Eindruck zu verhelfen, kann das Gericht sie/ihn durch die zuständige Behörde vorführen lassen (§ 70 c in Verbindung mit § 68 b (3) FGG). Das gilt auch für die Begutachtung (§ 70 e (2) in Verbindung mit § 68 b (3) FGG). Eine Unterbringung zur Vorbereitung eines Gutachtens ist ebenfalls möglich (§ 70 e (2) in Verbindung mit § 68 b (4) FGG).

In der klinischen Praxis gibt es z. B. bei der Aufnahme oder im Verlauf des Aufenthaltes in einer Klinik die Situation, in der ein **Antrag auf einstweilige Anordnung einer Unterbringung** gestellt werden muss. In diesem sind folgende Inhalte darzustellen:

- Adressat: zuständiges Vormundschaftsgericht
- Personalien des Betroffenen
- Umstände der Aufnahme in die Klinik
- Mitteilung, ob nach Kenntnis der Klinik eine Betreuung besteht
- aktueller psychopathologischer und ggf. auch neurologischer Befund
- diagnostische Überlegungen
- Begründung der Notwendigkeit einer sofortigen Aufnahme in eine geschlossene Abteilung
- Hinweise auf die mangelnde eigene Einwilligungsfähigkeit des Patienten hinsichtlich Unterbringung und Behandlung
- Beschreibung der zur diagnostischen Abklärung notwendigen Maßnahmen (Blutentnahme, EEG, CCT/NMR, LP u.a.)
- Beschreibung der vorgesehenen Behandlung: z. B. Neuroleptika, Antidepressiva, Benzodiazepine, Lithium, Carbamazepin u.a.
- ggf. Bezeichnung sonstiger notwendiger Maßnahmen: z. B. Magensonde, Infusionen, Katheter, mechanische Fixierung
- zusammenfassend Antrag auf Schaffung ausreichender Rechtsgrundlagen einschließlich einer Betreuung (falls noch nicht bestehend) für die Unterbringung und die Behandlungsmaßnahmen.

4.5.3.2 Offene Fragen im Zusammenhang mit dem Begriff der „freiheitsbeschränkenden Maßnahme"

4.5.3.2.1 Freiheitsbeschränkende Maßnahmen auch im häuslichen Bereich?

Umstritten ist, ob eine freiheitsbeschränkende Maßnahme auch dann vorliegt, wenn ein Patient außerhalb von Einrichtungen, also in einer eigenen Wohnung oder dem eigenen Haus, z. B. etwa bei familiärer häuslicher Versorgung, Bettgitter o.Ä. erhält. Die meisten Gerichte verneinen dies. Der Bundestag hat während der Beratung zum Betreuungsgesetz ebenfalls den häuslichen Bereich von der Genehmigungspflicht durch das Vormundschaftsgericht ausnehmen wollen.

Es gibt aber auch die (inhaltlich überzeugende) Argumentation, der Grundrechtsschutz ende nicht „vor der Haustür" und ein häuslich Versorgter sei erst recht auf die seine Rechte wahrende Kontrolle durch das Gericht angewiesen (AG Garmisch-Partenkirchen, XVII 0365/98, Beschluss vom 27.5.1999). Entsprechend sei auch ein Bettgitter im Rahmen der häuslichen Pflege nur aufgrund einer gerichtlichen Genehmigung zulässig.

In dem Fall einer allein im eigenen Hause lebenden und durch ambulante Pflegekräfte versorgten Frau hat das LG München (AZ 13 T 4301/99, Beschluss vom 7.7.99) ebenfalls eine gerichtlich genehmigungspflichtige freiheitsentziehende Maßnahme darin gesehen, dass eben diese Pflegekräfte zeitweise die Wohnungstür versperrten. Die Wohnung trage nicht mehr den Charakter der Privatsphäre, sondern werde zu einer „sonstigen Einrichtung" im Sinne des § 1906 Abs. 4 BGB.

Es empfiehlt sich, wegen dieser großen Diskrepanz der juristischen Auffassungen die allein entscheidende Auffassung des örtlichen Vormundschaftsgerichts zu erfragen.

4.5.3.2.2   Freiheitsbeschränkende Maßnahmen auch oder vor allem bei nur noch unwillkürlicher Bewegung?

Eine weitere offene Frage ergibt sich bei dem juristischen Terminus der „freiheitsbeschränkenden Maßnahme".

Einigkeit besteht darin, dass das Verhindern *gerichteter* Bewegungen, und seien es auch solche aufgrund krankheitsbedingt veränderter Wahrnehmung (Fluchtversuch bei Verfolgungs- oder Beeinträchtigungswahn), die Definition der Freiheitsbeschränkung oder gar -entziehung erfüllt.

Umstritten ist aber die Einordnung von vor allem schützend gemeinten Vorkehrungen bei im Wesentlichen *ungerichteten* Bewegungen. Das in der Praxis häufigste Beispiel ist die nächtliche Nutzung von Bettgittern bei dementen Bewohnern von Alten- und Pflegeheimen, bei denen man befürchtet, sie könnten im Rahmen von Verwirrtheitszuständen aus dem Bett stürzen und sich dabei Frakturen zuziehen.

Bei strenger Auslegung sind diese Bettgitter immer dann, wenn ein Patient auch nur noch vereinzelt den Versuch unternimmt aufzustehen, eine freiheitsbeschränkende Maßnahme im Sinne des Gesetzes. Dies gilt selbst dann, wenn die überwiegende Mehrzahl der Bewegungen komplett ungerichtet sind. Ebenso gilt diese Maßnahme als freiheitsbeschränkend für einen Sitzgurt bei Patienten, die körperlich so geschwächt sind, dass sie ohne diesen aus dem Stuhl gleiten würden: Auch diese könnten ja zu irgendeinem Zeitpunkt einmal versuchen aufzustehen.

Das komplette Fehlen jeglicher gerichteter Bewegung als Ausdruck eines Fortbewegungsimpulses wird man wohl nur bei Patienten mit einem dauerhaften apallischen Syndrom sicher bestätigen können; damit wäre fast jede Schutzmaßnahme gleichzeitig eine gerichtlich genehmigungsbedürftige freiheitsbeschränkende Maßnahme.

Andere Gerichte fordern dagegen einen „natürlichen Fortbewegungswillen" einerseits und das körperliche Vermögen dazu andererseits als Voraussetzung für die Einordnung von Bettgitter und Bauchgurt am Stuhl als freiheitsbeschränkende Maßnahme. Fehle beides, könne sich also jemand „aufgrund körperlicher Gebrechen... ohnehin nicht mehr alleine fortbewegen" und sei er „aufgrund geistiger Gebrechen nicht in der Lage zu einem natürlichen Fortbewegungswillen", gehören nach Auffassung dieser Gerichte Sicherungsmittel nicht zu den freiheitsbeschränkenden Maßnahmen (AG Rotenburg 10 XVII C 33 vom 6.7.99).

Auch hier gilt also wie bei der erstgenannten Frage, dass die Spannweite der juristischen Auffassungen groß ist und nur eine Verständigung mit dem Vormundschaftsgericht vor Ort die notwendige Entscheidungssicherheit bringt.

4.6 Begutachtung im Betreuungsverfahren

Im Betreuungsrecht wird zwischen Gutachten und ärztlichen Zeugnissen (s. Kap.12) unterschieden.

Ausführliche Gutachten werden bei
- Einrichtung einer Betreuung (Kap. 4.1.2)
- bei risikoreichen ärztlichen Maßnahmen (Kap. 4.5.1)
- bei freiheitsentziehenden Maßnahmen (Kap. 4.5.3) und
- bei der Frage einer Sterilisation (Kap. 4.5.2)

verlangt.

Ärztliche Zeugnisse reichen in der Regel für die einstweilige Anordnung einer

Betreuung auf Wunsch des Betroffenen mit geringen Auswirkungen aus, ebenfalls für die vorläufige Unterbringung und für unterbringungsähnliche Maßnahmen.

Bei Änderungs- und Beschwerdeverfahren können je nach Sachlage ärztliche Zeugnisse oder Gutachten notwendig sein.

Zur fachlichen **Qualifikation des Gutachters**:

Allein bei Unterbringungsmaßnahmen (nicht vorläufiger Art) ist gefordert, dass ein Psychiater oder ein auf dem Gebiet der Psychiatrie erfahrener Arzt das Gutachten erstattet.

Die auch aus ärztlicher Sicht sinnvolle Forderung nach psychiatrischer Kompetenz des Sachverständigen erstreckt sich in der Rechtsprechung auf fast alle gutachtlichen Äußerungen in Betreuungsangelegenheiten. Gutachten zu Fragen einer risikoreichen Behandlung sind naturgemäß von Vertretern des betroffenen Fachgebietes zu erstatten. Das gilt teilweise auch bei Fragen der Sterilisation. Die Sachverständigen sollen nach § 69 d (3) FGG in ihrem Gutachten aber auch zu den „psychologischen, sozialen, sonderpädagogischen und sexualpädagogischen Gesichtspunkten" Stellung nehmen.

Die Gutachten müssen, sollen sie den Anforderungen nach § 1896 (2) BGB und § 68 b (1) FGG genügen, entsprechend ausführlich und differenziert sein.

Danach muss der Sachverständige sich zu den in Tab. 1 noch einmal zusammengestellten Punkten äußern, soweit sie für die jeweilige Fragestellung relevant sind.

Literatur:

Deutscher Bundestag: BT-Drucksache 11/4528 S. 210, BT-Drucksache 11/6949 S. 76.
DIEDERICHSEN U, DRÖGE M. Zivilrecht. Juris-

Tab. 1: Inhaltliche Anforderungen an ein Gutachten im Rahmen des Betreuungsrechts

---

1. Art, Umfang und Zeitpunkt der eigenen Untersuchungen sowie Angaben der Quellen, auf welche sich das Gutachten stützt

2. Darstellung des Sachverhaltes

3. Klinische Diagnose und Subsumtion unter einen Begriff des § 1896 Abs. 1 BGB

4. Auswirkungen der Krankheit auf die Fähigkeit, bestimmte Angelegenheiten zu regeln

5. Angaben über den zu regelnden Aufgabenkreis – Ausnahmen vom Regelungsbedarf

6. Ggf. Notwendigkeit eines Einwilligungsvorbehaltes für bestimmte Aufgabenkreise – voraussichtliche Dauer des Einwilligungsvorbehaltes

7. Ggf. Notwendigkeit einer geschlossenen Unterbringung zum Zwecke einer Untersuchung des Gesundheitszustandes (§ 1906 Abs. 1 Nr. 2 BGB) oder um eine Gefahr vom Betroffenen abzuwenden (§ 1906 Abs. 1 Nr. 1 BGB)

8. Ggf. Vorliegen der Voraussetzungen für Geschäftsunfähigkeit

9. Grundsätzlich muss in jedem Betreuungsgutachten auch Stellung genommen werden, ob durch die Anhörung des Betroffenen vor Gericht und durch die Mitteilung des Gutacheninhaltes und des Betreuungsbeschlusses gesundheitliche Schäden für den Probanden zu befürchten sind. Das Gericht ist nämlich verpflichtet, dem zu Betreuenden den Gerichtsbeschluss und die Gründe, die zu dem Gerichtsbeschluss führen, mitzuteilen, falls durch diese Mitteilung nicht ein Schaden für den Betroffenen zu erwarten ist (§ 70 g FGG).

Nach: NEDOPIL N 1995.

tische Voraussetzungen. In: Venzlaff U, Foerster K (Hrsg.). Psychiatrische Begutachtung. Ein praktisches Handbuch für Ärzte und Juristen. 3. Aufl. Urban und Fischer: München, Jena 2000.

Foerster K. Psychiatrische Begutachtung im Zivilrecht. In: Venzlaff U, Foerster K (Hrsg.). Psychiatrische Begutachtung. Ein praktisches Handbuch für Ärzte und Juristen. 3. Aufl. Urban und Fischer: München, Jena 2000.

Jürgens A, Kröger D, Marschner R, Winterstein P. Das neue Betreuungsrecht. 4. Aufl. Beck: München 1999.

Nedopil N. Forensisch-psychiatrische Aspekte des Betreuungsrechts - Grundlagen und Erfahrungen. Krankenhauspsychiatrie 6 (1995) 74 - 78.

Nedopil N. Forensische Psychiatrie. Klinik, Begutachtung und Behandlung zwischen Psychiatrie und Recht. Beck, Thieme: Stuttgart 1996.

Schmidt G, Böcker F, Bayerlein R u.a. Betreuungsrecht in der Praxis. 3. Aufl. Deutscher Anwaltverlag: München 1999.

5. Sozialrecht

Das Sozialrecht soll Hilfen für diejenigen Staatsbürger gewähren, die infolge von Wechselfällen des Lebens unfreiwillig in wirtschaftliche Not oder in soziale Benachteiligungen geraten sind. Das geschieht durch Leistungen der Gemeinschaft (des Staates und seiner Organe), soweit der Betroffene sich nicht selbst helfen kann. Damit wird der Staat der Maxime des Grundgesetzes (GG) von der Würde des Menschen (Artikel 1 GG) und von einem sozialen Rechtsstaat (Artikel 20 GG) gerecht (Erlenkämper 1981).

Sozialrechtliche Fragen begegnen dem Arzt, wenn es um die Behandlung von Krankheiten geht (Krankenversicherung), wenn Fragen der vorzeitigen Berufs- und/oder Erwerbsunfähigkeit zu beantworten sind (Rentenversicherung) oder wenn berufsbedingte Unfallfolgen behandelt werden müssen (gesetzliche Unfallversicherung). Die Versorgungsämter bearbeiten die sozialen Belange der Kriegsopfer nach dem Bundesversorgungsgesetz (BVG), der Soldaten nach dem Soldatenversorgungsgesetz (SVG), die Folgen von Impfschäden nach dem Bundesseuchengesetz (BSeuchG), die Entschädigung von Opfern von Gewalttaten nach dem Opferentschädigungsgesetz (OEG) sowie die Folgen von Misshandlungen nach dem Häftlingshilfegesetz (HHG). Ein quantitativ relativ großer Anteil der versorgungsamtlichen Aufgaben besteht heute in der Bearbeitung von Anträgen nach dem Schwerbehindertengesetz (SchwbG). In den Bereich des Sozialrechts gehören auch die Regulierungen von Entschädigungen von gesundheitlichen Schäden nach nationalsozialistischer Verfolgung (Bundesentschädigungsgesetz, BEG).

Aus dieser einfachen Aufzählung wird bereits deutlich, welch großes Feld das Sozialrecht abzudecken hat. Von einem Arzt können in diesem Bereich nur ansatzweise Kenntnisse erworben werden. Deshalb ist es für ihn außerordentlich schwer, die jeweiligen - auch sozialrechtlich geprägten - Probleme richtig einzuordnen und dementsprechend zu handeln. Das gilt sowohl für die Beratung und Hilfen für die Patienten als auch für ärztliche Zeugnisse und ggf. Gutachten (s. Kap.12).

Die einzelnen Versorgungsträger und Ämter sind voneinander unabhängig. Die Kriterien für die Gewährung von Hilfen unterscheiden sich nicht nur quantitativ. Die jeweiligen Institutionen haben zusätzlich auch ihre eigene Terminologie entwickelt. Das hat häufig zur Folge, dass für ein und dieselbe Person mit einer bestimmten, medizinisch umschreibbaren Störung oder Behinderung unterschiedliche schriftliche Stellungnahmen abgefasst werden müssen, d.h. entsprechend formuliert nach den Definitionen der jeweiligen Versorgungsträger.

Nachfolgend darf nicht erwartet werden, das große Gebiet sozialrechtlicher oder sozialmedizinischer Begrifflichkeit mit all seinen detaillierten und spezifischen Regelungen dargestellt zu finden. Das würde nicht nur den Rahmen dieses Buches, sondern auch seine praktische Zielsetzung überschreiten. Hier sollen nur die aus der Perspektive der psychiatrischen und neurologischen Praxis wichtigsten Informationen knapp zusammengefasst werden. Im Übrigen ist auf die Spezialliteratur und die Kommentierungen der Gesetze zu verweisen. Auskünfte geben sicherlich auch die Mitarbeiter der jeweiligen Leistungsträger.

Übersicht über die Gliederung des Sozialgesetzbuches in seine einzelnen Bücher:

SGB I: Allgemeiner Teil (vor allem Definitionen und Regelungsabsicht des Gesetzgebers)

SGB II: Noch offen

SGB III: Arbeitsförderung (regelt vor allem Förderung und Geldleistungen durch das Arbeitsamt

SGB IV: Sozialversicherung, Gemeinsame Vorschriften

SGB V: Gesetzliche Krankenversicherung, Kassenarztrecht

SGB VI: Gesetzliche Rentenversicherung

SGB VII: Gesetzliche Unfallversicherung

SGB VIII: Kinder- und Jugendhilfe

SGB IX: (in Planung für 2001) Eingliederung Behinderter

SGB X: Verwaltungsverfahren, Sozialdatenschutz, Zusammenarbeit der Leistungsträger und ihre Beziehungen zu Dritten

SGB XI: Soziale Pflegeversicherung

Literatur:

Für den ärztlichen Alltag reichen in der Regel die Broschüren aus, die kostenlos über die zuständigen Bundesministerien zu beziehen sind.

ERLENKÄMPER A, FICHTE W. Sozialrecht. Allgemeine Rechtsgrundlagen, Sozialgesetzbücher und sonstige Sozialgesetze. Verfahrensrecht. 4. Aufl. Heymanns: Köln, Berlin, Bonn, München 1999.

5.1 Krankenversicherung

5.1.1 Gesetzliche Krankenversicherung (GKV)

Rechtliche Grundlage ist das Sozialgesetzbuch V (SGB V). Ein Auszug der wichtigsten Paragraphen findet sich im Anhang (Kap. 13.7, S. 169). Im Streitfall ist das Sozialgericht zuständig.

Krankheit im Sinne der GKV ist ein regelwidriger Körper- oder Geisteszustand, der die Notwendigkeit ärztlicher Krankenbehandlung (Behandlungsbedürftigkeit) oder - zugleich oder allein - Arbeitsunfähigkeit begründet.

Die jeweilige gesetzliche Krankenversicherung hat die Kosten für Diagnostik und Behandlung einer Krankheit, Krankengeld und Mutterschaftshilfe zu tragen.

Auf die Ursache einer Krankheit kommt es nicht an. Eine entschädigungspflichtige Krankheit liegt auch dann vor, wenn sie angeboren oder schuldhaft herbeigeführt ist.

Die **Notwendigkeit einer Krankenbehandlung** liegt immer dann vor, wenn durch sie regelwidrige Körper- und Geisteszustände behoben, gebessert oder vor Verschlimmerung bewahrt, Schmerzen oder sonstige Beschwerden gelindert werden können oder das Leben für begrenzte Zeit verlängert wird.

Die Krankenbehandlung umfasst neben der ärztlichen Behandlung (ambulant oder im Krankenhaus) auch die häusliche Krankenpflege und die Hilfe im Haushalt, medizinische und ergänzende Leistungen zur Rehabilitation sowie Belastungserprobung und Arbeitstherapie.

Krankengeld erhält der Versicherte, wenn die Krankheit ihn arbeitsunfähig macht.

Arbeitsunfähigkeit besteht bei demjenigen, der infolge einer Erkrankung seiner bisher ausgeübten Erwerbstätigkeit nicht oder nur mit der Gefahr, seinen Zustand zu verschlimmern, nachgehen kann. Es gibt keine abgestufte (völlige, verminderte, teilweise) Arbeitsunfähigkeit. Wer „seine" bisherige Arbeit oder eine ähnliche nur unter qualitativ oder quantitativ erheblichen Einschränkungen verrichten könnte, ist arbeitsunfähig.

Die **Feststellung der Arbeitsunfähigkeit**, die den Anspruch auf Lohnfortzahlung und Krankengeld auslöst, ist **Aufgabe des Arztes**.

Maßnahmen zur **Rehabilitation** sind dann angezeigt, wenn eine ambulante Krankenbehandlung einschließlich ambulanter Rehabilitationsmaßnahmen nicht ausreicht und sich abzeichnet, dass durch die Krankheit beim Patienten eine Behinderung zurückbleiben wird und er insbesondere den bisherigen Arbeitsplatz wegen der Krankheitsfolgen nicht mehr ausfüllen kann.

Auch **Belastungserprobung** und **Ar-**

beitstherapie sind möglich ebenso wie die stufenweise Wiedereingliederung in die bisherige Tätigkeit des Kranken, der dadurch voraussichtlich wieder besser in das Erwerbsleben eingegliedert werden kann.

Mit dem Gesundheitsreformgesetz 2000 ist die so genannte **Soziotherapie** neu in den Leistungskatalog aufgenommen worden. Auch wenn zum Redaktionsschluss dieses Buches noch keine präzisen Durchführungsbestimmungen zu dieser Therapie vorlagen, ist davon auszugehen, dass z. B. über das rein Hauswirtschaftliche hinausgehende lebenspraktische Hilfen ebenso wie die Aktivierung, Motivation und Begleitung zu Aktivitäten und damit gerade für die stützende Behandlungsergänzung von Psychosekranken wichtige Therapiebausteine über diesen Titel Eingang in das Angebot der gesetzlichen Krankenversicherung finden werden.

Pflicht des Arztes ist die Sicherstellung der kassenärztlichen Versorgung im Rahmen der gesetzlichen Krankenversicherung. Neben allen ärztlichen Leistungen gehört hierzu auch die Erledigung der verwaltungstechnisch notwendigen (schriftlichen) Bearbeitung von Anfragen und die Erstellung von Bescheinigungen und Befundberichten, sodass der jeweilige Leistungsträger die dem Patienten zustehenden Leistungen erbringen kann. Diesem gegenüber besteht eine Auskunftspflicht (§ 100 SGB X).

5.1.2 Exkurs: Private Krankenversicherung (PKV)

Wenn der Jahresarbeitsverdienst eine bestimmte Höhe überschreitet oder wenn einer Person eine beamtenrechtliche Versorgung (Beihilfe) zusteht, folgt daraus eine Freistellung von der **Versicherungspflicht** in der gesetzlichen Krankenversicherung. Eine Versicherung bei einer privaten Krankenversicherung ist dann möglich, wobei der Umfang der Leistungen vertraglich individuell unterschiedlich gestaltet werden kann. Im Allgemeinen werden die rechtlichen Beziehungen zwischen dem Versicherten und der Krankenversicherung durch **die Allgemeinen Versicherungsbedingungen (AVB)** geregelt. Im Streitfall sind die Zivilgerichte zuständig.

Es besteht auch die Möglichkeit, neben der gesetzlichen Krankenversicherung eine private Zusatzversicherung abzuschließen, die - bei Beamten - die nicht von der Beihilfe abgedeckten Kosten übernimmt oder die Mehrkosten für eine privatärztliche Behandlung bei in der gesetzlichen Krankenversicherung versicherten Personen trägt.

Dem Patienten, der eine private Krankenversicherung abschließen will, ist dringend zu raten, alle bisher aufgetretenen Erkrankungen im **Aufnahmeantrag** aufzuführen. Stellt sich im Nachhinein heraus, dass er die eine oder andere Erkrankung (fahrlässig oder bewusst) nicht angegeben hat, besteht die Gefahr, dass die Privatversicherung den Vertrag fristlos kündigt.

Grundsätzlich besteht für den Arzt gegenüber der Privatversicherung **keine Auskunftspflicht**. Der Patient ist unmittelbarer Vertragspartner der privaten Krankenversicherung. Meist ist es jedoch im Sinne des Patienten sinnvoll, der privaten Krankenversicherung in gleicher Weise Auskunft zu geben wie der gesetzlichen Krankenversicherung. Es ist aber unverzichtbar, dass der Patient vor jeder Herausgabe von Informationen diesem Vorgang wirksam und dokumentiert zustimmt.

Im Einzelfall kann es nämlich für den Patienten sinnvoller sein, gegenüber der Versicherung bestimmte Informationen nicht preiszugeben, auch wenn sich dadurch ggf. eine Berechtigung der Versicherung ergibt, die Übernahme der Kosten zu verweigern.

Wenn Informationen ohne ausdrückliche Genehmigung des Patienten an die private Versicherung gelangt sind, kann der Patient den Arzt oder das Krankenhaus nicht nur wegen einer Verletzung der Schweigepflicht strafrechtlich belangen, sondern zudem jeden dadurch entstandenen wirtschaftlichen Schaden einklagen.

5.1.3 *Exkurs: Gesundheitspolitische Rahmenbedingungen der Behandlung im Rahmen der gesetzlichen Krankenversicherung*

Mit den obigen kurzen Ausführungen unter 5.1.1 wird selbstverständlich nur der **formale** Rahmen der gesetzlichen Krankenversicherung abgesteckt.

Inhaltlich ergeben sich mit zunehmender Mittelverknappung bei gleichzeitig steigender Morbidität und wachsenden therapeutischen Optionen reale Verteilungsprobleme, die die reinen Paragraphen des SGB in keiner Weise erfassen.

So sind die Auswirkungen der zur Zeit der Drucklegung dieses Buches diskutierten „Gesundheitsreform 2000" wie schon ihrer Vorläufer vor allem für die ambulante Versorgung von psychisch und neurologisch chronisch Kranken negativ. Selbst wenn die Globalbudgetierung gegenwärtig zurückgestellt ist, bleiben die negativen Effekte der sektoralen Budgetierung der vorangegangenen Reformversuche erhalten und werden fortgeschrieben.

Der Personenkreis der chronisch und wiederkehrend schwer psychisch Kranken ist von diesen Auswirkungen in besonderer Weise betroffen.

Durch die sukzessive Abschaffung der Großkrankenhäuser aufgrund der Ergebnisse der Psychiatrie-Enquete sollte eine Eingliederung dieses Personenkreises in ein wohnortnahes Versorgungssystem ermöglich werden. Die damit verbundene Notwendigkeit, teilstationäre und ambulante Angebote aufzubauen und gleichzeitig die Versorgungsqualität der verbliebenen stationären Einrichtungen zu verbessern (Psychiatrie-Personalverordnung), wurde aber seit Anfang der 90er Jahre durch Veränderungen der gesundheitspolitischen Rahmenbedingungen zunehmend konterkariert.

De facto existiert trotz eines durch weiteren Bettenabbau unumstritten wachsenden Bedarfs eine Niederlassungssperre für Fachärzte für Neurologie und/oder Psychiatrie in fast allen Planungsgebieten der Bundesrepublik.

Hinzu kommt durch die Budgetierung der Ausgaben die Tendenz, gesetzlich Krankenversicherten **medikamentöse Innovationen** vorzuenthalten.

Mit der Einführung der Neuroleptika, Antidepressiva und Phasenprophylaktika in den 60er Jahren war erstmals eine effektive Behandlungsmöglichkeit für viele chronisch und wiederkehrend psychisch Kranke gegeben. Diese Patienten sind auf eine häufig langwierige, oft auch dauerhafte medikamentöse Behandlung angewiesen. Die Compliance der Patienten litt und leidet allerdings an den häufig erheblichen und belastenden Nebenwirkungen der frühen Präparate.

Seit den 90er Jahren wurde bekanntlich eine Vielzahl von Medikamenten entwickelt, die bei gleicher Wirksamkeit ein wesentlich günstigeres Nebenwirkungsprofil besitzen und vielen Patien-

ten trotz der Behandlung ein unbeeinträchtigtes Leben ermöglichen. Als Beispiele seien die atypischen Neuroleptika und neuere Antidepressiva genannt.

Die Medikamentenbudgets für Psychiater erlauben allerdings bei Kassenpatienten kaum noch eine Behandlung mit den konventionellen Medikamenten und werden von den modernen Präparaten komplett überfordert.

Für **neurologische Innovationen** gilt dies in ähnlicher Weise. Zu nennen sind hier z. B. die Einführung der Interferone für die Behandlung der Multiplen Sklerose und das zunehmend breitere Spektrum der Cholinesteraseinhibitoren bei der Behandlung der Alzheimer-Krankheit, aber auch die medikamentös immer differenziertere Behandlung der Parkinson-Krankheit und der Epilepsien.

Die Budgets in der Neurologie erlauben es ebenfalls bei weitem nicht, die gesetzlich krankenversicherten Patienten nach dem neuesten und besten Standard zu versorgen, wie es dem Gesetzestext nach erforderlich wäre.

Wie so oft klaffen der deklamatorische Vollversorgungsanspruch der Politik und des Sozialgesetzbuches einerseits und die Realität der Budgets andererseits weit auseinander.

Dieser kurze Exkurs möge exemplarisch dokumentieren, dass die Autoren dieses Buches über der Schilderung der formalen Rechtslage durchaus nicht die Realität des Alltags in Klinik und Praxis verkennen. Es ist nicht sinnvoll, diese Erkenntnis bei jedem weiteren Ansatzpunkt erneut aufzugreifen; dieses Buch ist schließlich keine gesundheitspolitische Streitschrift.

Dass nunmehr aber auch in der Bundesrepublik die ökonomische Machbarkeit als relevantes Kriterium Eingang in die gesetzliche Krankenversicherung gefunden hat, nachdem das Gesundheitswesen über Jahrzehnte im Vergleich zu anderen westlichen Industrieländern eine privilegierte Stellung genossen hat, ist zweifellos bedauerlich, jedoch zurzeit nicht zu ändern.

Es bleibt einfach wichtig, sich vor jeder konfliktträchtigen und gerade auch wirtschaftlichen Entscheidung die Rechtslage zu vergegenwärtigen und sie in die Argumentation einzubeziehen.

Literatur: s. S. 78

5.2   Rentenversicherung

5.2.1   Die gesetzliche Rentenversicherung

Rechtsgrundlage ist das Sozialgesetzbuch VI (SGB VI). Ein Auszug der wichtigsten Paragraphen findet sich im Anhang (Kap. 13.8, S. 171). Im Streitfall ist das Sozialgericht zuständig.

Die gesetzliche Rentenversicherung schützt den Versicherten vor dem finanziellen Risiko bei vorzeitigem krankheitsbedingtem Verlust oder bei wesentlicher Beeinträchtigung seiner Erwerbstätigkeit und gewährleistet die Altersversorgung des Versicherten sowie die Versorgung der Hinterbliebenen im Todesfall (ERLENKÄMPER 1981). Sie gewährt Leistungen zur medizinischen und beruflichen Rehabilitation, wenn hierdurch die Erwerbsfähigkeit erhalten oder wiederhergestellt werden kann, Renten bei vorzeitiger Berufs- und Erwerbsunfähigkeit, Altersgeld und Hinterbliebenenrente.

Der **versicherte Personenkreis** umfasst alle gegen Entgelt beschäftigten Arbeiter und Angestellten, Landwirte und selbstständigen Handwerker. Es bestehen Möglichkeiten der freiwilligen Versicherung in der gesetzlichen Rentenversicherung.

Versicherungsträger sind die Landesversicherungsanstalt für Arbeiter (LVA), die Bundesversicherungsanstalt für Angestellte (BfA), die Bundesknappschaft, die Seekasse, Landwirtschaftliche Alterskassen u.a., z. B. die Berufsständischen Versorgungswerke (Ärzteversorgung o.Ä.).

Als **Krankheit i.S. der gesetzlichen Rentenversicherung** ist nur ein Zustand rechtserheblich, der die Erwerbsfähigkeit eines Betroffenen erheblich und dauerhaft beeinträchtigt. Es muss sich um einen regelwidrigen Zustand des Körpers oder des Geistes handeln. In diesem Sinn ist ein regelwidriger Zustand, unabhängig davon, ob er medizinisch als Krankheit gilt, nur dann gegeben, wenn er klinisch-funktionell manifest ist und eine dauerhafte Beeinträchtigung der Erwerbsfähigkeit bewirkt.

Im Rahmen der gesetzlichen Rentenversicherung kann ein Arzt tätig werden, indem er seinem Patienten zu einer Rehabilitationsmaßnahme rät.

Nach § 9 SGB VI ist es die **Aufgabe der Rehabilitation**, den Auswirkungen einer Krankheit oder einer körperlichen, geistigen oder seelischen Behinderung auf die Erwerbstätigkeit des Versicherten entgegenzuwirken oder sie zu überwinden und dadurch Beeinträchtigungen der Erwerbsfähigkeit des Versicherten oder dessen vorzeitiges Ausscheiden aus dem Erwerbsleben zu verhindern oder ihn möglichst dauerhaft in das Erwerbsleben wiedereinzugliedern.

Die **Leistungen zur Rehabilitation haben Vorrang vor Rentenleistungen**, die bei erfolgreicher Rehabilitation nicht oder voraussichtlich erst zu einem späteren Zeitpunkt zu erbringen sind.

Der **Umfang der Leistungen** sieht medizinische und berufsfördernde Leistungen vor, auch Leistungen der Arbeitgeber für eine dauerhafte berufliche Eingliederung, eine befristete Probebeschäftigung oder eine Ausbildung oder Umschulung im Betrieb.

Haben die Maßnahmen keinen Erfolg oder keine Aussicht auf Erfolg, wird der Arzt seinem Patienten raten, einen **Antrag auf Berentung** zu stellen. Hierzu benötigt der Patient ein ärztliches Zeugnis. Es kann aber auch sein, dass der Rentenversicherungsträger bei dem behandelnden Arzt Auskünfte über Art,

Ausmaß und wahrscheinliche Dauer der Erkrankung(en) des Rentenantragstellers einholt. Diese zu geben ist der Arzt verpflichtet (§ 100 SGB X).

Der Rentenversicherungsträger kann zur **Überprüfung der Voraussetzungen** für seine Leistungen Untersuchungsmaßnahmen veranlassen (§ 96 SGB X). Er kann ein so genanntes **Rentengutachten** erstellen lassen, das in der Regel nicht von dem behandelnden Arzt erarbeitet wird.

Andererseits kann jeder Arzt beauftragt werden, Rentenantragsteller mit der Frage der **Berufs- oder Erwerbsunfähigkeit** zu untersuchen (s. Kap. 11).

Dem Sachverständigen obliegt dann die Feststellung, welche konkreten gesundheitlichen Einschränkungen der Leistungsfähigkeit vorliegen (entscheidungserhebliche Tatsachen). Er hat die Diagnose der Erkrankung einschließlich der Einschätzung des Schweregrades der ggf. vorliegenden Erkrankung oder Störung und die Prognose darzustellen und darauf aufbauend seine gutachtliche Stellungnahme mit Beantwortung der Beweisfragen abzugeben.

Die Frage, ob die in dem Gutachten beschriebenen Zustände, Krankheiten oder Störungen den Rechtsbegriffen „Berufs-" oder „Erwerbsunfähigkeit" zugeordnet werden können, muss im Rahmen der so genannten Rechtsfindung der Entscheidung des Auftraggebers des Gutachtens überlassen werden.

Auftraggeber für Gutachten sind in

erster Linie die Rentenversicherungsträger bzw. im Streitfall das Sozialgericht oder das Landessozialgericht.

Berufsunfähigkeit besteht nach § 43 (2) SGB VI bei einem Versicherten, wenn dessen Erwerbsfähigkeit wegen Krankheit oder Behinderung auf weniger als die Hälfte der Erwerbsfähigkeit von körperlich, geistig und seelisch gesunden Versicherten mit ähnlicher Ausbildung und gleichwertigen Kenntnissen und Fähigkeiten gesunken ist. Auf die Ursache der Krankheit kommt es nicht an.

Zweck einer Berufsunfähigkeitsrente ist, eine bleibende Einbuße der Erwerbsfähigkeit und dadurch des Erwerbseinkommens auszugleichen.

Erwerbsunfähigkeit liegt vor (§ 44 (2) SGB VI), wenn der Versicherte wegen Krankheit oder Behinderung auf nicht absehbare Zeit außerstande ist, eine Erwerbstätigkeit in gewisser Regelmäßigkeit auszuüben oder wenn er nur noch geringfügige Einkünfte (maximal ein Siebtel der Bezugsgröße) aus seiner Erwerbstätigkeit erzielt. Auch hier spielt die Ursache für die Erkrankung oder Behinderung, die zu Erwerbsunfähigkeit führt, keine rechtlich relevante Rolle.

Der **Rechtsweg für den Rentenantragsteller** sieht folgendermaßen aus: Wird der Rentenantrag des Versicherten auch nach Widerspruch von dem Rentenversicherungsträger abgelehnt, bleibt dem Versicherten der Weg der Klage beim Sozialgericht. Nach § 106 und ggf. § 109 Sozialgerichtsgesetz

(SGG) wird das Gericht die Berechtigung zum Erhalt einer Rente noch einmal eingehend überprüfen, indem Krankenpapiere, Aufzeichnungen, Krankengeschichten und weitere Befunde beigezogen, Einkünfte jeder Art eingeholt und Zeugen und Sachverständige in geeigneten Fällen vernommen werden. Auch der Versicherte selbst kann im Klageverfahren den Antrag stellen, dass ein bestimmter Arzt gutachtlich gehört wird. Die Anhörung kann jedoch davon abhängig gemacht werden, dass der Antragsteller die Kosten vorschießt oder vorbehaltlich einer anderen Entscheidung des Gerichts endgültig trägt (§ 109 SGG).

5.2.2 Exkurs: Private Berufsunfähigkeitsversicherung bzw. BerufsunfähigkeitsZusatzversicherung

Es ist einem Berufstätigen freigestellt, auch eine Berufsunfähigkeitsversicherung mit einem privaten Versicherungsträger abzuschließen.

Nach den **Allgemeinen Versicherungsbedingungen** ist Berufsunfähigkeit dort jedoch anders definiert als in der gesetzlichen Rentenversicherung:

§ 2 der Allgemeinen Versicherungsbedingungen (Berufsunfähigkeits-Zusatzversicherung):

(1) Vollständige Berufsunfähigkeit liegt vor, wenn der Versicherte infolge

Krankheit, Körperverletzung oder Kräfteverfall, die ärztlich nachzuweisen sind, voraussichtlich dauernd außerstande ist, seinen Beruf oder eine andere Tätigkeit auszuüben, die aufgrund seiner Ausbildung und Erfahrung ausgeübt werden kann und seiner bisherigen Lebensstellung entspricht.

(2) Teilweise Berufsunfähigkeit liegt vor, wenn die in Abs. 1 genannten Voraussetzungen nur in einem bestimmten Grad voraussichtlich dauernd erfüllt sind.

(3) Ist der Versicherte 6 Monate ununterbrochen infolge Krankheit, Körperverletzung oder Kräfteverfall, die ärztlich nachzuweisen sind, vollständig oder teilweise außerstande gewesen, seinen Beruf oder eine andere Tätigkeit auszuüben, die aufgrund seiner Ausbildung und Erfahrung ausgeübt werden kann und seiner bisherigen Lebensstellung entspricht, so gilt die Fortdauer dieses Zustandes als vollständige oder teilweise Berufsunfähigkeit.

(4) Scheidet der Versicherte aus dem Berufsleben aus und werden später Leistungen wegen Berufsunfähigkeit beantragt, so kommt es bei der Anwendung der Absätze 1-3 darauf an, dass der Versicherte außerstande ist, eine Tätigkeit auszuüben, die aufgrund seiner Kenntnisse und Fähigkeiten ausgeübt werden kann und seiner bisherigen Lebensstellung entspricht.

Wird der Versicherte während der Dauer der Zusatzversicherung **zu mindestens** **50% berufsunfähig**, so werden von der Versicherung folgende Leistungen erbracht: volle Befreiung von der Beitragszahlungspflicht für die Hauptversicherung und die angeschlossenen Zusatzversicherungen, Zahlung einer Berufsunfähigkeitsrente, wenn diese mitversichert ist.

Bei ärztlichen Zeugnissen oder Gutachten ist darauf zu achten, dass sich der Autor in seinen Formulierungen an den jeweils anders definierten Begriffen orientiert und dies auch explizit ausdrückt: Berufsunfähigkeit „im Sinne des SGB", „im Sinne der Allgemeinen Versicherungsbedingungen".

5.2.3 *Dienstfähigkeit von Beamten*

Bei Beamten, deren **Anspruch auf Ruhegehalt** bei vorzeitiger Dienstunfähigkeit nach dem Bundesbeamtengesetz (BBG) oder den Landesbeamtengesetzen (LBG) geregelt ist, gelten etwa ähnliche Beurteilungskriterien wie in der gesetzlichen Rentenversicherung, jedoch gibt es statt der Begriffe Berufs- und Erwerbsunfähigkeit nur den der **Dienstunfähigkeit**. Im Streitfall ist das Verwaltungsgericht zuständig.

§ 42 BBG (Versetzung in den Ruhestand bei Dienstunfähigkeit)
• Der Beamte auf Lebenszeit ist in den Ruhestand zu versetzen, wenn er infolge eines körperlichen Gebrechens

oder wegen Schwäche seiner körperlichen oder geistigen Kräfte zur Erfüllung seiner Dienstpflichten dauernd unfähig (dienstunfähig) ist. Als dienstunfähig kann der Beamte auch dann angesehen werden, wenn er infolge Erkrankung innerhalb eines Zeitraumes von 6 Monaten mehr als 3 Monate keinen Dienst getan hat und keine Aussicht besteht, dass er innerhalb weiterer 6 Monate wieder voll dienstfähig wird. Bestehen Zweifel über die Dienstunfähigkeit des Beamten, so ist er verpflichtet, sich nach Weisung der Behörde ärztlich untersuchen und, falls ein Amtsarzt dies für erforderlich hält, auch beobachten zu lassen.

Ob die in § 42 BBG genannten Kriterien für die Feststellung der Dienstunfähigkeit, die so oder ähnlich auch in den Landesbeamtengesetzen wiederkehren, erfüllt sind, wird zuerst von der vorgesetzten Behörde entschieden. Nur dann, wenn Zweifel an der Dienstunfähigkeit bestehen, ist auch eine zusätzliche ärztliche Untersuchung mit gutachtlicher Stellungnahme vorgesehen.

In der Praxis existiert eine äußerst unbefriedigende Handhabung; wegen der vor allem auf dem Zeitablauf basierenden Kriterien für die Zurruhesetzung ist weit mehr als in anderen Berufsgruppen eine Missbrauchsgefahr offensichtlich.

Zum einen versuchen Dienstherren, die wegen der praktischen Unkündbarkeit der Beamten unliebsam oder untragbar geworden Mitarbeiter nicht entlassen können, mit einer vorgeblich medizinischen Motivation eine Zurruhesetzung zu erreichen. Dabei werden häufig pseudopsychiatrische Begründungen gewählt, weil hierunter einerseits besser als unter körperlichen Krankheitsdiagnosen mangelnde Eignung und/oder disziplinarische Probleme versteckt werden können, andererseits eine psychische Erkrankung eben nicht für jedermann nach außen sichtbar wird. Die Beispiele von Spitzenbeamten, die nach einem Regierungswechsel aus „gesundheitlichen Gründen" in den beamtenrechtlichen Ruhestand gingen, um dann erfolgreich in der Wirtschaft Karriere zu machen, sind aus den Medien hinlänglich bekannt.

Ärzte sollten, nach einer medizinisch-fachlichen Begutachtung gefragt, sehr wohl disziplinarische und Verhaltensprobleme als solche benennen und so die Verantwortung an den Dienstherrn zurückgeben, der sich dieser möglicherweise mit einer Verschiebung auf die gesundheitliche Ebene zu entledigen sucht.

Zum anderen ist die Versuchung auch für einen Beamten nicht gering, mit einer Dauerkrankschreibung die Frühpensionierung bei attraktiven finanziellen Bedingungen zu erreichen.

In den letzten Jahren ist dieser Anreiz durch die Einführung gewisser Pensionsabschläge bei Frühpensionierungen möglicherweise etwas geringer geworden.

Dennoch gebietet es auch das Interesse und die Reputation derjenigen Beamten, die tatsächlich aus gesundheitlichen Gründen ihren Dienst nicht mehr ausüben können, hier ebenso wie bei anderen Arbeitnehmern so weit wie möglich objektive Maßstäbe anzuwenden.

Literatur: s. S. 78

5.3 Unfallversicherung

5.3.1 Gesetzliche Unfallversicherung

Rechtliche Grundlagen: Sozialgesetzbuch VII (SGB VII). Ein Auszug der wichtigsten Paragraphen findet sich im Anhang (Kap. 13.9, S. 176) Im Streitfall ist das Sozialgericht zuständig.

Die gesetzliche Unfallversicherung hat im ärztlichen Bereich zur Aufgabe, Schutz vor gesundheitlichen und wirtschaftlichen Schäden von Arbeitsunfällen und Berufskrankheiten zu gewähren. Sie gewährleistet erste Hilfe und unfallmedizinische Versorgung, erbringt Leistungen der medizinischen und beruflichen Rehabilitation und gewährt Verletzten und Hinterbliebenen Renten (ERLENKÄMPER 1981).

Versicherungsträger sind die Berufsgenossenschaften sowie andere für Bund, Länder und Gemeinden tätige Körperschaften.

Ein **Arbeitsunfall** ist ein Unfall, den ein Versicherter bei einer versicherten Tätigkeit erleidet (§§ 2, 3 und 6 SGB VII). Das Sozialrecht fasst den Unfallbegriff (entgegen verbreiteter medizinischer Ansicht) sehr weit.

Das **Unfallereignis** ist zumeist ein von außen kommender, außergewöhnlicher, auffallender, eindrucksvoller Vorgang, der meist schlagartig eintritt und an dem Unfallcharakter keinen Zweifel aufkommen lässt. Aber auch ein eher unauffälliges Ereignis, ein Fehltritt, Ausgleiten oder eine ganz gewöhnliche Belastung durch die übliche Betriebstätigkeit (Erkältung bei Luftzug, Zerrung beim Heben oder Tragen) genügt den Voraussetzungen der Definition eines Arbeitsunfalles. Das Ereignis muss von außen kommen, soll es als Unfall gewertet werden. Weiterhin muss es „unfreiwillig" eintreten und „zeitlich begrenzt" sein. Dabei ist zu beachten, dass die Unfalleinwirkung nicht unbedingt körperlicher Art sein muss. Auch psychische Einwirkungen können als „Unfall" angesehen werden, wenn sie als plötzliche gravierende Ereignisse (z. B. schwerwiegende verbale oder gar tätliche Auseinandersetzungen am Arbeitsplatz, heftiges Erschrecken oder Schock infolge schwerwiegender betrieblicher Ereignisse, Verkehrsunfall auf einem versicherten Weg, Überfall, Geiselnahme, Vergewaltigung im Betrieb oder auf dem Weg zur Arbeit) eintreten und einen Gesundheitsschaden (z. B. anhaltende psychoreaktive Störungen) hervorrufen.

Im Rahmen der haftungsbegründenden Kausalität muss der Unfall während einer versicherten Tätigkeit eingetreten sein, wozu auch der so genannte Wege-unfall gehört.

Die Einwirkungen des Unfallereignisses müssen zu einem bleibenden Gesund-heitsschaden geführt haben (haftungs-ausfüllende Kausalität). Auch dauer-hafte Schäden im psychischen Bereich (auch als mittelbare Schäden) zählen dazu.

Für die rechtliche Begründung des ur-sächlichen Zusammenhanges gilt die **sozialrechtliche Kausalitätslehre**, von der nachfolgend schlagwortartig we-sentliche Begriffe in enger Anlehnung an ERLENKÄMPER (1981, 2000) referiert werden:

Die **haftungsbegründende Kausalität** betrifft den ursächlichen Zusammen-hang zwischen der versicherten oder sonst wie geschützten Tätigkeit (z. B. zwischen der versicherten Arbeit und dem schädigenden Ereignis). Nur wenn das schädigende Ereignis (z. B. der Un-fall) ursächlich auf einer geschützten Tä-tigkeit beruht, kann ein Arbeitsunfall in Betracht kommen.

Die **haftungsausfüllende Kausalität** betrifft den weiterhin erforderlichen Zu-sammenhang zwischen dem schädigen-den Ereignis (z. B. Unfall) und dem Ge-sundheitsschaden, um den es geht. Eine Entschädigung kommt nur in Betracht, wenn feststeht, dass die vorliegende Gesundheitsstörung ursächlich auch wirklich auf dem schädigenden Ereignis beruht und nicht durch andere Faktoren verursacht worden ist.

Ursache im weitesten Sinne ist jede Bedingung, die nicht hinweggedacht werden kann, ohne dass gleichzeitig der Erfolg entfiele, die so genannte Conditio sine qua non. Die Anwort auf diese Frage ist die erste und vielfach entscheidende Grundlage für jede Beurteilung eines Ursachenzusammenhanges.

Nach der **Kausallehre von der wesent-lichen Bedingung** gelten als Ursachen im Rechtssinne unter Abwägung ihres verschiedenen Wertes nur die Bedingun-gen, die wegen ihrer besonderen Bezie-hung zum Erfolg zu dessen Eintritt we-sentlich mitgewirkt haben.

Eine **wesentliche Bedingung** kann nur konkret anhand der Umstände des jewei-ligen Einzelfalles durch eine vernünftige Betrachtung des gesamten Sachverhal-tes unter Berücksichtigung des Schutz-zweckes der anzuwendenden Norm aus der Erfahrung des praktischen Lebens abgeleitet werden. Hierbei entscheidet die Qualität der mitwirkenden Bedin-gungen, nicht die Quantität oder gar die zeitliche Reihenfolge.

Wirken andere Ursachen aus rechtlich nicht geschützten Bereichen an dem Ein-tritt des Schadens unverzichtbar mit, so ist das schädigende Ereignis nur eine **Mitursache**, es stellt eine **Teilursache des Schadens** dar. Man spricht dann von **konkurrierender (multi- oder pluri-kausaler) Kausalität**.

In diesem Fall sind die schädigungs-unabhängigen Bedingungen ebenfalls eine Conditio sine qua non für den zu beurteilenden Schaden. Sind die schädigungsunabhängigen Faktoren die Conditio sine qua non, stehen sie zu dem Schaden aber in einer so entfernten Beziehung, dass sie von vornherein nicht als wesentliche Teilursache in Betracht kommen, ist und bleibt der rechtlich geschützte Bereich die allein wesentliche Ursache des Schadens. Nach der Rechtsprechung ist der Umstand, der gegenüber dem anderen eine überragende Bedeutung hat, Alleinursache im Rechtssinn.

Bei annähernd gleichwertigen Mitursachen schließt die Mitbeteiligung schädigungsunabhängiger Kausalfaktoren die gleichfalls bestehende schädigungsbedingte Kausalität nicht aus. Der Schaden muss nach Maßgabe der allgemeinen Vorschriften entschädigt werden.

Wenn schädigungsunabhängige Faktoren gegenüber Einflüssen aus dem versicherten Risikobereich an Bedeutung so eindeutig überwiegen, dass sie als rechtlich allein wesentlich anzusehen sind, so spricht man bei den schädigungsabhängigen Faktoren von **Gelegenheitsursachen**.

Da ein exakt beweisbarer Ursachenzusammenhang im medizinischen Bereich häufig nicht erbracht werden kann, begnügt sich die Rechtsprechung im Allgemeinen mit der **Wahrscheinlichkeit des ursächlichen Zusammenhangs**.

Ein **Ursachenzusammenhang ist dann wahrscheinlich**, wenn nach Feststellung, Prüfung und Abwägung aller bedeutsamen Umstände des Einzelfalls unter Berücksichtigung der herrschenden medizinisch-wissenschaftlichen Lehrmeinung mehr für als gegen das Bestehen des Ursachenzusammenhangs spricht.

Ein **mittelbarer Schaden** liegt dann vor, wenn das ursprüngliche Unfallereignis und seine unmittelbaren Folgen, der so genannte Primärschaden, zumindest als die wesentliche (Teil-)Ursache für die Entstehung eines späteren anderen, des so genannten mittelbaren oder Sekundärschadens gelten.

Ein mittelbarer Schaden gehört also zu den entschädigungspflichtigen Unfallschäden, wenn und soweit ein früherer Arbeitsunfall noch zumindest eine wesentliche Teilursache des Folgeschadens bildet, insbesondere also die durch einen früheren Arbeitsunfall verursachte Beeinträchtigung des Gesundheitsschadens bei der Entstehung oder dem Ausmaß der Folgen des späteren Schadens wesentlich mitgewirkt hat.

Der mittelbare Schaden ist seiner Rechtsnatur nach keine Verschlimmerung des ursprünglichen so genannten Primärschadens. Ein mittelbarer Schaden liegt vor, wenn neben dem Primärschaden ein neuer, anderer Gesundheitsschaden hinzutritt, der zwar durch den Primärschaden verursacht ist, sich von diesem aber in Identität und Qualität unterscheidet. Anderenfalls, wenn sich der Primärschaden nur quantitativ verändert, handelt es sich um eine Verschlimmerung (s.u.).

Eine **Kausalität i.S. der Entstehung** besteht dann, wenn der Schaden in seiner Gesamtheit durch Einwirkungen aus dem geschützten Risikobereich erstmalig hervorgerufen worden ist.

Eine **Kausalität i.S. der Verschlimmerung** liegt dann vor, wenn Unfall- oder sonstige schädigende Ereignisse auf einen bereits existenten Gesundheitsschaden - das so genannte Grundleiden - einwirken und diesen Schaden lediglich verschlimmern. Es kann dann nur der Leidensanteil, den der Unfall oder die Schädigung auf das bereits vorhandene Grundleiden aufgepfropft hat, entschädigt werden, und zwar als so genannter Verschlimmerungsanteil. Man spricht bei solchen Ursachenzusammenhängen auch von „vorübergehender", „einmalig abgrenzbarer" oder „richtunggebender" Verschlimmerung.

Wird ein so genanntes **Anlageleiden** erst durch die Schädigung hervorgerufen, manifestiert es sich also erstmalig, so kommt allein eine Anerkennung i.S. der Entstehung in Betracht. Die Anlage gilt kausalrechtlich als Ursache einer Krankheit, nicht schon als Krankheit selbst. Bei der kausalrechtlichen Beurteilung eines Anlageleidens ist daher die Anlage wie jeder andere Ursachenfaktor zu behandeln. Es ist also der Faktor „Anlage" gegen die Einwirkungen aus der Schädigung in der kausalen Bedeutung für die Entstehung des Leidens nach den allgemeinen Grundsätzen abzuwägen. Bildet die Schädigung zumindest eine wesentliche Teilursache (s.o.), so ist das An-lageleiden auch dann - und zwar voll - als Unfall- bzw. Schädigungsfolge anzuerkennen, wenn der Anlagefaktor von (gleichfalls) wesentlicher Bedeutung war. Dominiert jedoch der Anlagefaktor, so ist das Unfallereignis allenfalls als Gelegenheitsursache (s.o.) anzusehen.

Der **Tod eines Versicherten** ist nach den allgemeinen Kausalitätsgrundsätzen Unfallfolge, wenn das Unfallereignis zumindest eine wesentliche Teilursache gebildet hat. Diese Voraussetzung gilt als erfüllt, wenn der Arbeitsunfall zu einer Lebenszeitverkürzung um ein Jahr geführt hat.

Bei **Suizid** ist der Anspruch in der Regel ausgeschlossen. Der Tod kann jedoch Unfallfolge sein, wenn ein Arbeitsunfall mit seinen Ereignissen und Folgen die wesentliche Ursache für die Selbsttötung gebildet hat. Dabei sind nicht nur Geschehensabläufe aus dem körperlich-organischen Bereich von Bedeutung, sondern auch psychische Vorgänge, z. B. psychische Reaktionen auf starke Schmerzen, Entstellungen, lebensbedrohende Krankheitsentwicklungen, aber auch wirtschaftliche, berufliche oder familiäre Schwierigkeiten infolge des Unfalls.

Der Körperschaden, d.h. die Schädigungsfolge oder Behinderung, wird an der **Minderung der Erwerbsfähigkeit (MdE)** gemessen. Diese bezieht sich auf die Auswirkungen einer Behinderung oder Schädigungsfolge in allen Lebensbereichen und nicht nur auf Einschränkungen im allgemeinen Erwerbsleben. Die MdE ist ein Maß für die Aus-wirkungen eines Mangels an funktionel-ler Intaktheit, also für einen Mangel an körperlichem, geistigem und seelischem Vermögen. Sie gibt damit den Grad der Behinderung wieder, jedoch ist aus ihr nicht auf das Ausmaß der Leistungsfä-higkeit zu schließen.

Die Anerkennung von Berufs- und Erwerbsunfähigkeit durch einen Ren-tenversicherungsträger (s. Kap. 5.2.1), die Feststellung einer Dienstunfähig-keit bei Beamten (s. Kap. 5.2.3) oder der Arbeitsunfähigkeit (s. Kap. 5.1.1) erlauben keine Rückschlüsse auf den Grad der MdE, wie umgekehrt aus dem Grad der MdE nicht auf die genann-ten Leistungsvoraussetzungen in ande-ren Rechtsgebieten geschlossen werden kann.

Die MdE-Grade für psychiatrische und neurologische Erkrankungen oder Stö-rungen, anzugeben in Prozentsätzen, sind im Anhang (s. Kap. 13.18) zusam-mengestellt. Eine MdE setzt eine nicht nur vorübergehende, sondern eine sich über einen Zeitraum von mindestens 6 Monaten erstreckende Gesundheitsstö-rung voraus.

Schwankungen im Gesundheitszustand bei längerem Leidensverlauf sind mit einer **Durchschnitts-MdE** Rechnung zu tragen.

Bei der Beurteilung der MdE sind auch **seelische Begleiterscheinungen und Schmerzen** zu berücksichtigen. Die üblichen seelischen Begleiterscheinun-gen körperlicher Erkrankungen (z. B.

bei Entstellungen des Gesichtes) sind in den MdE-Sätzen bereits berücksichtigt. Gehen seelische Begleiterscheinungen erheblich über die dem Ausmaß der organischen Veränderungen entspre-chenden üblichen seelischen Begleiter-scheinungen hinaus, so ist eine höhere Bewertung der MdE berechtigt.

Außergewöhnliche seelische Begleit-erscheinungen sind anzunehmen, wenn anhaltende psychoreaktive Störungen in einer solchen Ausprägung vorliegen, dass eine spezielle ärztliche Behandlung dieser Störungen - insbesondere Psycho-therapie - erforderlich ist.

Liegen mehrere Behinderungen oder Schädigungsfolgen vor, sind zwar die **Einzel-MdE-Grade** anzugeben, doch muss eine **Gesamt-MdE** (nicht durch Addition der MdE-Werte!) festgestellt werden. Maßgebend sind die Auswir-kungen der einzelnen Minderungen in ihrer Gesamtheit unter Berücksichti-gung ihrer wechselseitigen Beziehun-gen zueinander.

Während die Erwerbsunfähigkeit in der gesetzlichen Rentenversicherung (s. Kap. 5.2.1) vom Grad der MdE unab-hängig beurteilt wird, ist diese im so-zialen Entschädigungsrecht bei einer MdE von mehr als 90% anzunehmen.

Regelleistungen des Unfallversiche-rungsträgers (§ 26 SGB VII) sind:

- Heilbehandlung einschließlich Leis-tungen der medizinischen Rehabili-tation

- berufsfördernde, soziale und ergänzende Leistungen der Rehabilitation
- Leistungen bei Pflegebedürftigkeit
- Übergangsgeld
- Rente (früher Verletztenrente)
- Leistungen für Hinterbliebene.

Die **Heilbehandlung** soll mit allen geeigneten Mitteln die durch den Arbeitsunfall entstandene Körperverletzung oder Gesundheitsstörung und eine hierdurch bewirkte Minderung der Erwerbsfähigkeit beseitigen oder bessern, Verschlimmerungen verhüten und die Auswirkungen der Unfallfolgen erleichtern. **Art und Umfang der Heilbehandlung** entsprechen weitgehend der Krankenbehandlung der gesetzlichen Krankenversicherung, die primär leistungspflichtig ist. Die berufsgenossenschaftliche Heilbehandlung ist für Versicherte, die gleichzeitig bei einer gesetzlichen Krankenkasse versichert sind (s. Kap. 5.1.1), subsidiär. Der Unfallversicherungsträger kann aber die Kosten der Heilbehandlung jederzeit selbst übernehmen.

Übergangsgeld erhält ein Verletzter, solange er infolge des Arbeitsunfalles arbeitsunfähig ist und soweit er kein Arbeitsentgelt (z. B. durch Lohnfortzahlung) erhält.

Die Arbeitsunfähigkeit (s. Kap. 5.1.1) muss durch ein ärztliches Zeugnis (s. Kap. 12.1) bescheinigt werden.

Verletztenrente erhält der Versicherte, wenn über die 13. Woche nach dem Arbeitsunfall hinaus eine entschädigungspflichtige Minderung der Erwerbsfähigkeit (MdE) andauert. Die so genannte **Vollrente** beträgt 2/3 des Jahresverdienstes, sonst den Teil der Vollrente, der dem Grad der MdE entspricht (so genannte Teilrente). Verletztenrente wird nur dann gewährt, wenn eine Mindest-MdE von 20 % erreicht wird.

Eine **vorläufige Rente** wird während der ersten 2 Jahre nach dem Unfall festgesetzt und kann ggf. auch geändert werden, wenn sie wegen noch nicht abgeschlossener Ausheilung ihrer Höhe nach noch nicht endgültig als Dauerrente festgestellt werden kann.

Die **Dauerrente** ist spätestens nach Ablauf von 2 Jahren nach dem Unfall festzustellen.

5.3.2 *Private Unfallversicherung*

In der privaten Unfallversicherung fallen Schäden, die durch psychiatrische oder neurologische Erkrankungen verursacht wurden, nicht unter den Versicherungsschutz.

Allgemeine Unfallversicherungsbedingungen (AUB 94):

§ 2 Ausschlüsse. Soweit nicht etwas anderes vereinbart ist, gilt:
Nicht unter den Versicherungsschutz fallen:
I (1) Unfälle durch Geistes- oder Bewusstseinsstörungen, auch soweit diese auf Trunkenheit beruhen,

sowie Schlaganfälle, epileptische Anfälle oder andere Krampfanfälle, die den ganzen Körper des Versicherten ergreifen.

Versicherungsschutz besteht jedoch, wenn diese Störungen oder Anfälle durch ein unter diesen Vertrag fallendes Unfallereignis verursacht waren.

IV Krankhafte Störungen infolge psychischer Reaktionen, gleichgültig, wodurch diese verursacht worden sind.

Für die Beurteilung einer hirnorganischen Leistungsminderung bzw. einer posttraumatischen Epilepsie nach Unfallereignis gelten jedoch die Kriterien der gesetzlichen Unfallversicherung.

Literatur: s. S. 78

5.4 Soziales Entschädigungsrecht

Rechtsgrundlagen: Bundesversorgungsgesetz (BVG), Soldatenversorgungsgesetz (SVG), Zivildienstgesetz (ZDG), Häftlingshilfegesetz (HHG), Bundesseuchengesetz (BSeuchG), Gesetz über die Entschädigung von Opfern von Gewalttaten (OEG). Im Streitfall ist das Sozialgericht zuständig.

Es gelten hier die gleichen Beurteilungskriterien und Beweisgrundsätze wie im Rahmen der gesetzlichen Unfallversicherung (s. Kap. 5.3.1).

5.5 Schwerbehindertengesetz (SchwbG)

Rechtliche Grundlagen: Gesetz zur Sicherung der Eingliederung Schwerbehinderter in Arbeit, Beruf und Gesellschaft (Schwerbehindertengesetz, SchwbG). Die Anträge bearbeitet das zuständige Versorgungsamt. Im Streitfall ist das Sozialgericht zuständig.

Schwer behindert sind Personen mit einem Grad der Behinderung von wenigstens 50 (§ 1 SchwbG).

Der **Begriff der Behinderung** ist definiert als „Auswirkung einer nicht vorübergehenden Funktionsbeeinträchtigung, die auf einem regelwidrigen körperlichen, geistigen oder seelischen Zustand beruht. Regelwidrig ist der Zustand, der von dem für das Lebensalter typischen abweicht. Als nicht vorübergehend wird ein Zeitraum von mehr als 6 Monaten angesehen. Bei mehreren sich gegenseitig beeinflussenden Funktionsbeeinträchtigungen ist deren Gesamtbeeinträchtigung maßgeblich" (§ 3 SchwbG).

Für den Grad der Behinderung gelten die im Rahmen des § 56 (2) SGB VII festgelegten Maßstäbe. Diese wiederum entsprechen den Maßstäben der gesetzlichen Unfallversicherung (s. Kap. 5.3.1).

Der „**Grad der Behinderung**" (GdB) wird im Schwerbehindertenrecht deshalb in Abgrenzung zur „Minderung der Erwerbsfähigkeit" (MdE) verwendet, um darauf abzuheben, dass es sich nicht allein um eine Minderung der Erwerbsfähigkeit handelt, sondern um ein allgemeines Maß für die Auswirkungen eines Mangels an funktioneller Intaktheit, an körperlichem, seelischem oder geistigem Vermögen.

Die im Anhang (s. Kap. 13.18, S. 207) aufgeführten **Richtwerte** für die Einschätzung der MdE gelten in gleicher Weise für den GdB. Sie sind in Zehnpunkte-Schritten (Zehnergraden) von 10-100 festzustellen (§ 3 SchwbG).

Zur **Anerkennung einer Schwerbehinderung** ist folgendermaßen vorzugehen:

Der Betroffene stellt einen Antrag auf Anerkennung einer Schwerbehinderung beim zuständigen Versorgungsamt. In seinem Antragsformular gibt er die von ihm wahrgenommenen Behinderungen (Erkrankungen) an sowie die Namen der Ärzte, die ihn deswegen behandelt haben oder behandeln. Das Versorgungsamt holt sich dann Auskünfte von diesen Ärzten ein und entscheidet über den Antrag mit Festsetzung des ggf. anzuerkennenden Grades der Behinderung.

Aufgabe des Arztes ist - bei vorliegender Einwilligung des Patienten zur Weitergabe seiner Kenntnisse (s. Kap. 2.2.4) - diese dem Versorgungsamt mitzuteilen.

Im Streitfall kann ein Arzt auch mit der **Erstattung eines Gutachtens** (s. Kap. 12) zur Frage des Ausmaßes der Behinderung beauftragt werden. Dieses geschieht in der Regel durch das Sozialgericht.

5.6 Gesetzliche Pflegeversicherung (SGB XI)

Rechtsgrundlage: Sozialgesetzbuch XI (SGB XI). Ein Auszug der wichtigsten Paragraphen findet sich im Anhang (s. Kap. 13.11, S. 183). Im Streitfall ist das Sozialgericht zuständig.

Zur sozialen Absicherung des Risikos der Pflegebedürftigkeit ist als neuer Zweig der Sozialversicherung eine soziale Pflegeversicherung (unter dem Dach der Krankenversicherungen) geschaffen worden, die ab 1.4.1995 (häusliche Pflege) und ab 1.7.1996 (stationäre Pflege) praktiziert wird.

Danach sind **pflegebedürftige Personen** (§ 14 SGB XI) diejenigen, welche wegen einer körperlichen, geistigen oder seelischen Krankheit oder Behinderung für die gewöhnlichen und regelmäßig wiederkehrenden Verrichtungen im Ablauf des täglichen Lebens auf Dauer, voraussichtlich auf mindestens 6 Monate, in erheblichem oder höherem Maße der Hilfe bedürfen.

Krankheiten oder Behinderungen im vorgenannten Sinne sind:

1. Verluste, Lähmungen oder andere Funktionsstörungen am Stütz- und Bewegungsapparat
2. Funktionsstörungen der inneren Organe oder der Sinnesorgane
3. Störungen des Zentralnervensystems wie Antriebs-, Gedächtnis- und Orientierungsstörungen sowie endogene

Psychosen, Neurosen oder geistige Behinderungen.

Entsprechend der Häufigkeit und dem Umfang des Hilfebedarfes werden die Pflegebedürftigen einer der **drei Stufen der Pflegebedürftigkeit** zugeordnet. (s. hierzu auch § 15 SGB XI).

Dieser **Hilfebedarf** muss darauf beruhen, dass die Fähigkeiten zur Ausübung der in § 14 SGB XI vorgegebenen Verrichtungen im Ablauf des täglichen Lebens eingeschränkt oder nicht vorhanden sind. Er ist auch dann gegeben, wenn der Pflegebedürftige die Verrichtungen zwar motorisch ausüben, jedoch deren Notwendigkeit nicht erkennen oder nicht in sinnvolles zweckgerichtetes Handeln umsetzen kann.

Pflegebedürftigkeit ist in der Regel kein unveränderbarer Zustand, sondern ein Prozess, der durch **präventive, therapeutische bzw. rehabilitative Maßnahmen** und durch **aktivierende Pflege** beeinflussbar ist.

Die **aktivierende Pflege** soll gemeinsam mit den **Rehabilitationsmaßnahmen** dem Pflegebedürftigen helfen, trotz seines Hilfebedarfes eine möglichst weitgehende Selbstständigkeit im täglichen Leben zu fördern, zu erhalten bzw. wiederherzustellen. Dabei ist insbesondere anzustreben,

- vorhandene Selbstversorgungsaktivitäten zu erhalten und solche, die verloren gegangen sind, zu reaktivieren,

- bei der Leistungserbringung die Kommunikation zu verbessern,
- dass geistig und seelisch Behinderte, psychisch Kranke und geistig verwirrte Menschen sich in ihrer Umgebung und auch zeitlich zurechtfinden.

Der **Vorrang der häuslichen vor der vollstationären Pflege** stellt eines der wesentlichen Ziele der Pflegeversicherung dar, damit es den Pflegebedürftigen ermöglicht wird, möglichst lange in ihrer häuslichen Umgebung bleiben zu können.

Ein weiteres Ziel kommt im **Vorrang von Prävention und Rehabilitation** zum Ausdruck.

Die **Leistungen der Pflegeversicherung** sollen dazu beitragen, dem Pflegebedürftigen ein selbstbestimmtes und selbstständiges Leben zu ermöglichen.

Pflegende Angehörige sollen in ihrer Kompetenz und Motivation durch Beratung und Pflegekurse bestärkt werden.

Die Pflege soll auch die **Aktivierung der Pflegebedürftigen** zum Ziel haben, vorhandene Fähigkeiten zu erhalten und ggf. verlorene Fähigkeiten zurückzugewinnen.

Praktisches Vorgehen zur Anerkennung der Pflegebedürftigkeit:
Der Betroffene bzw. die Angehörigen stellen bei der jeweiligen Krankenkasse einen **Antrag auf Leistungen aus der Pflegeversicherung**.
Der **Medizinische Dienst der Kran-**

kenversicherung (MDK) **stellt** dann die **Pflegebedürftigkeit** im Rahmen eines Hausbesuches **fest**.

Der MDK hat **zusätzlich Vorschläge** über

- Maßnahmen zur Prävention und Rehabilitation und
- Art und Umfang von Pflegeleistungen zu erarbeiten sowie
- einen individuellen Pflegeplan zu unterbreiten.

Der MDK sichtet die von der Pflegekasse erhaltenen Informationen und prüft, ob vor dem Hausbesuch **Auskünfte der behandelnden Ärzte** des Antragstellers, insbesondere des Hausarztes bzw. der den Antragsteller pflegenden Personen benötigt werden. Hierbei geht es vor allem darum, relevante und aktuelle Informationen zu den pflegebegründenden Krankheiten und Behinderungen, zu deren Verlauf und zu durchgeführten Behandlungen (einschl. Rehabilitationsmaßnahmen) sowie zu Art, Umfang und Dauer der Pflege zu erfahren.

Nach der **Untersuchung und Begutachtung durch den MDK** erfolgt die **Einstufung in eine der drei Pflegestufen** nach § 15 (1) SGB XI (s. Anhang, Kap. 13.11, S. 183).

Die Beurteilung der Fähigkeiten des Antragstellers in Bezug auf die **Aktivitäten des täglichen Lebens** bildet eine wesentliche analytische Grundlage insbesondere zur Ableitung notwendiger

Rehabilitationsmaßnahmen und des individuellen Pflegeplans. Sie stützt damit auch eine umfassende ganzheitliche Sichtweise und Ableitung möglicher realistischer pflegerischer und rehabilitativer Interventionspotenziale im Rahmen der Begutachtung. Die Ermittlung des Rehabilitations- und Pflegebedarfs auf der Grundlage der Aktivitäten des täglichen Lebens orientiert sich im jeweiligen Einzelfall an den Fähigkeiten und Einschränkungen, nicht jedoch am klinischen Krankheitsbild. Der Grad der Selbstständigkeit ist nicht nur entscheidend für den aktuellen Pflegeplan, sondern auch für rehabilitative und pflegerische Interventionen, um die Fähigkeiten zu erhalten, zu reaktivieren bzw. wiederzuerlangen. Es ist daher auch sinnvoll, die einzelnen Punkte der Aktivitäten des täglichen Lebens unter den Aspekten zu werten,

- wie viel Selbstständigkeit der Antragsteller in Bezug auf die einzelnen Fähigkeiten besitzt und
- wie die Einschränkungen der Fähigkeiten und die Auswirkungen auf die psychosoziale Gesamtsituation des Antragstellers zu erkennen sind.

Die Fähigkeiten des Antragstellers sind in jedem Bereich der Aktivitäten des täglichen Lebens nach den Abstufungen

- selbstständig,
- bedingt selbstständig,
- teilweise unselbstständig oder

- unselbstständig
einzuschätzen. Dabei bedeutet

- selbstständig: Fähigkeit zur selbstständigen Versorgung/Durchführung von Verrichtungen im Bereich der Aktivitäten des täglichen Lebens; keine Hilfsperson und keine Hilfsmittel erforderlich.
- bedingt selbstständig: Fähigkeit zur selbstständigen bzw. unabhängigen Versorgung mit einer oder mehreren Einschränkungen im Bereich der Aktivitäten des täglichen Lebens; Hilfsmittel/Hilfsvorrichtungen sind vorhanden und werden genutzt; Patient benötigt ggf. mehr Zeit als üblich für die Verrichtungen, bewältigt sie aber mit Mühe; ggf. bestehen Sicherheitsbedenken im Zusammenhang mit einzelnen Verrichtungen; in der Regel ist eine Hilfsperson nicht erforderlich.
- teilweise unselbstständig: Fähigkeit zur selbstständigen Versorgung/Verrichtung ist eingeschränkt; Einzelverrichtungen werden unvollständig ausgeführt; eine Hilfsperson ist zur Anleitung bei der Vorbereitung und Durchführung von Verrichtungen bzw. zu ihrer zeitweisen/teilweisen Übernahme erforderlich.
- unselbstständig: Fähigkeit zur selbstständigen Versorgung/Verrichtung ist nicht vorhanden; Hilfestellung durch Hilfspersonen in allen Phasen der Versorgung/Verrichtung erforderlich.

Zur Frage der Sicherung sozialer Bereiche des Lebens gehört die Fähigkeit, soziale Kontakte aufzunehmen und aufrechtzuerhalten. Bei dieser Lebensaktivität ist das Augenmerk insbesondere auch auf die Pflegeperson/en zu richten. Jede Einschränkung infolge von Krankheit oder Behinderung, besonders wenn es sich um psychische Störungen handelt, hat nicht nur Auswirkungen auf den Betroffenen, sondern immer auch auf seine Angehörigen, Freunde und Nachbarn. Ist der Betroffene nicht mehr in der Lage, sich selbstständig zurechtzufinden, muss eine personelle und/oder sächliche Unterstützung durch Dritte erfolgen.

Voraussetzung für die Anerkennung der Pflegebedürftigkeit:
Ursachen der Pflegebedürftigkeit müssen Krankheiten oder Behinderungen sein.
Nicht die Schwere der Erkrankung oder Behinderung, sondern allein der aus dem konkreten Funktionsausfall resultierende Hilfebedarf dient als Grundlage der Bestimmung der Pflegebedürftigkeit.
Pflegebedürftigkeit gemäß SGB XI definiert sich aufgrund des Hilfsbedarfs bei den gewöhnlichen und regelmäßig wiederkehrenden Verrichtungen des täglichen Lebens. Diese sind nach § 14 (4) definiert. Es sind die Bereiche:

- Körperpflege
- Ernährung

- Mobilität und
- hauswirtschaftliche Versorgung.

Andere Aktivitäten des täglichen Lebens, z. B. Maßnahmen zur Förderung der Kommunikation, finden bei der Bestimmung der Pflegebedürftigkeit nach dem Gesetz keine Berücksichtigung.

Besonderheiten der Beurteilung bei Personen mit psychischen Störungen: Die zu Pflegenden sind z.T. nicht kooperativ und können versuchen, das Ausmaß der Pflegebedürftigkeit zu dissimulieren.

Erkrankungen mit Demenzsymptomen stellen für den Gutachter wegen des äußerlich oft recht gut erhaltenen Erscheinungsbildes (Fassadierung) ein Problem dar, d.h., die zu Pflegenden beherrschen weiterhin oberflächliche Kommunikationstechniken und können durchaus unauffällig ein längeres Gespräch mit Leerformeln und Redensarten führen, ohne dass die Einschränkung der geistigen Leistungsfähigkeit auffällt. Sie können auch sehr geschickt gezielten Fragen ausweichen.

Bei schwankenden Krankheitsverläufen (z. B. vaskulärer Demenz) kann die Begutachtung dadurch schwierig werden, dass der Besuch des Gutachters anregend und aktivierend auf den zu Pflegenden wirkt und dadurch ein besserer Zustand vorgetäuscht wird, als er durchschnittlich besteht.

Bei Psychosekranken ist häufigste Pflegebegründung die so genannte Minussymptomatik der Schizophrenen. Die zu Pflegenden müssen zu den Verrichtungen motiviert und angeleitet werden. Der zu Pflegende ist dabei evtl. sehr wenig kooperativ, weil er die Notwendigkeit der Verrichtungen nicht einsieht. Einige Patienten können sehr gut dissimulieren und im Gespräch längere Zeit unauffällig wirken. Bei ihren Angaben ist auch zu berücksichtigen, dass evtl. keine Krankheitseinsicht besteht und die Notwendigkeit der Pflegeleistung nicht erkannt wird.

Nur in sehr seltenen Fällen kann es auch bei Neurosekranken nach Ausschöpfung aller therapeutischen und rehabilitativen Möglichkeiten zu chronifizierten Endzuständen kommen, bei denen Hilfebedarf bei den gesetzlich vorgegebenen Verrichtungen besteht. Vorrangig ist bei diesen Krankheitsbildern aber die Therapie.

Gerade bei Personen mit psychischen Störungen ist die Feststellung des objektiven Hilfebedarfs durch den Gutachter nur mit Hilfe des engeren Personenkreises des Erkrankten möglich (Fremdanamnese).

Die aufgeführten Aspekte müssen, wenn ein ärztliches Zeugnis (s. Kap. 12) für die Anerkennung der Pflegebedürftigkeit eines psychiatrisch Erkrankten notwendig oder sinnvoll erscheint, in den Ausführungen berücksichtigt werden.

In der bisherigen, noch immer jungen Praxis der Feststellung der Pflegebedürftigkeit hat sich gezeigt, dass häufig fachlich nicht kompetente Ärzte des MDK Fragen der Pflegebedürftigkeit bei psychisch Kranken bearbeitet haben. Insofern bestehen hinsichtlich der Anwendung der gesetzlichen Vorgaben bei psychisch Kranken noch erhebliche Unsicherheiten, die weiterhin im Rahmen der sozialgerichtlichen Rechtsprechung geklärt werden müssen.

Pflegeeinrichtungen, Ärzten, Patienten und Angehörigen, die sich mit möglicherweise unzutreffenden Einstufungen der Pflegebedürftigkeit psychisch Kranker, insbesondere Demenzkranker, auseinander setzen, kann als Lektüre der „Leitfaden zur Pflegeversicherung" der Deutschen Alzheimer-Gesellschaft, 2. Aufl. 1999, empfohlen werden. Das mit 160 Seiten umfangreiche und kompetent geschriebene Buch kann für DM 8.- bei der Deutschen Alzheimer-Gesellschaft, Kantstraße 152, 10623 Berlin, bezogen werden.

Dort ist auch zu anderen einschlägigen Problemen der Demenz hervorragendes Informationsmaterial insbesondere für pflegende Angehörige zu erhalten.

Literatur

Bundesministerium für Arbeit und Sozialordnung: Anhaltspunkte für die ärztliche Gutachtertätigkeit im sozialen Entschädigungsrecht und nach dem Schwerbehindertengesetz. Bonn 1996.

ERLENKÄMPER A. Sozialrecht für Mediziner. Thieme: Stuttgart, New York 1981.

ERLENKÄMPER A. Sozialrecht. Rechtliche Grundlagen. In: VENZLAFF U, FOERSTER K (Hrsg.). Psychiatrische Begutachtung. Ein praktisches Handbuch für Ärzte und Juristen. 3. Aufl. Urban und Fischer: München, Jena 2000.

ERLENKÄMPER A, FICHTE W. Sozialrecht. Allgemeine Rechtsgrundlagen. Sozialgesetzbücher und sonstige Sozialgesetze. Verfahrensrecht. Heymanns: Köln, Berlin, Bonn, München 1999.

FOERSTER K. Psychiatrische Begutachtung im Sozialrecht. In: VENZLAFF U, FOERSTER K (Hrsg.):Psychiatrische Begutachtung. Ein praktisches Handbuch für Ärzte und Juristen. 3. Aufl. Urban und Fischer: München, Jena 2000.

Verband deutscher Rentenversicherungsträger (Hrsg.): Sozialmedizinische Begutachtung in der gesetzlichen Rentenversicherung. 5. Aufl. Urban und Fischer: München, Jena 1995.

ZEIT T, WIESTER W. Die psychiatrische Anamnese, der psychische Befund und ihre Relevanz für die Beweisfragen im psychiatrischen Gutachten vor dem Sozialgericht. Nervenarzt 1995; 66: 197-206.

6. Prozessrechtliche Fragen

Im Zivilprozess können die Prozessfähigkeit der Parteien, im Strafprozess die Vernehmungsfähigkeit, die Verhandlungsfähigkeit des Angeklagten und die Haftfähigkeit Gegenstand ärztlicher Stellungnahmen und Gutachten sein.

Die **Prozessfähigkeit** ist die Fähigkeit, einen Prozess selbst oder durch einen selbst bestellten Vertreter zu führen, also Prozesshandlungen selber wirksam vorzunehmen oder vornehmen zu lassen.

Die Frage der Prozessfähigkeit im zivilrechtlichen Sinne hängt eng mit der in Kapitel 7 erörterten Frage der Geschäftsfähigkeit zusammen. Eine Geschäftsunfähigkeit im Sinne des § 104 BGB bedeutet auch eine Prozessunfähigkeit. Der Prozessunfähige muss im Verfahren durch seinen gesetzlichen Vertreter vertreten werden.

Darüber hinaus kann auch bei geschäftsfähigen Personen eine Prozessunfähigkeit für bestimmte Bereiche oder Gegenstände vorliegen, die etwa der ebenfalls in Kapitel 7 erläuterten partiellen Geschäftsunfähigkeit entsprechen.

Zu den weiteren prozessrechtlichen Fragestellungen sei hier vorab betont, dass die Entscheidung über das Vorliegen der definierten Sachverhalte Haft-, Verhandlungs-, Vernehmungs- und Haftfähigkeit eine juristische Entscheidung darstellt, die allein der Richter trifft.

Eine ärztliche Stellungnahme sollte also die Frage nach dem Vorliegen der Vernehmungs- und Verhandlungsfähigkeit keinesfalls mit einem einfachen „Ja" oder „Nein" bzw. „ist gegeben" oder „ist nicht gegeben" beantworten, sondern die medizinischen Aspekte darstellen und die angewandten Beurteilungskriterien offen legen.

Dies ist insbesondere deshalb wichtig, weil anhand dessen eher eine zutreffende Zuordnung der medizinischen Befunde zu dem rechtlichen Sachverhalt möglich ist.

Die Differenzierung der Begriffe Vernehmungs-, Verhandlungs- und Haftfähigkeit ist für den Arzt als juristischen Laien unübersichtlich.

In einer vielleicht nachfühlbaren, aber hier zweifellos nicht angemessenen Haltung des unreflektierten Engagements erfolgt darüber hinaus nicht selten eine leichtfertige Attestierung.

Auf die Verpflichtung zur wahrheitsgemäßen Erstellung ärztlicher Zeugnisse und zur Strafandrohung bei wissentlicher Ausstellung eines unrichtigen Zeugnisses wird in Kapitel 12.1 näher eingegangen.

An die **Vernehmungsfähigkeit** werden die geringsten Ansprüche psychischer Gesundheit und Leistungsfähigkeit gestellt, sie ist bereits dann gegeben, wenn die Fähigkeit geordneter Kommunikation, z. B. zur Äußerung zu den erhobenen Vorwürfen, gegeben ist und der Proband in der Lage wäre, eine Tat zu gestehen oder begründet abzustreiten. Es ist die Fähigkeit, sich polizeilich oder richterlich vernehmen zu lassen oder verständliche Angaben oder Ausführungen zu machen. Dabei ist vorauszusetzen, dass der Vernommene der Vernehmung folgen kann, Fragen in ihrem Sinngehalt aufnehmen und in freier Willensentschließung und Willensbetätigung Antworten und Erklärungen in verständlicher Form abgeben kann.

Die Bewusstseinslage darf nicht relevant getrübt sein. Gedächtnisstörungen, affektive Beeinträchtigungen und mögliche Verleugnungs- und Verdrängungsprozesse bezüglich der Tat stehen der Vernehmungsfähigkeit aber in der Regel nicht entgegen.

Die **Verhandlungsfähigkeit** ist die Fähigkeit, einem Verhandlungsverlauf geistig zu folgen und die eigenen Interessen sinnvoll zu vertreten.

Der Proband muss verstehen, was andere für oder gegen ihn vorbringen und sich den anderen Prozessbeteiligten gegenüber äußern können.

Zu prüfende Kriterien sind Realitätsbezug, Kommunikations- und intellektuelle Leistungsfähigkeit.

Daraus folgt, dass bei akuten Psychosen, schwerer hirnorganischer Beeinträchtigung, Bewusstseinsstörungen und erheblicher Minderbegabung die Verhandlungsfähigkeit zu verneinen ist, während insbesondere neurotische Erkrankungen und Persönlichkeitsstörungen in aller Regel der Verhandlungsfähigkeit nicht entgegenstehen.

Die Frage der **Haftfähigkeit** ist nach dem § 455 StPO zu beurteilen.

Hiernach ist die Vollstreckung einer Freiheitsstrafe dann aufzuschieben, wenn der Verurteilte „in Geisteskrankheit verfällt" oder „von der Vollstreckung eine nahe Lebensgefahr zu besorgen ist". Bei schwersten körperlichen Erkrankungen sind daneben die möglicherweise begrenzten Ressourcen der Justizkrankenanstalten zu berücksichtigen, die im Einzelfall eine Vollstreckung verbieten.

Wenn die Verschlechterung einer Erkrankung nur möglich, aber nicht sicher zu erwarten ist, was für die meisten psychischen Erkrankungen ja nicht auszuschließen ist, wird die Haftfähigkeit dagegen nicht berührt.

Aus dem psychiatrischen Gebiet sind daher im Wesentlichen akute Psychosen sowie akute Suizidalität infolge einer schweren psychischen Erkrankung Hinderungsgründe.

Literatur:

Diederichsen U, Dröge M. Zivilrecht. Juristische Voraussetzungen. In: Venzlaff U, Foerster K (Hrsg.). Psychiatrische Begutachtung. Ein praktisches Handbuch für Ärzte und Juristen. 3. Aufl. Urban und Fischer: München, Jena 2000.

Schulte RM. Begutachtung der Haft-, Verhandlungs- und Vernehmungsfähigkeit. In: Venzlaff U, Foerster K (Hrsg.). Psychiatrische Begutachtung. Ein praktisches Handbuch für Ärzte und Juristen. 3. Aufl. Urban und Fischer: München, Jena 2000.

7. Zivilrechtliche Fragen

7.1 Geschäftsfähigkeit

Das Privat- oder Zivilrecht, das im **Bürgerlichen Gesetzbuch (BGB)** geregelt ist, basiert auf dem Prinzip, dass eine Person im gesellschaftlichen Leben ihre Rechtsbeziehungen frei nach ihrem Willen gestalten kann. Grenzen werden durch das Strafrecht (StGB), durch die allgemeinen Moralvorstellungen (die so genannten guten Sitten) und die Geschäftsfähigkeit des Einzelnen gesetzt. Letztere ist für den privatrechtlichen Geschäftsverkehr die bedeutsamste Fähigkeit einer Person:

Die **Geschäftsfähigkeit** ist die Fähigkeit des Bürgers, Rechtsgeschäfte eigenverantwortlich vorzunehmen und damit die Regelungen des Rechts eigenverantwortlich zu beeinflussen, d.h., er kann durch eigene Handlungen sich oder (durch Stellvertretung) einen anderen verpflichten und Rechte erwerben.

Es bedarf also, um wirksam Geschäfte abzuschließen, der Geschäftsfähigkeit. Unbeschränkt ist in Deutschland jeder Mensch mit Vollendung des 18. Lebensjahres geschäftsfähig. Zwischen dem 7. und dem 17. Lebensjahr ist ein junger Mensch beschränkt geschäftsfähig, d.h., er bedarf zu Geschäften der Zustimmung der Eltern oder seiner gesetzlichen Vertreter.

Die Geschäftsfähigkeit wird von der Rechtsordnung grundsätzlich allen Personen zugebilligt, von denen angenommen werden kann, dass sie ein Mindestmaß an Urteilsvermögen besitzen, unabhängig davon, ob sie davon dann auch im Einzelfall einen zweckentsprechenden Gebrauch machen.

Was Geschäftsfähigkeit ist, wird im Gesetz nicht positiv umschrieben. Dort werden lediglich die **Ausnahmefälle der Geschäftsunfähigkeit und der beschränkten Geschäftsfähigkeit** geregelt, und zwar mit dem Ziel, einen Menschen, der ggf. z. B. wegen psychischer Gebrechen zu privatautonomem Handeln nicht in der Lage ist, zu seinem eigenen Schutz in der Geschäftsfähigkeit zu beschränken.

§ 104

Geschäftsunfähig ist:

1. wer nicht das 7. Lebensjahr vollendet hat;
2. wer sich in einem die freie Willensbestimmung ausschließenden Zustande krankhafter Störung der Geis-

testätigkeit befindet, sofern nicht der Zustand seiner Natur nach ein vorübergehender ist.

§ 105

(1) Die Willenserklärung eines Geschäftsunfähigen ist nichtig.

(2) Nichtig ist auch die Willenserklärung, die im Zustande der Bewusstlosigkeit oder vorübergehender Störung der Geistestätigkeit abgegeben wird.

Der **Begriff der krankhaften Störung der Geistestätigkeit** umfasst alle psychischen Krankheiten und Störungen, die das Urteilsvermögen und die Willensbildung erheblich beeinträchtigen, sofern nicht der Zustand seiner Natur nach ein vorübergehender ist.

Für die krankhafte Störung der Geistestätigkeit kommt es nicht darauf an, welche Ursachen die Störung hat und unter welchen medizinischen Begriff sie fällt, obwohl bei bestimmten Geisteskrankheiten mit Sicherheit § 104 (2) BGB zu bejahen ist, wie z. B. bei endogenen Psychosen und bei Schwachsinn. Die krankhafte Störung umfasst daher alle Fälle, in denen infolge einer psychischen Erkrankung, abnormer seelischer Veranlagung oder Schädigung der Gehirnzellen das Urteilsvermögen und die Willensbildung so erheblich gestört sind, dass mit einer normalen Urteilsfindung oder Motivation nicht gerechnet werden kann.

Die krankhafte Störung muss einen solchen Grad erreicht haben, dass sie den Ausschluss der freien Willensbestimmung zur Folge hat. Das ist der Fall, wenn der Erklärende nicht mehr die Fähigkeit besitzt, die Bedeutung einer abgegebenen Willenserklärung zu erkennen und nach dieser Erkenntnis zu handeln oder nach der in der Rechtsprechung bevorzugten Formulierung: Wenn der Betroffene nicht in der Lage ist, seine Entscheidungen von vernünftigen Erwägungen abhängig zu machen. Das Unvermögen, die Tragweite der abgegebenen Erklärung zu erfassen, reicht hierfür nicht aus, auch nicht eine bloße Willensschwäche oder leichte Beeinflussbarkeit. Wohl aber kann der § 104 (2) BGB anzuwenden sein, wenn sich jemand in krankhafter Weise von dem Willen eines anderen beherrschen lässt.

Es wird vorausgesetzt, dass **die krankhafte Störung nicht vorübergehender Natur**, sie also ein Dauerzustand ist. Dabei kommt es auf die Heilbarkeit, sofern diese längere Zeit benötigt, nicht an.

Bei **vorübergehenden Störungen** (Bewusstlosigkeit, Rausch, Fieber u.Ä.) gelten die Vorschriften des § 105 (2) BGB:

Bewusstlosigkeit oder vorübergehende Geistesstörung haben bei einem an sich gesunden Menschen keinen Einfluss auf die allgemeine Geschäftsfähigkeit. Die in einem solchen Zustand abgegebenen Willenserklärungen sind aber nichtig. Bewusstlosigkeit im juristischen Sinn bedeutet nicht, dass jemand völlig bewusstlos ist. Es reicht für ihre Feststellung eine hochgradige Bewusstseinstrübung aus.

Bei periodisch oder in Abständen auftretenden psychischen Erkrankungen besteht in den Zwischenzeiten oder so genannten luziden Intervallen Geschäftsfähigkeit.

Im Rahmen einer **Demenz** muss aber immer geprüft werden, ob neben der zeitweiligen Verwirrtheit, die periodisch auftritt, nicht doch eine **Kritikminderung bzw. Urteilsschwäche** im Rahmen der Grunderkrankung fortbesteht, die die Geschäftsfähigkeit ausschließt.

In einem Rechtsstreit hat immer derjenige die Geschäftsunfähigkeit zu beweisen, der sie behauptet!

Eine **relative Geschäftsunfähigkeit**, die sich an der Schwierigkeit eines einzelnen Rechtsgeschäftes orientiert, wird allgemein abgelehnt. Eine Person ist deshalb nicht geschäftsunfähig, weil ihre intellektuellen Gaben nicht ausreichen, um die Schwierigkeit eines Rechtsgeschäfts zu durchschauen, und sie dadurch möglicherweise Fehler zu ihrem eigenen Schaden macht. Es ist vielmehr auch im normalen Geschäftsverkehr unter Gesunden durchaus üblich, Fehldispositionen zu treffen oder sich zum Schutz davor ggf. fachlich und/oder rechtlich beraten zu lassen. Entsprechend ist ein bedeutsames Kriterium für das Vorliegen der Geschäftsfähigkeit eher das Erkennen der eigenen Grenzen, ggf. auch erst nach negativen Erfahrungen.

Dagegen wird der Begriff einer **partiellen Geschäftsunfähigkeit** von der Rechtsprechung weitgehend anerkannt. Diese beschränkt sich dann auf einen inhaltlich abgegrenzten Kreis von Angelegenheiten, z. B. auf die die Ehe angehenden Fragen bei krankhafter Eifersucht oder auf die Prozessführung bei einem systematisierten Wahn. In allen anderen Belangen ist die Geschäftsfähigkeit dann als nicht beeinträchtigt anzusehen.

Ist die Geschäftsunfähigkeit eines Menschen festgestellt worden, muss **für die Erledigung seiner Angelegenheiten ein gesetzlicher Vertreter** eingesetzt werden. Als solcher kommt für einen Volljährigen nicht mehr ein Vormund, sondern **nach der Einführung des Betreuungsgesetzes (BtG, s. Kap. 4) nur noch ein Betreuer** in Betracht.

Im Rahmen der **Fragen zur Geschäftsfähigkeit** wird ein **Arzt** nicht selten mit der Frage konfrontiert, ob sein Patient (noch) geschäftsfähig ist. Öfter aber wird er gefragt, insbesondere wenn es zu einem Rechtsstreit gekommen ist, ob ein Patient, der in seiner Behandlung stand oder noch steht, zu einem bestimmten, zurückliegenden Zeitpunkt, als dieser ein Rechtsgeschäft tätigte, geschäftsfähig war.

Wird der Arzt gefragt, ob sein Patient aktuell geschäftsfähig ist, sodass er z. B. einen rechtsverbindlichen Vertrag abschließen kann, hat eine **differenzierte Untersuchung** zu erfolgen, die das Vorliegen einer krankhaften Störung prüft. Liegt eine solche vor, ist das Ausmaß dieser Störung festzustellen und im Hinblick auf das vorhandene Urteilsvermögen und die Willensbildung des Patienten zu analysieren.

Das Vorhandensein einer psychischen Störung an sich ist keinesfalls ein hinreichender Grund für die Annahme der Geschäftsunfähigkeit. Vielmehr kommt es auf deren praktische Auswirkungen auf Erkenntnisvermögen, Willensbildung und Artikulationsfähigkeit an.

Wird der Arzt nach der **Geschäftsfähigkeit** seines Patienten **zu einem zurückliegenden Zeitpunkt** befragt, ist die Aufgabe ungleich schwerer. Er muss sich dann zu der Frage aufgrund seiner früheren Beobachtungen, der damals gestellten Diagnose, des Verlaufs der Erkrankung u.a. äußern.

Dazu einige **Ratschläge**:

- Stellungnahmen zur Geschäftsfähigkeit sollten nur in einem ausführlichen (psychiatrischen) Gutachten abgegeben werden.
- Zuerst ist (wenn möglich durch persönliche Untersuchung) zu prüfen, ob eine krankhafte Störung der Geistestätigkeit, eine Geistesschwäche oder eine Bewusstseinsstörung zum Zeitpunkt des Abschlusses eines Rechtsgeschäftes vorliegt bzw. vorgelegen hat und welches Ausmaß sie erreicht bzw. erreicht hat.
- Bei der Beurteilung der Geschäftsfähigkeit geht es nicht um psychodynamische Interpretationen bezüglich des Ablaufs eines Rechtsgeschäftes, auch nicht um die Erörterung fehlender „Widerstandsfähigkeit" gegenüber einem Geschäftspartner, es sei denn, diesen Feststellungen liegt eine schwer ausgeprägte psychopathologische Symptomatik zugrunde.

- **Nur wenn die „normale Bestimmbarkeit durch vernünftige Erwägungen" zweifelsfrei nicht gegeben ist und das als erwiesen gelten kann, darf von Geschäftsunfähigkeit ausgegangen werden.**
- Zweifel an der Geschäftsfähigkeit oder nur die Annahme der Wahrscheinlichkeit des Vorliegens von Geschäftsunfähigkeit reichen nicht aus.
- Fühlt sich der zur Geschäftsfähigkeit befragte Arzt unsicher, sollte er unbedingt einen erfahrenen Kollegen um die Erstellung eines Gutachtens bitten.

Literatur: s. S. 87

7.2 Testierfähigkeit

Die Testierfähigkeit ist eigentlich ein Unterpunkt der allgemeinen Geschäftsfähigkeit, wird aber in den §§ 2229, 2230, 2253 und 2275 BGB besonders geregelt.

Der voll Geschäftsfähige besitzt die uneingeschränkte Testierfähigkeit. Er kann durch einseitige Verfügung von Todes wegen (d.h. durch Testament), aber auch durch Erbvertrag seine(n) Erben bestimmen, einzelne Personen von der Erbfolge ausschließen, Vermächtnisse oder Auflagen machen. Er kann also, wenn er die formalen Kriterien einhält, Testamente wirksam errichten, diese aber auch ändern oder wieder aufheben.

§ 2229 Testierfähigkeit

(4) Wer wegen krankhafter Störung der Geistestätigkeit, wegen Geistesschwäche oder wegen Bewusstseinsstörung nicht in der Lage ist, die Bedeutung einer von ihm abgegebenen Willenserklärung einzusehen und nach dieser Einsicht zu handeln, kann ein Testament nicht errichten.

Voraussetzungen für die Testierfähigkeit sind, dass der Testierende zu der Vorstellung fähig ist, dass er ein Testament errichtet, und er sich über den Inhalt seiner Verfügung im Klaren ist. Weiterhin muss er in der Lage sein, sich ein klares Urteil über die Tragweite seiner Anordnungen zu machen, insbesondere welche Wirkungen diese auf die persönlichen und wirtschaftlichen Verhältnisse der Betroffenen ausüben. Dabei muss der Testierende frei von der Einflussnahme Dritter sein.

Testierunfähigkeit besteht dann, wenn bei Testierenden die oben beschriebene Einsichts- und Handlungsfähigkeit durch eine krankhafte Störung der Geistestätigkeit, wegen Geistesschwäche oder wegen einer Bewusstseinsstörung verloren gegangen ist oder fehlt. Eine ihm verbliebene bloße Vorstellung

von der Tatsache der Errichtung des Testaments und dem Inhalt seiner Verfügung reicht dann nicht mehr aus.

Eine **relative oder partielle Testierunfähigkeit** (analog zur Geschäftsfähigkeit) gibt es nicht.

Die Testierfähigkeit muss zum Zeitpunkt der Errichtung der letztwilligen Verfügung vorhanden sein.

Bei wechselnden Zuständen i.S. so genannter lichter (luzider) Intervalle sind die in einem solchen Intervall getroffenen Entscheidungen wirksam. Es sind hier jedoch die gleichen Bedenken gerechtfertigt wie im Falle der Feststellung der Geschäftsunfähigkeit.

Die **Beweislast für die Behauptung der Testierunfähigkeit** des Testamentserstellers trägt derjenige, der sie behauptet.

Im **Rechtsstreit** wird vom Gericht das Beweismaterial, das die Parteien anbieten, herangezogen, auch Zeugnisse von Ärzten, die den Erblasser zu Lebzeiten behandelt haben. Hinsichtlich der **ärztlichen Schweigepflicht** ist davon auszugehen, dass der Verstorbene selbst sein Interesse an der Gültigkeit einer von ihm getroffenen letztwilligen Verfügung haben würde, sodass diese und das Zeugnisverweigerungsrecht des Arztes in der Regel entfallen.

Die **Rolle des Psychiaters** ist einmal die eines **sachverständigen Zeugen**, wenn er den Testamentsersteller behandelt hat, oder die des **Sachverständigen** (s. Kap. 12), wenn er im Rahmen eines Gutachtens aufgrund seines speziellen Fachwissens die Voraussetzungen dafür zu prüfen hat, ob bei dem Erblasser Testierunfähigkeit vorlag.

Diese **Begutachtung** gehört zu den schwierigsten forensisch-psychiatrischen Aufgaben, weil der zu Begutachtende in der Regel verstorben ist und der Sachverständige sich nur auf Informationen aus dem Ermittlungsmaterial oder auf möglicherweise extrem divergierende Aussagen von Zeugen stützen kann. Wie bei der Geschäftsfähigkeitsbeurteilung muss das **Vorliegen einer Testierunfähigkeit bewiesen** werden. Zweifel an der Testierfähigkeit genügen nicht.

Manchmal ist auch der psychiatrische Sachverständige nicht in der Lage, mit den Mitteln seiner Wissenschaft die Testierunfähigkeit zu beweisen. Ist dann ein eindeutiger Nachweis der Testierunfähigkeit nicht zu erbringen, bleibt das angefochtene Testament wirksam.

Mögliche **Voraussetzungen für die Annahme einer Testierunfähigkeit**: Testierunfähigkeit kann erwogen werden, wenn der Erblasser unter einem hirnorganischen Psychosyndrom, einem Demenzsyndrom, einer schizophrenen oder Affektpsychose gelitten hat.

Die psychopathologischen Symptome müssen einen erheblichen Schweregrad erreicht haben, z. B. schwere Orientierungsstörungen, Personenverkennungen, kognitive Störungen, affektive Veränderungen u.a.

Bei der Beurteilung von hirnorganischen Psychosyndromen, insbesondere wenn sie auf gefäßbedingte Abbauprozesse ursächlich zurückzuführen sind, wird immer noch mit den so genannten luziden Intervallen argumentiert, während denen die Testierung vollzogen worden sei. In der Regel ist es aber so, dass zwischen den akuten Verwirrtheitszuständen auch psychopathologische Dauerveränderungen im Sinne einer oft schweren Hirnleistungsschwäche (hirnorganisches Psychosyndrom, Demenzsyndrom) vorliegen, die die Urteils- und Handlungsfähigkeit ausschließen.

Auch bei der Beurteilung der Testier(un)fähigkeit sind die Ratschläge zu bedenken, die für die Feststellung der Geschäftsfähigkeit genannt wurden.

Literatur:

DIEDERICHSEN U, DRÖGE M. Zivilrecht. Juristische Voraussetzungen. In: VENZLAFF U., FOERSTER K (Hrsg.). Psychiatrische Begutachtung. Ein praktisches Handbuch für Ärzte und Juristen. 3. Aufl. Urban und Fischer: München, Jena 2000.

FOERSTER K. Psychiatrische Begutachtung im Zivilrecht. In: VENZLAFF U, FOERSTER K (Hrsg.). Psychiatrische Begutachtung. Ein praktisches Handbuch für Ärzte und Juristen. 3. Aufl. Urban und Fischer: München, Jena 2000.

RASCH W. Die Beurteilung der Geschäftsfähigkeit aus ärztlicher Sicht. Z ärztl Fortb 1992; 86: 767-782.

RASCH W, BAYERL R. Der Mythos vom luziden Intervall. Zur Begutachtung der Testierfähigkeit. Lebensversicherungsmedizin 1985; 2-8.

8. Strafrechtliche Fragen

8.1 Schuldfähigkeit

Der Schuldbegriff des Strafrechts basiert auf der Annahme, dass ein Mensch grundsätzlich in seinem Handeln frei ist und seine Entscheidungen aufgrund autonomer Erwägungen und Wertentscheidungen trifft.

Nur dann, wenn jemand den Unrechtsgehalt eines bestimmten Verhaltens erkennen und nach diesem Wissen handeln kann, kann ihm dieses Verhalten im Sinne einer Schuld vorgeworfen und er für die Folgen seines Handelns verantwortlich gemacht werden.

Für Straftaten, die krankheitsbedingt erfolgen oder nur aufgrund einer Krankheit möglich wurden, entfällt der Schuldvorwurf.

Das Strafgesetzbuch (StGB) regelt diesen Sachverhalt in den §§ 20 und 21.

§ 20 StGB: Ohne Schuld handelt, wer bei Begehung der Tat wegen einer krankhaften seelischen Störung, wegen einer tief greifenden Bewusstseinsstörung oder wegen Schwachsinn oder einer schweren anderen seelischen Abartigkeit unfähig ist, das Unrecht der Tat einzusehen oder nach dieser Einsicht zu handeln.

§ 21 StGB: Ist die Fähigkeit des Täters, das Unrecht der Tat einzusehen oder nach dieser Einsicht zu handeln, aus einem der in § 20 genannten Gründe bei Begehung der Tat erheblich vermindert, so kann die Strafe nach § 49 Abs. 1 gemildert werden.

Das StGB kennt also einen zweigliedrigen Entscheidungsprozess: Zunächst muss eine der aufgeführten Gesundheitsstörungen vorliegen, aufgrund dieser dann entweder das Unrechtsbewusstsein des Täters fehlt oder aber es an dessen Steuerungsfähigkeit mangelt. Unter die aufgeführten vier Krankheitsbegriffe des Strafgesetzbuches werden nach langjähriger Übung bestimmte psychiatrische Diagnosegruppen subsumiert.

Zu den **„krankhaften seelischen Störungen"** sind akute exogene und sog. endogene Psychosen zu zählen, außerdem pathologische Rauschzustände und organisch begründete Demenzen.

Die Schuldunfähigkeit in akuten Krankheitsstadien ist unstrittig, während die Frage nach der Schuldfähigkeit bei Vorliegen schizophrener Erkrankungen außerhalb akuter Episoden der detaillierten Einzelfallbetrachtung bedarf.

Der **„tief greifenden Bewusstseinsstörung"** sind Erkrankungen und Zustände zuzuordnen, die mit einer Trübung bzw. partiellen oder vollständigen Ausschaltung des Selbst- oder Außenweltbewusstseins einhergehen. Die Rechtsprechung subsumiert hier Schlaftrunkenheit, Dämmerzustände, Erschöpfung, Übermüdung und als bedeutendste Gruppe die Taten, die im Affekt begangen werden. Dieser Affekt muss weit über normalpsychologische Gemütsbewegungen hinausgehen und einen Zustand höchster Erregung im Sinne eines plötzlichen, unvorhersehbaren Durchbruchs auslösen.

Der **„Schwachsinn"** umfasst die schwerwiegenden Minderbegabungen ohne erkennbare organische Ursache wie z. B. frühkindliche Hirnschäden, Chromosomenanomalien oder degenerative Prozesse, die den „krankhaften seelischen Störungen" zugeordnet werden.

Die **„schwere andere seelische Abartigkeit"** schließlich meint die forensisch und kriminologisch bedeutsamste Gruppe derjenigen Störungen, die nicht auf einer (postulierten) körperlich fassbaren Ursache beruhen, also Neurosen, Triebdeviationen und Persönlichkeitsstörungen. Aus juristischer Sicht steht hier nicht so sehr das organisch defekte oder quantitativ zurückgebliebene als

vielmehr das qualitativ andere Erleben im Vordergrund.

Da nicht das intellektuelle oder kognitive Defizit, die Realitätsbezugsstörung oder gar das Nichtwissenkönnen um die Normen wie bei den vorgenannten Gruppen zu prüfen ist, wird im Regelfall bei Tätern, die als „schwer anders seelisch abartig" eingestuft werden, auf die Frage abzuheben sein, ob sie in der Lage waren, nach dem durchaus bestehenden Wissen um das Unrecht der Tat zu handeln.

Erkennt das Gericht auf das Vorliegen der Voraussetzungen des § 20 StGB, erfolgt mangels Vorwerfbarkeit der Tat immer ein Freispruch.

Unter den Voraussetzungen des § 21 ist eine Strafmilderung möglich.

Wichtig ist, dass für diese Entscheidungen nicht das sichere Vorliegen der Tatbestandsvoraussetzungen erforderlich ist: vielmehr ist nach dem Grundsatz „im Zweifel für den Angeklagten" hinreichend, wenn eine Einschränkung bzw. ein Fehlen der Schuldfähigkeit nicht ausgeschlossen werden kann.

8.2 Unterbringung nach § 126 a StPO

Da die Entscheidung, ob jemand beim Begehen einer Straftat ganz oder teilweise schuldunfähig war und deshalb dem Maßregelvollzug zugeführt wird, immer erst am Ende des Erkenntnisprozesses des Gerichts steht, andererseits aber häufig allein bis zum Beginn des Verfahrens eine erhebliche Wartezeit entsteht und ein offenkundig schwer psychisch Kranker kaum für die Untersuchungshaftanstalt geeignet ist, sieht die Strafprozessordnung (StPO) im § 126 a vor, dass jemand auch vorläufig in einem psychiatrischen Krankenhaus oder einer Entziehungsanstalt untergebracht werden kann.

Voraussetzung ist, dass eine Maßregel nach den §§ 63/64 sehr wahrscheinlich ist und die öffentliche Sicherheit die Unterbringung erfordert.

Wie in der Untersuchungshaft gilt auch für einen nach § 126 a StPO Untergebrachten die Unschuldsvermutung: Die Unterbringung dient ausschließlich der Sicherung des anschließenden Verfahrens. Jede Art der Zwangsbehandlung ist somit unzulässig; andererseits hat der Untergebrachte selbstverständlich Anspruch auf die fachgerechte Behandlung körperlicher und psychischer Leiden.

Auf die Ausführungen zur Unterbringung nach den Unterbringungsgesetzen der Länder sei deswegen an dieser Stelle noch einmal verwiesen (s. Kap. 3).

8.3 Behandlung psychisch kranker Rechtsbrecher

Das Strafrecht kennt neben der Strafe, die einen Sühnecharakter für schuldhaft vorwerfbares Handeln (und generalpräventive Abschreckungswirkung) beansprucht, auch den zweiten Aspekt des Schutzes der Allgemeinheit vor drohenden weiteren Straftaten.

Hier kommen die so genannten Maßregeln der Besserung und Sicherung gegenüber Tätern, die mangels Schuld nicht bestraft werden können, zur Anwendung (aber auch strafergänzend bei anderen Tätern).

Für den psychiatrisch tätigen Arzt sind in diesen Fällen die **Unterbringung in einem psychiatrischen Krankenhaus** nach § 63 StGB und die **Unterbringung in einer Entziehungsanstalt** nach § 64 StGB von Interesse.

Voraussetzung für die Unterbringung in einem psychiatrischen Krankenhaus nach § 63 ist neben der rechtswidrigen Tat im Zustand der fehlenden oder verminderten Schuldfähigkeit ein Fortbestehen der psychischen Erkrankung oder Störung sowie die Gefahr, dass aufgrund dieser Erkrankung auch zukünftig erhebliche Straftaten zu erwarten sind. Eine Behandlungsbedürftigkeit alleine reicht hier ebenso wenig aus wie die Gefahr geringfügiger Straftaten wie z. B. von Belästigungsdelikten.

Die Unterbringung erfolgt grundsätzlich unbefristet, wobei mindestens einmal jährlich gerichtliche Überprüfungen durch die Vollstreckungskammer des Gerichtes erfolgen müssen.

Kommt das Gericht, gestützt durch ein Prognosegutachten (s. Kap. 8.4), zu der Auffassung, dass es verantwortet werden könne zu erproben, ob der Straftäter außerhalb der Unterbringung keine rechtswidrigen Taten mehr begeht, wird die Vollstreckung der Strafe zur Bewährung ausgesetzt.

Je nach Gefährlichkeit der Anlasstat und der weiteren zu befürchtenden Taten ist eine Güterabwägung zwischen den Schutzinteressen der Gemeinschaft und dem Persönlichkeitsrecht und Freiheitsanspruch des Untergebrachten zu treffen. Analog ist bei suchtkranken Straftätern die Unterbringung in einer Entziehungsanstalt möglich, allerdings nicht länger als zwei Jahre.

Ausgangspunkt der Begrenzung ist die zweifellos fragwürdige Auffassung, dass entweder innerhalb dieser Frist eine durchgreifende Besserung erreicht werden kann oder aber auch bei noch längerer Unterbringung keine weiteren therapeutischen Fortschritte mehr zu erwarten sind.

Aufgrund der Befristung wird die Maßregel nach § 64 als geringerer Eingriff auch bei Delikten von nur mittlerer Tragweite sowie bei Taten im vorsätzlichen oder fahrlässigen Vollrausch nach § 323 a StGB verhängt.

8.4   Prognosegutachten

Von entscheidender Bedeutung für die o.g. Entscheidung des Gerichtes über die Fortdauer der Unterbringung ist das von einem externen Sachverständigen zu erstellende Prognosegutachten.

Verbindliche Standards wie auch eine allgemein anerkannte „Philosophie" der Begutachtung existieren nicht.

Der früher sehr intensiv betriebene „Schulenstreit" der Gutachter verschiedener kriminologischer und nicht zuletzt weltanschaulicher Richtungen ist etwas abgeflaut, seitdem empirisch nachgewiesen werden konnte, dass für das Ergebnis der Begutachtung, also die Legalprognosen der Untergebrachten und deren Aussagekraft, die „Schulenzuordnung" des Gutachters in der Realität meist keine allzu große Bedeutung besitzt.

Vielfach finden in den Gutachten individuelle Kombinationen und Synthesen der hier kurz angerissenen gängigen Prognosemethoden Anwendung:

Die **statistische Prognose** fasst in der Art einer Punkteskala statistisch-kriminologisch gewonnene Kriterien und Faktoren rechnerisch zusammen und erstellt unter Verzicht auf ein zugrunde liegendes ideelles Konstrukt eine empirisch zu erwartende Risikowahrscheinlichkeit.

Die **klinisch-empirische Prognose** gründet sich, anders als die rein statistische, auf eine differenzierte individuelle psychiatrische Untersuchung unter Einschluss testpsychologischer Verfahren und bedient sich auch psychodynamischer Hypothesenbildung.

Die **intuitive Prognose** lebt aus der Erfahrung des einzelnen Gutachters und erhebt daher keinen wissenschaftlichen Anspruch, erweist sich in der Hand routinierter Gutachter aber als ebenso reliabel wie die anderen Methoden.

Wegen der Komplexität der hierbei zu

berücksichtigenden Aspekte und der Folgenschwere der durch Prognosegutachten wesentlich mitbestimmten Gerichtsentscheidungen sei hier - auch im Hinblick auf Fehlerquellen - auf die folgend angeführte Literatur verwiesen.

Literatur:

RASCH W. Forensische Psychiatrie. 2. Aufl. Kohlhammer: Stuttgart, Berlin, Köln 1999.

VENZLAFF U, FOERSTER K (Hrsg.). Psychiatrische Begutachtung. Ein praktisches Handbuch für Ärzte und Juristen. 3. Aufl. Urban und Fischer: München, Jena 2000 (mit weiteren Nachweisen).

VOLCKART B. Maßregelvollzug. 5. Aufl. Luchterhand: Neuwied 1999.

9. Eignung zum Führen von Kraftfahrzeugen (Verkehrstüchtigkeit)

9.1 Gesetzliche Grundlagen; Verhältnis der Fahrerlaubnisverordnung 1999 zum Gutachten „Krankheit und Kraftverkehr"

Durch die „Verordnung zur Zulassung von Personen zum Straßenverkehr und zur Änderung straßenverkehrsrechtlicher Vorschriften" - **Fahrerlaubnisverordnung - (FeV) von 1999** - (auszugsweise im Anhang abgedruckt) ist die Frage der gesundheitlichen Eignung zum Führen von Kraftfahrzeugen neu geregelt worden.

Neu gegenüber der früheren Rechtslage ist vor allem die Festschreibung der zentralen Rolle der „Begutachtungsstellen für Fahreignung", die die Nachfolge der medizinisch-psychologischen Institute angetreten und ihre Stellung im Begutachtungsverfahren weiter ausgebaut haben.

In der Anlage 4 der FeV (im Anhang abgedruckt) werden darüber hinaus „häufiger vorkommende Erkrankungen und Mängel" mit ihren verkehrsrechtlichen Bewertungen aufgeführt.

Einzelne logische Fehler und innere Widersprüche der FeV werden bei den nun-

mehr zu besprechenden Krankheitsbildern aufgegriffen, da zu erwarten ist, dass sie zu Problemen sowohl in der Beratung von Patienten als auch in der gutachterlichen Bewertung führen werden.

Daneben existieren aber auch weiterhin die so genannten **Begutachtungsleitlinien zur Kraftfahrereignung (früher: „Gutachten Krankheit und Kraftverkehr"** des Gemeinsamen Beirates für Verkehrsmedizin beim Bundesverkehrsminister).

Inhaltlich ergeben sich in manchen Bewertungen Abweichungen zur Anlage 4 der FeV.

Die Beurteilungshinweise dieser Leitlinien stellen, wie auch die Anlage 4 der FeV, rechtlich nur Empfehlungen dar, werden aber bei der Entscheidungsfindung von Gerichten und Behörden im Regelfall zugrunde gelegt. Daher sollten evtl. Abweichungen jeweils begründet werden.

Gegenüber früheren Auflagen der „Begutachtungsrichtlinien" wird in der Ausgabe 2000 auf die Nennung fester Fristen, z. B. für die Wiedererlangung der Fahrerlaubnis nach einer psychotischen Episode, verzichtet; diese an sich erfreuliche Entwicklung räumt den

Einzelfallerwägungen des Gutachters wie der Stellungnahme des behandelnden Arztes zwar größere Bedeutung ein, verpflichtet damit aber auch umso mehr zu einer differenzierten Abwägung.

Auch die Anlage 4 der FeV stellt, wie oben gesagt, nur Regelfallbewertungen dar und konzediert ausdrücklich die Möglichkeit einer im Einzelfall mit Begründung zu rechtfertigenden abweichenden Beurteilung, verweist hier dann aber wieder auf eine isolierte medizinisch-psychologische Untersuchung als zusätzliches Erkenntnismittel. Wie unten dargestellt, ist dies im Allgemeinen weder für neurologische noch für psychiatrische Erkrankungen sinnvoll, aber vom Gesetzgeber so gewollt.

Dennoch müssen an dieser Stelle die damit verbundenen Probleme angesprochen werden: Bedenklich ist zum Beispiel, dass pauschal alle Auffälligkeiten während der Fahrprüfung gemäß § 11 Abs. 3 Ziffer 3 der FeV zu einer medizinisch-psychologischen Untersuchung führen. Dies schließt natürlich auch auf eine Psychose hinweisende Verhaltensveränderungen ein. Da die Begutachtungsstellen in der Regel ohne Psychiater arbeiten, sind hier Fehlbeurteilungen zu befürchten.

Dieselbe Problematik stellt sich bei Epilepsiepatienten, die etwa durch eine Wesensänderung oder gar ein Krampfäquivalent bei der Prüfung auffallen. Auch hier bahnt die FeV den Weg zur medizinisch-psychologischen Untersuchung und verhindert tendenziell fachärztliche (hier neurologische) Begutachtungen.

Es ist weitestgehend in das Ermessen und die Aufmerksamkeit der jeweiligen Straßenverkehrsbehörde gestellt, ob dann noch zusätzlich zu der hier wenig aussagekräftigen Beurteilung durch die MPU ein Facharzt des jeweiligen Gebietes hinzugezogen wird.

Wegen des erheblichen ökonomischen Interesses der „Begutachtungsstellen für Fahreignung" an der „Kundenbindung", das durch die in den oft personell weitgehend identischen und nur durch eine formal andere Trägerschaft separierten Stellen angebotenen kostenintensiven Nachschulungskurse noch gestützt wird, und der allgemein mangelnden Fachkompetenz der Begutachtungsstellen in neurologischen und psychiatrischen Fragen ist nicht zu erwarten, dass von dort aus Impulse zur Einschaltung von Fachärzten ausgehen.

9.1.1 *Verfahren und Zuständigkeiten, Führerscheinklassen*

Der § 11 der FeV enthält die Generalklausel, dass jeder Fahrerlaubnisbewerber über die nötige körperliche und geistige Eignung verfügen muss.

Die zuständige Straßenverkehrsbehörde kann immer dann, wenn Zweifel an dieser Eignung bestehen, ein Gutachten verlangen.

Diese Gutachten müssen je nach Anforderung der Straßenverkehrsbehörde

- von einem einschlägigen Facharzt mit verkehrsmedizinischer Qualifikation
- von einem Arzt des Gesundheitsamtes oder einem anderen Arzt der öffentlichen Verwaltung
- oder von einem Arbeits- oder Betriebsmediziner

erstellt werden.

Für bestimmte Fälle (die die weitaus größte Zahl der schwierigeren verkehrsmedizinischen Probleme umfassen) besteht ein Begutachtungsmonopol der Begutachtungsstellen für Fahreignung, die medizinisch-psychologische Gutachten in folgenden Fällen verfassen müssen:

- zur Befreiung vom Mindestalter
- bei Straftaten im Straßenverkehr
- bei Auffälligkeiten während der Fahrerlaubnisprüfung
- bei der Neuerteilung einer Fahrerlaubnis, wenn
  - Anzeichen für Alkoholmissbrauch vorliegen
  - wiederholte Ordnungswidrigkeiten im Straßenverkehr unter Alkoholeinfluss vorkamen
  - ein Fahrzeug in stark alkoholisiertem Zustand (1,6 Promille Blutalkoholkonzentration oder darüber) geführt wurde.

Darüber hinaus gibt es obligatorische Untersuchungen für Fahrer bestimmter Fahrzeugklassen.

Omnibusfahrer müssen nur noch alle fünf Jahre nachuntersucht werden (bisher alle drei Jahre), dasselbe gilt jetzt auch für die Untersuchungspflicht für Lkw-Fahrer.

Für Fahrer von Lkw bis 7,5 Tonnen (Fahrzeuge der Klasse C 1) besteht diese Verpflichtung erst ab dem 50. Lebensjahr.

Diese Basisuntersuchungen können grundsätzlich bei jedem Arzt erfolgen; Omnibusfahrer sowie Neuantragsteller benötigen ab dem 50. Lebensjahr zusätzlich eine psychologische Untersuchung von

- Belastbarkeit
- Orientierungsleistung
- Konzentrationsleistung
- Aufmerksamkeitsleistung und
- Reaktionsfähigkeit.

Nach EG-weiter Übereinkunft werden Kraftfahrzeuge in ein differenziertes Klassensystem eingeteilt. Für Begutachtungszwecke bietet sich analog zu den „Begutachtungsleitlinien" eine Aufteilung in Individualfahrzeuge der alten Führerscheinklassen 1, 3, 4 und 5 und der kleinen Gespannfahrzeuge (Pkw plus Wohnwagen/Anhänger, neue Klasse BE) sowie landwirtschaftliche Fahrzeuge (neue Klasse LT) („Gruppe 1") einerseits und Groß-Lkw über 7,5 Tonnen sowie die Personenbeförderung (Taxi, Bus) („Gruppe 2") andererseits an. Die Detailklassifizierung richtet sich nach der FeV.

Da seit Inkrafttreten der FeV auch von Fachärzten des jeweils einschlägigen Gebietes die **verkehrsmedizinische Qualifikation** verlangt wird, empfiehlt es sich, diese möglichst im Rahmen der Übergangsbestimmungen zu erwerben. Details sind bei der zuständigen Landesärztekammer zu erfahren. Gemeinsame Anforderung in allen Bundesländern ist eine verkehrsmedizinische Tätigkeit vor Inkrafttreten der FeV und die Teilnahme an einem Theorieseminar.

Reifungsdefiziten oder Persönlichkeitsstörungen von Bedeutung sein.

Aus der Neurologie sind motorische Defizite, hirnorganische Erkrankungen, die neuromuskulären Erkrankungen und vor allem die Epilepsien von besonderem verkehrsmedizinischem Interesse. Fachärztliche Stellungnahmen und Gutachten müssen in beiden Gebieten neben dem aktuellen Befund und seinen Auswirkungen auch prognostische Überlegungen beinhalten, da die Krankheitsbilder anders als Körperbehinderungen in der Regel ein dynamisches Geschehen darstellen.

9.2 Untersuchungsverfahren, einzelne Krankheitsbilder

9.2.1 Allgemeines

Während in der somatischen Medizin vor allem Funktionseinschränkungen der Gliedmaßen oder der Sinnesorgane im Hinblick auf die Fähigkeiten zum Führen bestimmter Fahrzeugklassen als Anlass zur Einholung einer ärztlichen Stellungnahme gelten, so ist aus dem psychiatrischen Fachgebiet neben den hirnorganischen Beeinträchtigungen und Abhängigkeitserkrankungen insbesondere die Krankheitsgruppe der affektiven und schizophrenen Psychosen Gegenstand der Begutachtung. Daneben können im Einzelfall auch „Anpassungsmängel" auf dem Boden von

9.2.2 Psychiatrische Krankheitsbilder

- Schizophrene Erkrankungen

Grundsätzlich schließt akutes psychotisches Erleben mit Realitätsbezugsstörungen die Verkehrstüchtigkeit aus. Nach Abklingen einer akuten psychotischen Episode wird allgemein davon ausgegangen, dass Verkehrstüchtigkeit für den Individualverkehr (Fahrzeuge der Gruppe 1) dann wieder vorliegt, wenn Realitätsbezugsstörungen und kognitive Beeinträchtigungen nicht mehr nachweisbar sind.

Die Straßenverkehrsbehörden sollten dies von einer fachpsychiatrischen Untersuchung abhängig machen. Nach Wiedererkrankungen ist vor einer positiven Eignungsbeurteilung in der Regel eine erneute psychiatrische Untersuchung geboten; die Anlage 4 der FeV fordert „regelmäßige Kontrollen".

Die Eignung zum Führen von Kfz der Gruppe 2 ist in aller Regel im Falle einer schizophrenen Erkrankung zu verneinen.

Die Anlage 4 der FeV nennt „besonders günstige Umstände" als Ausnahmegrund. Wenn solche im Einzelfall gesehen werden, bedarf es einer detaillierten Begründung.

Eine Neuroleptika-Therapie an sich ist kein Eignungshindernis für die übrigen Fahrzeugklassen, im Einzelfall ist eine medikamenteninduzierte kognitive Beeinträchtigung durch Reaktionstestverfahren auszuschließen und gegen die stabilisierende Wirkung der Neuroleptika abzuwägen.

Eine (Langzeit-)Therapie mit Neuroleptika kann somit gegebenenfalls sogar notwendige Voraussetzung für die Bejahung der Verkehrstüchtigkeit sein.

- Affektive Psychosen

Schwere melancholische Phasen, die mit wahnhaften Realitätsbezugsstörungen, Stupor und/oder Suizidalität einhergehen, schließen analog zu dem über die Schizophrenie Gesagten eine Verkehrstüchtigkeit aus, dies gilt auch für jedwede manische Phase.

Mehrfache Wiedererkrankungen sowie das Auftreten mehrerer, schnell aufeinander folgender und/oder abrupt entstehender Krankheitsphasen schließen

auch auf Dauer eine Verkehrstüchtigkeit aus, es sei denn, durch eine effektive medikamentöse Prophylaxe kann eine Wiedererkrankung oder eine schwere Symptomatik mit großer Wahrscheinlichkeit ausgeschlossen werden.

Bei Fahrzeugen der Gruppe 2 ist nach Ersterkrankungen eine vollständige Symptomfreiheit zu fordern. Nach mehreren Rezidiven gehen die Begutachtungsrichtlinien davon aus, dass eine Eignung für diese Fahrzeugklassen nicht mehr besteht, während die Anlage 4 der FeV auch hier bei Symptomfreiheit die Eignung bejaht und lediglich für den Fall der rezidivierenden manischen Episoden oder der „sehr schweren" depressiven Episoden eine Eignung verneint.

- Alkoholabhängigkeit

Eine bestehende Alkoholabhängigkeit schließt grundsätzlich die Verkehrstüchtigkeit aus.

Nach erfolgreicher Entwöhnungsbehandlung ist für die Fahreignung für Fahrzeuge der Gruppe 2 in der Regel eine Wartezeit von einem Jahr mit dokumentierter Abstinenz (unregelmäßige Kontrollen, Qualitätssicherung der Labordiagnostik) sowie zusätzlich eine einjährige Bewährung mit einem Fahrzeug der Gruppe 1 zu fordern.

Bei der Labordiagnostik ist die Bestimmung der **Transaminasen** nicht mehr ausreichend, da mittlerweile praktisch jeder Rechtsanwalt eines Führerschein(wieder-)bewerbers deren Unspezifität kennt. Man wird also mit einer zufälligen Begleitmedikation zum Zeitpunkt der Bestimmung argumentieren und so zu Recht den Wert eines Gutachtens infrage stellen.

Standard ist daher zum Zeitpunkt der Drucklegung dieses Buches (Frühjahr 2000) die Bestimmung des **CDT** (Carboanhydrat-defizientes Transferrin)-**Spiegels**. Inwieweit das neue Verfahren der massenspektrometrischen Bestimmung des **Ethylglucuronids** hierbei einen Stellenwert gewinnen wird, ist zurzeit noch offen. Immerhin deuten die ersten Ergebnisse darauf hin, dass damit beispielsweise auch durch Haaruntersuchungen ein über Monate aussagekräftiger und spezifischer Parameter für den Alkoholkonsum zur Verfügung stehen könnte.

Die ärztliche Stellungnahme spielt allerdings nach § 13 FeV nicht mehr unbedingt die entscheidende Rolle, da die Straßenverkehrsbehörden in allen strittigen Fällen, insbesondere hinsichtlich der bedeutsamen Grauzone von Missbrauch und Abhängigkeit, an die „Begutachtungsstellen" verwiesen werden.

- Drogen- und Arzneimittelmissbrauch und -abhängigkeit

Wer Rauschmittel, die dem Betäubungsmittelgesetz unterliegen, konsumiert oder sogar von ihnen abhängig ist, erfüllt nicht die Anforderungen zum Führen von Kraftfahrzeugen beider Gruppen.

Das Gleiche gilt grundsätzlich für den Missbrauch psychotroper Medikamente, die die körperliche oder geistige Leistungsfähigkeit eines Fahrers herabsetzen können.

Bevor eine Fahreignung wieder bejaht werden kann, ist neben einer erfolgreichen Entwöhnungsbehandlung auch eine Abstinenz während des ersten, besonders rückfallgefährdeten Jahres zu fordern.

Hierzu sind mehrere unregelmäßige Untersuchungen und ggf. unangekündigte Kontrollen auf Substanzgebrauch innerhalb des ersten Jahres durchzuführen.

Hierin stimmen Begutachtungsrichtlinien und die Anlage 4 der FeV überein. Die neue Fahrerlaubnisverordnung privilegiert allerdings den Cannabiskonsum gegenüber anderen Missbrauchstatbeständen. Bei „gelegentlicher Einnahme" von Cannabis (§ 14 Abs. 1 Satz 4) *und* weiteren Hinweisen für Eignungsmängel *kann* die Fahrerlaubnisbehörde ein medizinisch-psychologisches Gutachten einholen, muss es aber nicht. Bei alleinigem Cannabiskonsum, so der Umkehrschluss, ist dies nicht möglich. Das Kriterium „gelegentlich" ist schwammig. Damit wird der Straßenverkehrsbehörde ein großer Ermessensspielraum zugestanden. Es ist zu befürchten, dass hier mehr Überlegungen politischer Opportunität als fachliche Gründe die Entscheidungspraxis der jeweiligen kommunalen Verkehrsbehörden prägen werden.

Nichtsdestoweniger bleibt es dem ärztlichen Gutachter, wenn er denn gefragt wird, unbenommen, seine begründeten Zweifel als solche zu artikulieren und somit zumindest Anlass zu Überlegungen in der Behörde zu geben.

- Methadon-Substitution

Auch im Falle ärztlich indizierter und überwachter Substitution Heroinabhängiger ist grundsätzlich von einer nicht hinreichend berechenbaren Anpassungs- und Leistungsfähigkeit auszugehen.

Eine positive Beurteilung der Fahreignung im Einzelfall ist bei Vorliegen folgender Kriterien zu erwägen: Einjährige Substitution, psychosoziale Stabilität, Freiheit vom Beigebrauch anderer Substanzen einschließlich Alkohol, nachgewiesen durch regelmäßige unangekündigte Kontrollen sowie das Fehlen weiterer Anpassungs- und Einstellungsmängel.

- **Persönlichkeitsstörungen** und Einstellungsmängel

Einstellungsmängel, die sich in der Vergangenheit durch gefährliches Verkehrsverhalten, Delikte im Zusammenhang mit dem Straßenverkehr oder Trunkenheitsdelikte ohne Abhängigkeit geäußert haben, können ebenfalls zu Eignungsmängeln führen.
Nach einer Entziehung der Fahrerlaubnis sind in der Regel Bewährungszeiten mit adäquatem Sozialverhalten vor der

Wiederbejahung der Eignung zu fordern.
Dies gilt insbesondere für Fahrer der Gruppe 2.
Auch hier gilt, dass in der Regel jetzt nicht mehr die fachärztliche Stellungnahme, sondern das medizinisch-psychologische Gutachten den Ausschlag geben wird.

9.2.3 *Minderbegabung und Intelligenzmängel sowie Demenzzustände*

Intelligenzmängel an sich führen nur in ausgeprägten Fällen (IQ < 70) zur generellen Verkehrsuntüchtigkeit, ausgeprägte Defizite in einzelnen Bereichen können aber auch bei normaler oder sogar überdurchschnittlicher Begabung die Verkehrstüchtigkeit infrage stellen.
Eine differenzierte Untersuchung des Leistungsvermögens und der Persönlichkeitsstruktur ist bei Personen mit Intelligenzmängeln unverzichtbar.
Die Anlage 4 der FeV sieht eine leichte Intelligenzminderung auch für das Führen von Fahrzeugen der Gruppe 2 nicht als Hindernis und bejaht sogar die „ausnahmsweise" Eignung bei schwerer geistiger Behinderung (!).
Entscheidendes Kriterium soll hier das Vorliegen oder Nichtvorliegen einer Persönlichkeitsstörung (!) sein.
Es bleibt abzuwarten, ob die Straßenverkehrsbehörden hierbei die gebotene Vorsicht walten lassen. Da die Anlage 4

der FeV sicherlich auch bei Rechtsstreitigkeiten als Argument eingesetzt werden wird, bleibt zu hoffen, dass die Rechtsprechung die offenkundige Fehlleistung des Gesetzgebers korrigieren wird.

Untersuchungen haben im Übrigen nachgewiesen, dass die Übereinstimmung zwischen den Ergebnissen der psychologischen Leistungsdiagnostik und dem tatsächlichen Fahrvermögen nur gering ist (HANNEN et al. 1998). Dementsprechend bietet es sich in Zweifelsfällen an, im ärztlichen Gutachten der Straßenverkehrsbehörde zu empfehlen, zusätzlich zur medizinisch-psychologischen Untersuchung eine ausführliche Fahrprobe im Beisein eines Fahrlehrers durchführen zu lassen.

- Demenzielle Erkrankungen

Bei demenziellen Erkrankungen ist in fortgeschrittenen Fällen von einer Verkehrsuntüchtigkeit für alle Fahrzeugklassen auszugehen; der Maßstab bei einem erfahrenen Verkehrsteilnehmer sollte jedoch unter Berücksichtigung der positiven Rolle erworbener Erfahrung und Übung angelegt werden, wodurch z. B. leichtere sensomotorische Abbauerscheinungen kompensiert werden können.

Auch hier gilt die Empfehlung, in Zweifelsfällen neben der psychiatrischen und psychologischen Diagnostik ggf. in regelmäßigen Abständen Fahrproben im Beisein eines Fahrlehrers zu empfehlen.

Tatsächliche Defizite in der Fahrzeugbeherrschung überzeugen im Übrigen auch einen Patienten mehr als eine rein technische Untersuchung, ggf. auf den Führerschein zu verzichten und einen aussichtslosen Rechsstreit nicht weiterzuverfolgen.

9.2.4 Neurologische Erkrankungen

- Epilepsien

In den Begutachtungsrichtlinien 1996 wird bis auf gesondert zu begründende Ausnahmen die Eignung Epilepsiekranker auch für die Fahrzeuge der **Gruppe 1** grundsätzlich verneint, solange ein Risiko von **Anfallsrezidiven** besteht. Ausnahmegründe sind danach

- die Beschränkung der Erkrankung auf einfache fokale Anfälle ohne Auftreten komplex-fokaler Anfälle und Generalisierung, ohne dass während einer mindestens einjährigen Beobachtung eine Ausdehnung der Symptomatik zu erkennen ist
- die Beschränkung auf schlafgebundene Anfälle, gesichert während einer dreijährigen Beobachtungszeit.

Das Rezidivrisiko wird dann als „nicht wesentlich" betrachtet,
- wenn der Anfall, rückblickend über eine Beobachtungszeit von 3 bis 6 Monaten, einmalig war *und* es sich

um einen Gelegenheitsanfall handelte, dessen auslösende Bedingungen, etwa Schlafentzug, Fieber, Stoffwechselstörungen oder Intoxikationen, nachweislich nicht mehr gegeben sind *und* weder morphologische Läsionen in der zerebralen Bildgebung noch Hinweise für eine idiopathische Epilepsie gefunden wurden

- oder wenn unter Behandlung z. B. einer idiopathischen Epilepsie eine zweijährige Anfallsfreiheit besteht. Im EEG sind dabei epilepsietypische Muster tolerabel, solange es sich nicht um ausgeprägte SW-Aktivität handelt oder generalisierte SW-Komplexe und fokale Sharp Waves als Zeichen einer Progredienz im Verlauf zunehmen
- wenn ein epilepsiechirurgisch nach chirurgischen Kriterien erfolgreich Operierter ein Jahr postoperativ anfallsfrei war
- oder wenn nur im Zusammenhang mit Hirnoperationen oder -verletzungen kurzzeitig Anfälle auftraten und eine halbjährige Anfallsfreiheit besteht.

Obligatorisch ist bei allen medikamentös antiepileptisch eingestellten Patienten die **Freiheit von Intoxikationszeichen und belangvollen zentralnervösen Nebenwirkungen**, z. B. von Verlangsamung oder Ermüdung. **Kontrolluntersuchungen** nach der (Wieder-)Erlangung der Fahrerlaubnis sind nach 1, 2 und 4 Jahren erforderlich. Das Führen von **Fahrzeugen der**

Gruppe 2 ist im Allgemeinen gemäß den Begutachtungsrichtlinien nach mehreren Anfällen nicht möglich, als Ausnahme gilt nur eine fünfjährige dokumentierte Anfallsfreiheit **ohne antiepileptische Medikation**.

Die Anlage 4 zur FeV differenziert nicht so weitgehend, übernimmt aber im Wesentlichen die Wertungen der Begutachtungsrichtlinien.

- Neuromuskuläre Erkrankungen

Von den neuromuskulären Erkrankungen werden in den Begutachtungsrichtlinien namentlich

- progredienter neurogener oder myopathischer Muskelschwund
- myotonische Syndrome
- periodische paroxysmale Lähmungen
- und die schwere Polyneuropathie

aufgeführt.

Grundsätzlich ist die Eignung zum Führen von Fahrzeugen der Gruppe 2 hierbei zu verneinen. Die Befürwortung der Eignung für die Gruppe 1 bedarf einer gesonderten neurologischen Untersuchung und Stellungnahme.

In der Regel sind bei progredienten Krankheitsbildern Nachuntersuchungen erforderlich.

- Spinale Erkrankungen und Verletzungsfolgen

Die Beurteilung der Fahreignung bei Rückenmarkserkrankungen und -schäden richtet sich nach dem individuellen Störungs- bzw. Defizitbild und den (auch technischen) Hilfs- und Kompensationsmöglichkeiten.

Eine umfangreiche Auflistung dieser Möglichkeiten findet sich im Anhang B der Begutachtungsrichtlinien unter der Überschrift „Sicherheitsmaßnahmen bei körperbehinderten Kraftfahrern"; ergänzend sei auch auf die regelmäßig aktualisierten TÜV-Merkblätter verwiesen.

In allen Fällen sollte eine intensive Fahrprobe im umgerüsteten Fahrzeug durch einen amtlich anerkannten Sachverständigen oder Prüfer für den Kraftfahrzeugverkehr erfolgen.

- Extrapyramidale und zerebelläre Syndrome

Übereinstimmend verneinen die Begutachtungsrichtlinien und die Anlage 4 der FeV die Eignung für Fahrzeuge der Gruppe 2.

Fahrzeuge der Gruppe 1 können dann geführt werden, wenn das Leistungsvermögen ausreicht und die Behandlung etwa bei einer Parkinsonschen Erkrankung effektiv ist.

Hindernd können eine starke tageszeitliche Schwankung, belangvolle unwillkürliche Bewegungsimpulse sowie On-/Off-Phänomene sein.

Grundsätzlich werden Nachuntersuchungen nach 1, 2 und 4 Jahren verlangt. In der fachärztlichen Stellungnahme sollte aber festgehalten werden, dass eine lebenslange Überwachung unverzichtbar ist, sieht man von den seltenen frühkindlich erworbenen und statischen Schädigungssyndromen ab.

- Kreislaufabhängige Störungen der Hirntätigkeit

Übereinstimmend verneinen auch hier die Begutachtungsrichtlinien und die Anlage 4 der FeV die Eignung für Fahrzeuge der Gruppe 2.

Auch das Führen von Fahrzeugen der Gruppe 1 ist immer dann nicht möglich, wenn die Erkrankung symptomatisch ist oder ein relevantes Rezidivrisiko besteht (wiederkehrende TIA!).

Eine günstige Beurteilung kann aber etwa bei einem abgelaufenen Schlaganfall mit einem geringen oder mit technischen Hilfen ausgleichbaren Defizit erfolgen (s. hierzu die Erläuterungen bei den spinalen Schädigungen); Voraussetzung ist, dass das vorliegende Grundleiden beseitigt ist (Rhythmisierung eines Patienten, der einen Schlaganfall aufgrund einer Embolie erlitten hat, Operation einer symptomatischen Stenose, PM-Implantation) oder Risikofaktoren ausgeschaltet sind (Blutdruckeinstellung).

Eine enge Abstimmung mit dem behandelnden Internisten ist anzuraten.

9.3 Sonderprobleme

9.3.1 Verfahren und Begutachtungsfrage

In der Regel ist nach § 11 Abs. 6 Satz 5 der Führerscheinbewerber auch der Auftraggeber (und Kostenträger) von Stellungnahmen und Begutachtungen, d.h., die Weitergabe des Gutachtens an die Straßenverkehrsbehörde ist nur mit ausdrücklichem, zweckmäßigerweise schriftlichem Einverständnis des Untersuchten zulässig.

Als Auftraggeber hat er grundsätzlich Anspruch auf Mitteilung des Beurteilungsergebnisses. Ausnahmen sind allenfalls in Extremsituationen vorstellbar, beispielsweise bei zu befürchtender akuter Suizidgefahr nach Bekanntgabe des Ergebnisses. Der Untersuchte kann auch grundsätzlich die Weitergabe verweigern, z. B. bei einem für ihn ungünstigen Ergebnis.

Dies gilt, obwohl die Straßenverkehrsbehörde ihrerseits grundsätzlich gehalten ist, dem ihr vom Auftraggeber genannten Gutachter die vollständigen Unterlagen zur Verfügung zu stellen.

Die Formulierungen bei Auftragsgutachten in o.g. Sinne sollten sich streng an der jeweiligen Fragestellung orientieren, im Zweifelsfalle ist eine funktionelle Beurteilung im Sinne der Frage: „Kann der Untersuchte trotz der festgestellten Gesundheitsstörung oder Krankheit ein Fahrzeug der Klasse ... sicher führen?" (mögliches Ergebnis: ja, nein, mit (zu benennenden) Einschränkungen/ Auflagen) abzugeben.

9.3.2 Aufklärungs- und Handlungspflichten, Datenschutz

Befindet sich der Arzt dem Patienten gegenüber in der Rolle des Behandelnden und nicht als Gutachter, ergeben sich immer dann, wenn ein Krankheitsbild besteht, welches Zweifel an der Verkehrstüchtigkeit begründet, umfassende Handlungspflichten.

Macht das Krankheitsbild eine Verkehrsuntüchtigkeit wahrscheinlich, ist der Patient hierüber aufzuklären. Insbesondere bei Zweifeln an der Kooperation empfiehlt sich eine schriftliche Dokumentation.

Wird der Arzt seiner Aufklärungs- und Beratungspflicht nicht gerecht, kann er nach §§ 222, 230 StGB für einen vom Patienten erlittenen oder verursachten Unfall verantwortlich gemacht werden.

Im Regelfall wird bei einem fahruntüchtigen Patienten ein freiwilliger Verzicht auf das Führen von Kraftfahrzeugen zu erreichen sein.

Ist allerdings keine Einsicht gegeben, kann zur Abwendung schwerwiegender Gefahren im Einzelfall auch eine Meldung an die Straßenverkehrsbehörde erforderlich sein. Diesem Schritt, der nur die Ultima Ratio sein kann, sollte eine Ankündigung darüber vorausgehen; ggf. ist dann doch noch ein freiwilliges Arrangement zu erreichen.

Der Bruch der Schweigepflicht (s. Kap. 2.2.4) ist jedoch nur nach einer sorgsam getroffenen und dokumentierten Abwägung in Betracht zu ziehen.

Eine Verpflichtung zum Bruch der Schweigepflicht ist in solchen Fällen jedoch nicht gegeben, andererseits ist bei irrtümlicher Annahme einer Notstandslage eine Strafbarkeit ausgeschlossen.

Bei der Verordnung von Medikamenten, die die Fähigkeit zum Führen von Kraftfahrzeugen beeinträchtigen können, besteht ebenfalls eine Pflicht zur umfassenden Aufklärung.

Ein alleiniger Verweis auf die Gebrauchsinformationen des Beipackzettels im Hinblick auf Medikamentennebenwirkungen genügt diesen Anforderungen nicht.

Literatur:

BUNDESANSTALT FÜR STRASSENWESEN (Hrsg.). Begutachtungsleitlinien zur Kraftfahrereignung. Berichte der Bundesanstalt für Straßenwesen. Mensch und Sicherheit, Heft M115, Wirtschaftsverlag NW: Bremerhaven 2000.

FRIEDEL B, LAPPE E. Fahreignung psychisch kranker Patienten. In: VENZLAFF U, FOERSTER K (Hrsg.). Psychiatrische Begutachtung. Ein praktisches Handbuch für Ärzte und Juristen. 3. Aufl. Urban und Fischer: München, Jena 2000.

HANNEN P, HARTJE W, SKRECZEK W. Beurteilung der Fahreignung nach Hirnschädigung. Neuropsychologische Diagnostik und Fahrprobe. Nervenarzt 69 (1998):864-872.

10. Sonstige rechtsrelevante Problemfelder

10.1 Eherecht

Nicht selten wird der Psychiater vor Eheschließungen und bei ehelichen Auseinandersetzungen um Rat gefragt. **Rechtsgrundlage** ist das **Ehegesetz (EheG)**. Er sollte wissen, welche rechtlichen Bestimmungen in diesem Zusammenhang bestehen und welche Fakten er in seiner Beratung zu berücksichtigen hat. In Rechtsfragen ist das Vormundschaftsgericht zuständig.

Ehemündigkeit besteht bei Volljährigen. Von der Erfordernis der Ehemündigkeit kann das Vormundschaftsgericht aber auf Antrag befreien, wenn der Antragsteller das 16. Lebensjahr vollendet hat, der Partner volljährig ist, die für eine Ehe erforderliche geistige und sittliche Reife besitzt und der gesetzliche Vertreter einwilligt (§ 1 EheG). Wer geschäftsunfähig (§ 104(2) BGB) ist, kann keine Ehe eingehen (§ 2 EheG). Ein Standesbeamter muss bei Verdacht auf Geschäftsunfähigkeit ermitteln und kann ein ärztliches Zeugnis verlangen.

Wenn einer oder beide Verlobte **unter Betreuung** (s. Kap. 4) stehen, schließt das nicht aus, dass sie eine Ehe eingehen. Selbst ein **Einwilligungsvorbehalt** (s. Kap. 4.4) sagt nichts über die Ehegeschäftsfähigkeit aus. Dieser darf sich nicht auf die Eingehung einer Ehe erstrecken (§ 1903 (2) BGB).

Auch der allgemein als geschäftsunfähig angesehene Verlobte kann, wenn er die besondere **Ehegeschäftsfähigkeit** besitzt, heiraten. Ggf. ist die Ehegeschäftsfähigkeit durch ein **psychiatrisches Gutachten** zu klären.

Maßgebend für eine Ehegeschäftsfähigkeit ist nach mancher Auffassung die Fähigkeit zur personalen Zuwendung zum Verlobten, weniger die Fähigkeit, die Bedeutung und Tragweite der Eheschließung zu erfassen und danach auf Dauer zu handeln. Die auf den Bereich der Ehe beschränkte partielle Geschäftsfähigkeit sollte aber nur demjenigen zuerkannt werden, dem auch die mit der Eheschließung verbundenen Folgen (Unterhaltspflichten und das gesetzliche Erbrecht) verständlich gemacht werden können.

Eine Ehe ist nichtig, wenn bei deren Schließung einem oder beiden Ehegatten die **allgemeine Geschäftsfähigkeit und insbesondere die Ehegeschäftsfähigkeit** fehlte oder wenn sich jemand dabei im Zustand der Bewusstlosigkeit oder vorübergehenden Störung der Geistestätigkeit befand (§ 18 (1) EheG).

Aufhebungsgrund für eine Ehe war früher häufig der „Irrtum über persönliche Eigenschaften des anderen Ehegatten" (§ 32 EheG), die ihn bei Kenntnis der Sachlage und bei verständiger Würdigung der Ehe von der Eingehung der Ehe abgehalten haben würden.

Aufhebungsgründe (nach der bisherigen Rechtsprechung):

z. B. unheilbare geistige Erkrankungen, soweit der krankhafte Zustand mit dem Wesen der Ehe nicht vereinbar ist, Schizophrenien, manisch-depressive Psychosen u.a.

Die **Beweislast** für das Vorliegen einer Geisteskrankheit trägt der Aufhebungskläger.

Im Rahmen einer **Ehescheidung** nach dem seit dem 1.7.1977 geltenden Zerrüttungsprinzip spielt die Stellungnahme eines Psychiaters nur noch bei der Frage eine Rolle, ob im Sinne der eheerhaltenden Härteklausel des § 1568 BGB eine Ehe nicht geschieden werden kann, weil die Aufrechterhaltung der Ehe im Interesse der Kinder aus besonderen Gründen ausnahmsweise notwendig ist oder wenn und solange die Scheidung für den Antragsgegner, der die Scheidung ablehnt, aufgrund außergewöhnlicher Umstände eine so schwere Härte darstellen würde, dass die Aufrechterhaltung der Ehe auch unter Berücksichtigung des Antragstellers ausnahmsweise geboten erscheint.

Keine Ablehnungsgründe für das

Scheidungsbegehren sind nach der bisherigen Rechtsprechung z. B. geistige Erkrankungen mit dauernder Hilfsbedürftigkeit, psychisch steuerbare Depressionen und Suizidgefährdung, wenn ihr in zumutbarer Weise durch Psychotherapie begegnet werden kann.

Im Rahmen der **Auseinandersetzungen der geschiedenen Ehepartner („Scheidungsfolgesachen")** kann der Psychiater mit folgenden Fragen konfrontiert werden:

- Fragen der **Erziehungseignung** eines oder beider Elternteile wegen der Übertragung des Sorgerechtes für die Kinder,
- Fragen zum **Ausschluss des persönlichen Umganges** des nicht sorgeberechtigten Elternteils mit den Kindern,
- Fragen zur Regelung der **nachehelichen Unterhaltspflicht**, die durch eine Krankheit des anderen Ehegatten ausgelöst werden kann; hier spielt das Problem der „Unterhaltsneurose" eine differenzialdiagnostisch wichtige Rolle,
- Fragen zur **Verkraftbarkeit des Verlustes der bisherigen Unterkunft**, wenn ein Ehegatte aus der Ehewohnung ausziehen muss.

Literatur:

DIEDERICHSEN U, DRÖGE M. Zivilrecht. Juristische Voraussetzungen. Kapitel Eherecht.

In: VENZLAFF U, FOERSTER K (Hrsg.). Psychiatrische Begutachtung. Ein praktisches Handbuch für Ärzte und Juristen. 3. Aufl. Urban und Fischer: München, Jena 2000.

10.2 Schwangerschaftsabbruch aus psychiatrischer Indikation

Die juristische Regelung eines Schwangerschaftsabbruches ist offen, nachdem die Neufassung des § 218 StGB im Jahre 1993 durch Urteil des Bundesverfassungsgerichtes (BVG) außer Kraft gesetzt worden ist. Welche endgültigen Regelungen es in Zukunft geben wird, ist heute noch unklar.
Nach den zurzeit geltenden Regelungen ist der Abbruch einer Schwangerschaft grundsätzlich rechtswidrig, jedoch unter bestimmten Bedingungen straffrei.
Ein Schwangerschaftsabbruch durch einen Arzt ist lediglich dann nicht rechtswidrig (§ 218 a (1) StGB), wenn eine der zwei folgenden Indikationen festgestellt wird:

- Eugenische Indikation (bis Ende der 22. Woche nach Konzeption) entsprechend § 218 a (3) StGB. Sie ist dann gegeben, wenn nach ärztlicher Erkenntnis dringende Gründe dafür sprechen, dass das Kind infolge einer Erbanlage oder schädlicher Einflüsse an einer nicht behebbaren Schädigung seines Gesundheitszustandes leiden würde, die so schwer wiegt, dass von der Schwangeren die Fortsetzung der Schwangerschaft nicht verlangt werden kann.

- Medizinische Indikation (zeitlich unbegrenzt) entsprechend § 218 a (2) StGB. Diese liegt dann vor, wenn
  • die Schwangere einwilligt,
  • der Abbruch der Schwangerschaft unter Berücksichtigung der gegenwärtigen und zukünftigen Lebensverhältnisse der Schwangeren nach ärztlicher Erkenntnis angezeigt ist, um eine Gefahr für das Leben und die Gefahr einer schwerwiegenden Beeinträchtigung des körperlichen und seelischen Gesundheitszustandes der Schwangeren abzuwenden,
  • die Gefahr nicht auf eine andere, für die Betroffene zumutbare Weise abgewendet werden kann.

Im Rahmen dieser medizinischen Indikationen ist die Indikation aus psychiatrischen Gründen zu interpretieren.
Mögliche psychiatrische Indikationen können sein:
  • längerfristige depressive Reaktionen und psychoreaktive Entwicklungen,
  • Psychosen aus dem schizophrenen oder manisch-depressiven Formenkreis,
  • Suchterkrankungen,
  • die Versorgung eines bereits behinderten Kindes am Rande der Leis-

tungsfähigkeit, mit dem Risiko, durch ein weiteres behindertes Kind seelisch zu dekompensieren.

Die frühere „Notfallindikation" gibt es nach dem Gesetz nicht mehr.

Auch die „kriminologische Indikation" ist im Schwangeren- und Familienhilfegesetz nicht mehr ausdrücklich aufgeführt. Das Bundesverfassungsgericht hat festgestellt, dass ein Abbruch dann jedoch gerechtfertigt ist, wenn der zuständige Amtsarzt oder ein Vertrauensarzt der gesetzlichen Krankenkasse bescheinigt hat, dass nach seiner Erkenntnis eine rechtswidrige Tat nach den §§ 175-179 StGB (Vergewaltigung, sexuelle Nötigung u.Ä.) begangen worden ist und dringende Gründe für die Annahme sprechen, dass die Schwangerschaft auf dieser Tat beruht.

Bis zwölf Wochen nach Konzeption ist der Abbruch einer Schwangerschaft ohne Indikation aus kriminologischen Gründen nicht strafbar, wenn die Schwangere sich bis drei Tage vor dem Eingriff von einer anerkannten Beratungsstelle beraten lässt und dieses bescheinigt wird.

Literatur:

MENDE W. Schwangerschaftsabbruch aus psychiatrischer Indikation. In: VENZLAFF U (Hrsg.). Psychiatrische Begutachtung. Fischer: Stuttgart-New York 1986.

METZGER R, PFEIFFER R. Interruptio - Indikation: Psychische Folgen und Beratungsge-spräch. In: FAUST V (Hrsg.). Psychiatrie. Ein Lehrbuch für Klinik, Praxis und Beratung. Urban und Fischer: München, Jena 1995.

10.3 Transsexuellengesetz (TSG)

Rechtsgrundlage: Gesetz über die Änderung der Vornamen und Feststellung der Geschlechtszugehörigkeit in besonderen Fällen. Im Streitfall ist das Amtsgericht zuständig.

„Mit dem Wort **„transsexuell"** wird ein Erleben gekennzeichnet, bei dem Geschlechtsidentität und Selbsterleben mit der körperlichen Ausstattung kontrastieren. Das Wesentliche daran ist die weitgehende bis vollständige Identifikation mit dem anderen Geschlecht" (PFÄFFLIN 2000).

Seit dem 10.9.1980 gilt das so genannte Transsexuellengesetz (s. Anhang, Kap. 13.17, S. 205).

Im TSG sind die Voraussetzungen und das Vorgehen für **Vornamensänderung** („kleine Lösung", §§ 1 ff. TSG) und **Personenstandsänderung** („große Lösung", §§ 8 ff. TSG) niedergelegt.

Zur **Diagnostik** dieser zwar insgesamt seltenen, aber manchmal höchst augenfälligen Störung ist auf die Fachliteratur (PFÄFFLIN und JUNGE 1992) zu verweisen.

Praktisches Vorgehen bei einem Begehren i.S. des TSG:

Nach **formlosem Antrag** entscheidet das Amtsgericht nach persönlicher

Anhörung des Antragstellers und nach Einholung von zwei unabhängigen Gutachten.

Die **Gutachten** müssen nach § 4 (3) TSG von Sachverständigen erstattet werden, „die aufgrund ihrer Ausbildung und ihrer beruflichen Erfahrung mit den besonderen Problemen des Transsexualismus ausreichend vertraut sind".

Auskünfte, wo derartige Gutachten erstattet werden, sind am ehesten von den Amtsgerichten oder von psychiatrischen Universitätskliniken zu erhalten.

Die **Indikationen** für hormonelle und chirurgische Behandlungsverfahren liegen im Ermessen des behandelnden Arztes. Es gibt bisher keine gesetzlich geregelten Verfahren.

Praktisch ist es heute so, dass die gesetzlichen Krankenkassen ein oder zwei voneinander unabhängige Fachgutachten verlangen, bevor sie über die Kostenübernahme für eine **„geschlechtsumwandelnde" Operation** entscheiden.

Literatur:

PFÄFFLIN F. Die Begutachtung der Transsexualität. In: VENZLAFF U, FOERSTER K (Hrsg.). Psychiatrische Begutachtung. Ein praktisches Handbuch für Ärzte und Juristen. 3. Aufl. Urban und Fischer: München, Jena 2000.

PFÄFFLIN F, JUNGE A (Hrsg.). Geschlechtsumwandlung. Abhandlungen zur Transsexualität. Schattauer: Stuttgart, New York 1992.

10.4 Substitutionsbehandlung Abhängiger

10.4.1 Methadonsubstitution

Nach langer Diskussion ist nunmehr auch die Substitution Opiatabhängiger mit Ersatzstoffen durch die **Betäubungsmittel-Verschreibungsverordnung BtM-VV** auf eine gesicherte rechtliche und mit der Aufnahme in die „Richtlinien über die Einführung neuer Untersuchungs- und Behandlungsmethoden und über die Überprüfung erbrachter vertragsärztlicher Leistungen" **(NUB-Richtlinie)** auch auf eine gesicherte wirtschaftliche Basis gestellt worden.

Die BtM-VV legt die Verschreibung des Opiates Methadon fest.

Die Frage der Kostenübernahme ist davon unberührt, die BtM-VV legalisiert lediglich das Handeln des verschreibenden Arztes. Sie macht die Zulässigkeit unter anderem von einer „psychosozialen Betreuung" abhängig.

In der Anfangsphase der Substitution mussten viele Substituierte selbst für die Kosten der Behandlung aufkommen, weil die Kostenübernahme durch die gesetzliche Krankenversicherung an die damals wesentlich restriktiveren NUB-Richtlinien gebunden und damit für die meisten Patienten nicht erreichbar war. Mittlerweile hat sich die Formulierung der NUB-Richtlinien der der BtM-VV angenähert.

Die Verordnung von Methadon ist zwar

weiterhin ausschließlich bei bestimmten Indikationen und richtlinienkonform zulässig. Dadurch, dass außerhalb der klassischen Indikationen (Schwangerschaft, HIV-Infektion, konsumierende Erkrankungen, Überbrückung bis zu einer Abstinenzbehandlung) aber gemäß § 3 a (1) Ziffer 2 a auch dann eine Substitution zulässig ist, wenn „Aussichten bestehen, dass durch eine Behandlung eine Stabilisierung und Besserung des Gesundheitszustandes... erreicht werden kann", also eine „weiche" Indikationsstellung ausreicht, erlaubt die neue NUB-Richtlinie die Einbeziehung praktisch aller kooperativen Substitutionswilligen.

Die NUB-Richtlinie verlangt zwar ein umfassendes Behandlungskonzept einschließlich psychiatrischer und/oder psychotherapeutischer Hilfen für eventuelle Begleiterkrankungen, schließt aber die Kostenübernahme für die oben erwähnte, in der BtM-VV vorgesehene „psychosoziale Begleitung" aus.

Diese absurde formale Situation erfordert eine auf jeden Einzelfall abgestimmte fantasievolle „Differenzialbegründung" für die Notwendigkeit psychosozialer und psychiatrisch-psychotherapeutischer Hilfen, um dem Substituierten ggf. die Kostenübernahme für die BtM-VV-obligaten Maßnahmen zu ermöglichen.

10.4.2 Substitution mit anderen Substanzen als Methadon

Das Bayerische Landessozialgericht (L 12 KA 102/97, 11.11.1998) hat festgestellt, dass neben der Methadonsubstitution andere Substitutionsverfahren, etwa mit Codeinderivaten oder Benzodiazepinen, vom Leistungsumfang der gesetzlichen Krankenversicherung ausgenommen sind. Dies ist sicherlich angesichts der vielfach chaotischen Verordnungs- und Missbrauchspraxis grundsätzlich zu begrüßen.

Dies darf aber sinnvollen Innovationen nicht im Wege stehen.

Da aufgrund der erheblichen Probleme des Methadons viele Gründe etwa für die Einführung von Buprenorphin als Substitutionsmittel sprechen, ist zu erwarten, dass sich hier Änderungen ergeben werden. Bei Redaktionsschluss dieser Auflage war die Buprenorphin-Frage allerdings noch in der Diskussion.

Es empfiehlt sich, die regelmäßigen Veröffentlichungen im Deutschen Ärzteblatt zu verfolgen.

Literatur:

Betäubungsmittel-Gesetz (BtmG) und Betäubungsmittel-Verschreibungsverordnung (BtM-VV) in der jeweils aktuellen Fassung.

BÜHRINGER G, GASTPAR M, HEINZ W, KOVAR KA, LADEWIG D, NABER D, TÄSCHNER KL, UCHTENHAGEN A, WANKE K. Methadon-Standards. Enke: Stuttgart 1995.

Richtlinien über die Einführung neuer Untersuchungs- und Behandlungsmethoden und über die Überprüfung erbrachter vertragsärztlicher Leistungen (NUB-Richtlinien). Hier: Richtlinien zur substitutionsgestützten Behandlung Opiatabhängiger.

Beschluss des Bundesausschusses Ärzte und Krankenkassen vom 26.4.1999
Deutsches Ärzteblatt 95, Heft 25 (25.6.1999), S. A 1733 ff.

10.5 Klinische Forschung mit psychisch Kranken

Nach Artikel 5 Abs. 3 des Grundgesetzes der Bundesrepublik Deutschland ist die Freiheit der Forschung gegenüber staatlicher Gängelung garantiert. Der Staat hat auch im Bereich des mit öffentlichen Mitteln eingerichteten und erhaltenen Wissenschaftsbetriebes durch geeignete organisatorische Maßnahmen dafür zu sorgen, dass das Grundrecht der freien wissenschaftlichen Betätigung unangetastet bleibt.

Der Freiheit der Forschung stehen jedoch ethische Standards gegenüber, die im Rahmen ärztlicher Forschung am Menschen absolut eingehalten werden müssen. Darüber wachen heute Ethikkommissionen.

Nach der Berufsordnung der deutschen Ärzte ist jeder patientenbezogen forschende Arzt verpflichtet, sich von einer Ethikkommission (Anschriften sind bei jeder Ärztekammer zu erfragen, die Satzung der Ethikkommission der Ärztekammer Westfalen-Lippe ist in wesentli-

chen Auszügen im Anhang, Kap. 13.22, S. 246 nachzulesen) beraten zu lassen. Diese Beratung folgt den Richtlinien zur klinischen Forschung, die der Weltärztebund in seiner Deklaration von Helsinki (1964) an die Belange moderner Forschung, angepasst in Hongkong (1989), niedergelegt hat.

Deklaration von Helsinki des Weltärztebundes

Empfehlungen für Ärzte, die in der biomedizinischen Forschung am Menschen tätig sind,
- angenommen durch die 18. Generalversammlung in Helsinki, Finnland, im Juni 1964 und ergänzt durch die 29. Generalversammlung in Tokio, Japan, im Oktober 1975
- durch die 35. Generalversammlung in Venedig, Italien, im Oktober 1983
- und durch die 41. Generalversammlung in Hongkong im September 1989

Vorwort

Aufgabe des Arztes ist die Erhaltung der Gesundheit des Menschen. Der Erfüllung dieser Aufgabe dient er mit seinem Wissen und Gewissen.

Die Genfer Deklaration des Weltärztebundes verpflichtet den Arzt mit den Worten: „Die Gesundheit meines Patienten soll mein vornehmstes Anliegen sein" und der internationale Kodex für ärztliche Ethik legt fest: „Jegliche Handlung oder Beratung, die geeignet erscheinen, die physische und psychische Widerstandskraft eines Menschen zu schwächen, dürfen nur in seinem Interesse zur Anwendung gelangen".

Ziel der biomedizinischen Forschung am Menschen muss es sein, diagnostische, therapeutische und prophylaktische Verfahren sowie das Verständnis für die Ätiologie und Pathogenese der Krankheit zu verbessern.

In der medizinischen Praxis sind diagnostische, therapeutische oder prophylaktische Verfahren mit Risiken verbunden; dies gilt umso mehr für die biomedizinische Forschung am Menschen. Medizinischer Fortschritt beruht auf Forschung, die sich letztlich auch auf Versuche am Menschen stützen muss.

Bei der biomedizinischen Forschung am Menschen muss grundsätzlich unterschieden werden zwischen Versuchen, die im Wesentlichen im Interesse des Patienten liegen, und solchen, die mit rein wissenschaftlichem Ziel ohne unmittelbaren diagnostischen oder therapeutischen Wert für die Versuchsperson sind.

Besondere Vorsicht muss bei der Durchführung von Versuchen walten, die die Umwelt in Mitleidenschaft ziehen könnten. Auf das Wohl der Versuchstiere muss Rücksicht genommen werden.

Da es notwendig ist, die Ergebnisse von Laborversuchen auch auf den Menschen anzuwenden, um die wissenschaftliche Kenntnis zu fördern und der leidenden Menschheit zu helfen, hat der Weltärztebund die folgende Empfehlung als eine Leitlinie für jeden Arzt erarbeitet, der in der biomedizinischen Forschung am Menschen tätig ist. Sie sollte in der Zukunft überprüft werden. Es muss betont werden, dass diese Empfehlung nur als Leitlinie für die Ärzte auf der ganzen Welt gedacht ist; kein Arzt ist von der straf-, zivil- und berufsrechtlichen Verantwortung nach den Gesetzen seines Landes befreit.

I. Allgemeine Grundsätze

1. Biomedizinische Forschung am Menschen muss den allgemein anerkannten wissenschaftlichen Grundsätzen entsprechen; sie sollte auf ausreichenden Laboratoriums- und Tierversuchen sowie einer umfassenden Kenntnis der wissenschaftlichen Literatur aufbauen.

2. Die Planung und Durchführung eines jeden Versuches am Menschen sollte eindeutig in einem Versuchsprotokoll niedergelegt werden; dieses sollte einem besonders berufenen, von Prüfer und Auftraggeber unabhängigen Ausschuss zur Beratung, Stellungnahme und Orientierung zugeleitet werden. Voraussetzung ist, dass dieser unabhängige Ausschuss im Einklang mit den Gesetzen und Bestimmungen des Landes steht, in dem der Forschungsversuch durchgeführt wird.

3. Biomedizinische Forschung am Menschen sollte nur von wissenschaftlich qualifizierten Personen und unter Aufsicht eines klinisch er-

fahrenen Arztes durchgeführt werden. Die Verantwortung für die Versuchsperson trägt stets ein Arzt und nie die Versuchsperson selbst, auch dann nicht, wenn sie ihr Einverständnis gegeben hat.

4. Biomedizinische Forschung am Menschen ist nur zulässig, wenn die Bedeutung des Versuchsziels in einem angemessenen Verhältnis zum Risiko für die Versuchsperson steht.

5. Jedem biomedizinischen Forschungsvorhaben am Menschen sollte eine sorgfältige Abschätzung der voraussehbaren Risiken im Vergleich zu dem voraussichtlichen Nutzen für die Versuchsperson oder andere vorausgehen. Die Sorge um die Belange der Versuchsperson muss stets ausschlaggebend sein im Vergleich zu den Interessen der Wissenschaft und der Gesellschaft.

6. Das Recht der Versuchsperson auf Wahrung ihrer Unversehrtheit muss stets geachtet werden. Es sollte alles getan werden, um die Privatsphäre der Versuchsperson zu wahren; die Wirkung auf die körperliche und geistige Unversehrtheit sowie die Persönlichkeit der Versuchsperson sollte so gering wie möglich gehalten werden.

7. Der Arzt sollte es unterlassen, bei Versuchen am Menschen tätig zu werden, wenn er nicht überzeugt ist, dass das mit dem Versuch verbundene Wagnis für vorhersagbar gehalten wird. Der Arzt sollte jeden Versuch abbrechen, sobald sich herausstellt, dass das Wagnis den möglichen Nutzen übersteigt.

8. Der Arzt ist bei der Veröffentlichung der Versuchsergebnisse verpflichtet, die Befunde genau wiederzugeben. Berichte über Versuche, die nicht in Übereinstimmung mit den in dieser Deklaration niedergelegten Grundsätzen durchgeführt werden, sollten nicht zur Veröffentlichung angenommen werden.

9. Bei jedem Versuch am Menschen muss jede Versuchsperson ausreichend über Absicht, Durchführung, erwarteten Nutzen und Risiken des Versuches sowie über möglicherweise damit verbundene Störungen des Wohlbefindens unterrichtet werden. Die Versuchsperson sollte darauf hingewiesen werden, dass es ihr freisteht, die Teilnahme am Versuch zu verweigern, und dass sie jederzeit eine einmal gegebene Zustimmung widerrufen kann. Nach dieser Aufklärung sollte der Arzt die freiwillige Zustimmung der Versuchsperson einholen; die Erklärung sollte vorzugsweise schriftlich abgegeben werden.

10. Ist die Versuchsperson vom Arzt abhängig oder erfolgte die Zustimmung zu einem Versuch möglicherweise unter Druck, so soll der Arzt beim Einholen der Einwilligung nach Aufklärung besondere Vorsicht walten lassen. In einem solchen Fall sollte die Einwilligung durch einen Arzt

eingeholt werden, der mit dem Versuch nicht befasst ist und der außerhalb eines etwaigen Abhängigkeitsverhältnisses steht.

11. Ist die Versuchsperson nicht voll geschäftsfähig, sollte die Einwilligung nach Aufklärung vom gesetzlichen Vertreter entsprechend nationalem Recht eingeholt werden. Die Einwilligung des mit der Verantwortung betrauten Verwandten* ersetzt die der Versuchsperson, wenn diese infolge körperlicher oder geistiger Behinderung nicht wirksam zustimmen kann oder minderjährig ist.

    Wenn das minderjährige Kind fähig ist, seine Zustimmung zu erteilen, so muss neben der Zustimmung des Personensorgeberechtigten auch die Zustimmung des Minderjährigen eingeholt werden.

    (* Danach ist nach deutschem Recht der Personensorgeberechtigte zu verstehen.)

12. Das Versuchsprotokoll sollte stets die ethischen Überlegungen im Zusammenhang mit der Durchführung des Versuchs darlegen und aufzeigen, dass die Grundsätze dieser Deklaration eingehalten sind.

II. Medizinische Forschung in Verbindung mit ärztlicher Versorgung (Klinische Versuche)

1. Bei der Behandlung eines Kranken muss der Arzt die Freiheit haben, neue diagnostische und therapeutische Maßnahmen anzuwenden, wenn sie nach seinem Urteil die Hoffnung bieten, das Leben des Patienten zu retten, seine Gesundheit wiederherzustellen oder seine Leiden zu lindern.

2. Die mit der Anwendung eines neuen Verfahrens verbundenen möglichen Vorteile, Risiken und Störungen des Befindens sollten gegen die Vorzüge der bisher bestehenden diagnostischen und therapeutischen Methoden abgewogen werden.

3. Bei jedem medizinischen Versuch sollten alle Patienten – einschließlich derer einer eventuell vorhandenen Kontrollgruppe – die besterprobte diagnostische und therapeutische Behandlung erhalten.

4. Die Weigerung eines Patienten, an einem Versuch teilzunehmen, darf niemals die Beziehung zwischen Arzt und Patient beeinträchtigen.

5. Wenn der Arzt es für unentbehrlich hält, auf die Einwilligung nach Aufklärung zu verzichten, sollten die besonderen Gründe für dieses Vorgehen in dem für den unabhängigen Ausschuss bestimmten Versuchsprotokoll niedergelegt werden.

6. Der Arzt kann medizinische Forschung mit dem Ziel der Gewinnung neuer wissenschaftlicher Erkenntnisse mit der ärztlichen Betreuung nur so weit verbinden, als diese medizinische Forschung durch ihren möglichen diagnostischen und therapeutischen Wert für den Patienten gerechtfertigt ist.

III.Nicht therapeutische biomedizinische Forschung am Menschen

1. In der rein wissenschaftlichen Anwendung der medizinischen Forschung am Menschen ist es die Pflicht des Arztes, das Leben und die Gesundheit der Person zu schützen, an welcher biomedizinische Forschung durchgeführt wird.

2. Die Versuchspersonen sollten Freiwillige sein, entweder gesunde Personen oder Patienten, für die die Versuchsabsicht nicht mit ihrer Krankheit in Zusammenhang steht.

3. Der ärztliche Forscher oder das Forschungsteam sollten den Versuch abbrechen, wenn dies nach seinem oder ihrem Urteil im Falle der Fortführung dem Menschen schaden könnte.

4. Bei Versuchen am Menschen sollte das Interesse der Wissenschaft und der Gesellschaft niemals Vorrang vor den Erwägungen haben, die das Wohlbefinden der Versuchsperson betreffen.

(BAnz Nr. 243a vom 29.12.1989 und BPI-Übersetzung des geänderten 2. Absatzes von Kapitel I. „Allgemeine Grundsätze")

Die rechtlichen Rahmenbedingungen für die Arzneimittelforschung sind in Deutschland im **Arzneimittelgesetz (AMG)** festgelegt:

Arzneimittelgesetz (AMG)

Schutz des Menschen bei der klinischen Prüfung

§ 40 Allgemeine Voraussetzungen

(1) Die klinische Prüfung eines Arzneimittels darf bei Menschen nur durchgeführt werden, wenn und solange

1. die Risiken, die mit ihr für die Person verbunden sind, bei der sie durchgeführt werden soll, gemessen an der voraussichtlichen Bedeutung des Arzneimittels für die Heilkunde ärztlich vertretbar sind,

2. die Person, bei der sie durchgeführt werden soll, ihre Einwilligung hierzu erteilt hat, nachdem sie durch einen Arzt über Wesen, Bedeutung und Tragweite der klinischen Prüfung aufgeklärt worden ist, und mit dieser Einwilligung zugleich erklärt, dass sie mit der im Rahmen der klinischen Prüfung erfolgenden Aufzeichnung von Krankheitsdaten und ihrer Weitergabe zur Überprüfung an den Auftraggeber, an die zuständige Überwachungsbehörde oder die zuständige Bundesoberbehörde einverstanden ist,

3. die Person, bei der sie durchgeführt werden soll, nicht auf gerichtliche oder behördliche Anordnung in einer Anstalt untergebracht ist,

4. sie von einem Arzt geleitet wird, der mindestens eine zweijährige Erfahrung in der klinischen Prüfung von Arzneimitteln nachweisen kann,

5. eine dem jeweiligen Stand der wis-

senschaftlichen Erkenntnisse entsprechende pharmakologisch-toxikologische Prüfung durchgeführt worden ist,

6. die Unterlagen über die pharmakologisch-toxikologische Prüfung, der dem jeweiligen Stand der wissenschaftlichen Erkenntnisse entsprechende Prüfplan mit Angabe von Prüfern und Prüforten und die Voten der Ethikkommission bei der zuständigen Bundesoberbehörde vorgelegt worden sind,

7. der Leiter der klinischen Prüfung durch einen für die pharmakologisch-toxikologische Prüfung verantwortlichen Wissenschaftler über die Ergebnisse der pharmakologisch-toxikologischen Prüfung und die voraussichtlich mit der klinischen Prüfung verbundenen Risiken informiert worden ist und

8. für den Fall, dass bei der Durchführung der klinischen Prüfung ein Mensch getötet oder der Körper oder die Gesundheit eines Menschen verletzt wird, eine Versicherung nach Maßgabe des Absatzes 3 besteht, die auch Leistungen gewährt, wenn kein anderer für den Schaden haftet.

Die klinische Prüfung eines Arzneimittels darf bei Menschen vorbehaltlich des Satzes 3 nur begonnen werden, wenn diese zuvor von einer nach Landesrecht gebildeten unabhängigen Ethikkommission zustimmend bewertet worden ist; Voraussetzung einer zustimmenden Bewertung ist die Einhaltung der Bedingungen in Satz 1. Soweit keine zustimmende Bewertung der Ethikkommission vorliegt, darf mit der klinischen Prüfung erst begonnen werden, wenn die zuständige Bundesoberbehörde innerhalb von 60 Tagen nach Eingang der Unterlagen nach Satz 1 Nr. 6 nicht widersprochen hat. Über alle schwerwiegenden oder unerwarteten unerwünschten Ereignisse, die während der Studie auftreten und die Sicherheit der Studienteilnehmer oder die Durchführung der Studie beeinträchtigen könnten, muss die Ethikkommission unterrichtet werden.

(2) Eine Einwilligung nach Absatz 1 Nr. 2 ist nur wirksam, wenn die Person, die sie abgibt,

1. geschäftsfähig und in der Lage ist, Wesen, Bedeutung und Tragweite der klinischen Prüfung einzusehen und ihren Willen hiernach zu bestimmen und

2. die Einwilligung selbst und schriftlich erteilt hat.
Eine Einwilligung kann jederzeit widerrufen werden.

(3) Die Versicherung nach Absatz 1 Nr. 8 muss zugunsten der von der klinischen Prüfung betroffenen Person bei einem im Geltungsbereich dieses Gesetzes zum Geschäftsbetrieb zugelassenen Versicherer genommen werden. Ihr Umfang muss in einem angemessenen Verhältnis zu den mit der klinischen

Prüfung verbundenen Risiken stehen und für den Fall des Todes oder der dauernden Erwerbsunfähigkeit mindestens eine Million Deutsche Mark betragen. Soweit aus der Versicherung geleistet wird, erlischt ein Anspruch auf Schadenersatz.

(4) Auf eine klinische Prüfung bei Minderjährigen finden die Absätze 1 bis 3 mit folgender Maßgabe Anwendung:

1. Das Arzneimittel muss zum Erkennen oder zum Verhüten von Krankheiten bei Minderjährigen bestimmt sein.
2. Die Anwendung des Arzneimittels muss nach den Erkenntnissen der medizinischen Wissenschaft angezeigt sein, um bei dem Minderjährigen Krankheiten zu erkennen oder ihn vor Krankheiten zu schützen.
3. Die klinische Prüfung an Erwachsenen darf nach den Erkenntnissen der medizinischen Wissenschaft keine ausreichenden Prüfergebnisse erwarten lassen.
4. Die Einwilligung wird durch den gesetzlichen Vertreter oder Pfleger abgegeben. Sie ist nur wirksam, wenn dieser durch einen Arzt über Wesen, Bedeutung und Tragweite der klinischen Prüfung aufgeklärt worden ist. Ist der Minderjährige in der Lage, Wesen, Bedeutung und Tragweite der klinischen Prüfung einzusehen und seinen Willen hiernach zu bestimmen, so ist auch seine schriftliche Einwilligung erforderlich.

(5) Das Bundesministerium wird ermächtigt, durch Rechtsverordnung mit Zustimmung des Bundesrates Regelungen zur Gewährleistung der ordnungsgemäßen Durchführung der klinischen Prüfung und der Erzielung dem wissenschaftlichen Erkenntnisstand entsprechender Unterlagen zu treffen. In der Rechtsverordnung können insbesondere die Aufgaben und Verantwortungsbereiche der Personen, die die klinische Prüfung veranlassen, durchführen oder kontrollieren, näher bestimmt und Anforderungen an das Führen und Aufbewahren von Nachweisen gestellt werden.

§ 41 Besondere Voraussetzungen

Auf eine klinische Prüfung bei einer Person, die an einer Krankheit leidet, zu deren Behebung das zu prüfende Arzneimittel angewendet werden soll, findet § 40 Abs. 1 bis 3 mit folgender Maßgabe Anwendung:

1. Die klinische Prüfung darf nur durchgeführt werden, wenn die Anwendung des zu prüfenden Arzneimittels nach den Erkenntnissen der medizinischen Wissenschaft angezeigt ist, um das Leben des Kranken zu retten, seine Gesundheit wiederherzustellen oder sein Leiden zu erleichtern.
2. Die klinische Prüfung darf auch bei einer Person, die geschäftsunfähig oder in der Geschäftsfähigkeit beschränkt ist, durchgeführt werden.
3. Ist eine geschäftsunfähige oder in der Geschäftsfähigkeit beschränkte Per-

son in der Lage, Wesen, Bedeutung und Tragweite der klinischen Prüfung einzusehen und ihren Willen hiernach zu bestimmen, so bedarf die klinische Prüfung neben einer erforderlichen Einwilligung dieser Person der Einwilligung ihres gesetzlichen Vertreters.

4. Ist der Kranke nicht fähig, Wesen, Bedeutung und Tragweite der klinischen Prüfung einzusehen und seinen Willen hiernach zu bestimmen, so genügt die Einwilligung seines gesetzlichen Vertreters.

5. Die Einwilligung des gesetzlichen Vertreters ist nur wirksam, wenn dieser durch einen Arzt über Wesen, Bedeutung und Tragweite der klinischen Prüfung aufgeklärt worden ist. Bei Widerruf findet § 40 Abs. 2 Satz 2 Anwendung. Der Einwilligung des gesetzlichen Vertreters bedarf es so lange nicht, als eine Behandlung ohne Aufschub erforderlich ist, um das Leben des Kranken zu retten, seine Gesundheit wiederherzustellen oder sein Leiden zu erleichtern, und eine Erklärung zur Einwilligung nicht herbeigeführt werden kann.

6. Die Einwilligung des Kranken oder des gesetzlichen Vertreters ist auch wirksam, wenn sie mündlich gegenüber dem behandelnden Arzt in Gegenwart eines Zeugen abgegeben wird.

7. Die Aufklärung und die Einwilligung des Kranken können in besonders schweren Fällen entfallen, wenn durch die Aufklärung der Behandlungserfolg nach der Nummer 1 gefährdet würde und ein entgegenstehender Wille des Kranken nicht erkennbar ist.

Eine differenzierte, auf europäischer Ebene seit 1992 verbindliche Zusammenstellung von Mindestregeln für die medizinische Forschung am Menschen ist in den Regeln für **„Good Clinical Practice (GCP)"** aufgeführt (deutsche Übersetzung: Grundsätze für Standards der guten klinischen Praxis (GCP) bei der Durchführung von Studien mit Arzneimitteln an Menschen in der EG).

Literatur:

Klinische Arzneimittelprüfungen in der EU. Grundsätze für Standards der Guten Klinischen Praxis (GCP) bei der Durchführung von Studien mit Arzneimitteln am Menschen in der EU. Editio Cantor: Aulendorf 1998.

DEUTSCH E. Das Recht der klinischen Forschung, insbesondere im Bereich der Psychiatrie. Fortschr. Neurol. Psychiat. 64 (1996) 1-7.

DEUTSCH E, LIPPERT HD. Ethikkommission und klinische Prüfung, mit Diskette (3 1/2 Zoll). Springer: Berlin, Heidelberg, New York 1998.

HELMCHEN H. Ethische Aspekte der Pharmakopsychiatrie. In: RIEDERER P, LAUX G, PÖLDINGER W (Hrsg.). Neuro-Psychopharmaka. Ein Therapie-Handbuch. Bd. 1: Allgemeine Grundlagen der Pharmakopsychiatrie. Springer: Wien, New York 1992.

11. Der Arzt als sachverständiger Zeuge oder Sachverständiger

11.1 Sachverständiger Zeuge

Es kommt immer wieder vor, dass ein Arzt von einem Gericht im Rahmen eines Rechtsstreits aufgefordert wird, seine Beobachtungen bei einem Patienten, die er im Rahmen der Behandlung gemacht hat, als Zeuge darzulegen und zwar sachverständig, d.h. entsprechend der von ihm erwarteten fachlichen Kompetenz. Es werden von ihm auch sachverständige Schlussfolgerungen erwartet.

Dem Arzt steht ein Zeugnisverweigerungsrecht zu (§ 383 (6) ZPO, § 5 (1) StPO). Er darf das Zeugnis aber nicht verweigern, wenn er von der Verpflichtung zur Verschwiegenheit entbunden worden ist (§ 52 (2) StPO, § 385 (2) ZPO).

Die Entschädigung erfolgt wie die eines Zeugen. Der Arzt wird nur dann wie ein Sachverständiger entschädigt, wenn er seine Beobachtungen im Auftrag des Gerichts gemacht hat.

Wird ein Arzt als sachverständiger Zeuge ordnungsgemäß geladen, sollte er diesen Termin unbedingt wahrnehmen. Andernfalls hat er damit zu rechnen, dass ihm die durch sein Ausbleiben ver-ursachten Kosten auferlegt werden und gegen ihn ein Ordnungsgeld festgesetzt wird (§ 380 ZPO, § 51 (1) StPO). Eine „genügende Entschuldigung" (§ 381 ZPO, § 51 (2) StPO) für das Fernbleiben verhindert die o.g. Konsequenzen.

11.2 Sachverständiger

Die **Rolle des als Sachverständiger** tätigen Arztes unterscheidet sich grundlegend von der eines „behandelnden" Arztes. Letzterer steht durch den Behandlungsvertrag (s. Kap. 2.1) in einer unmittelbaren Rechtsbeziehung mit seinem Patienten und unterliegt der ärztlichen Schweigepflicht (§ 203 StGB). Zwischen dem Arzt und seinem Patienten besteht in der Regel ein schon länger dauerndes und persönliches Vertrauensverhältnis. Unter dem Schutz der Schweigepflicht hat der Patient seinem Arzt möglicherweise höchstpersönliche und intime Tatsachen berichtet, die keinesfalls der Öffentlichkeit zugänglich sein dürfen.

Im Gegensatz dazu hat der als Sachverständiger tätige Arzt ein **„Vertragsverhältnis" allein mit dem Auftragge-**

ber für die **Sachverständigentätigkeit oder Begutachtung.**

Die **Aufgabe des Sachverständigen** ist es, medizinische (psychiatrische) Sachverhalte derart an medizinische Laien zu vermitteln, dass diese sie in ihrem jeweiligen Aufgabenbereich für ihre Entscheidungen nutzen können. Dabei bleibt der Sachverständige in seinem ärztlichen Kompetenzbereich. Er bleibt selbstständig und unabhängig. Er ist „Helfer" oder „Berater" eines Entscheidungsträgers oder eines Richters und liefert aufgrund seines Fachwissens Erkenntnisse, die medizinischen Laien nicht ohne weiteres zugänglich sind. Er gibt Entscheidungshilfen durch fachkundige Beratung.

Der Sachverständige hat die medizinischen Sachverhalte so darzustellen, dass sie von einem Nichtmediziner nachvollzogen und bewertet werden können. Das muss in allgemein verständlicher Sprache geschehen.

Besonders wichtig ist, dass sich der Sachverständige keinesfalls zu juristischen Fragen äußert. Das bleibt allein dem Auftraggeber (Richter) überlassen. Juristische Fachausdrücke wie Schuldfähigkeit, Geschäftsfähigkeit, Erwerbsfähigkeit u.a. sollten nicht verwendet werden. Der medizinische Sachverständige hat Phänomene, Funktionseinschränkungen, mögliche intrapsychische Prozesse usw. so zu beschreiben, dass daraus Schlüsse für die juristische Fragestellung und Beurteilung gezogen werden können.

Der medizinische Sachverständige ist **nicht zur Verschwiegenheit entsprechend § 203 StGB verpflichtet.** Das sollte dem evtl. zu Begutachtenden mitgeteilt werden.

Der Sachverständige hat gegenüber seinem Auftraggeber **kein Zeugnisverweigerungsrecht** entsprechend § 53 StGB oder § 383 ZPO. Gegenüber anderen (z. B. Angehörigen, Medienvertretern usw.) ist er jedoch zur Geheimhaltung verpflichtet. Andererseits hat er aber auch keine Offenbarungspflicht über alle ihm bekannten Details der Privat- und Intimsphäre des Begutachteten. Er hat auch seinem Auftraggeber gegenüber mit den ihm bekannten Einzelheiten verantwortlich umzugehen.

Der Gutachter wird daher die für die Urteilsbildung des Gerichtes oder Entscheidungsträgers wichtigen Fakten sachlich und angemessen darstellen und die Grundlagen seiner gutachtlichen Äußerungen sowie die Logik seiner Schlussfolgerungen deutlich machen.

Ob ein Arzt für Behörden, für Versicherungen, Rechtsanwälte oder andere Auftraggeber als Gutachter tätig wird, ist seine persönliche Entscheidung.

Wie aus den oben dargestellten unterschiedlichen Rechtsverhältnissen zwischen Arzt und Patienten bzw. Auftraggebern bei einer Sachverständigentätigkeit nachzuvollziehen ist, kann ein Arzt in einen **Rollenkonflikt** geraten, wenn er ein Gutachten über einen bei ihm in Behandlung stehenden Patienten erstellen soll. Als Gutachter ist er zu einer neutralen und objektiven Beurteilung verpflichtet, die er seinem Auftraggeber mitzuteilen hat. Andererseits ist er als behandelnder Arzt auch Anwalt der Interessen des Patienten.

Es besteht damit die Gefahr, dass er die von einem Sachverständigen geforderte Objektivität nicht mit den (evtl. subjektiven) Interessen des Patienten in Einklang bringen kann. In einer solchen Situation ist das therapeutisch wichtige positive Arzt-Patienten-Verhältnis gefährdet. **Ein Gutachten sollte daher von einem „neutralen", nicht in die Behandlung eines Patienten involvierten Arztes erstellt werden.**

In der Praxis hat sich gezeigt, dass Gutachten von behandelnden Ärzten häufig als **„Parteigutachten"** angesehen werden und damit deren Wert niedriger angesetzt wird.

Nach der Zivilprozessordnung (§ 407 ZPO) und der Strafprozessordnung (§ 75 ZPO) sind vom Gericht beauftragte Ärzte dazu verpflichtet, Gutachten zu erstellen.

Die Erstellung eines Gutachtens kann jedoch abgelehnt werden,

- wenn der zu Begutachtende ein naher Verwandter ist oder
- wenn Geheimnisse, die der Verschwiegenheitspflicht unterliegen,

offenbart werden müssten, es sei denn, der Arzt ist von der Schweigepflicht entbunden worden.

Es gelten also die gleichen Rechte wie bei Zeugen (§ 76 StPO, § 408 ZPO; s.o. Kap. 11.1). Eine Begrenzung der Verpflichtung zur Gutachtenerstellung liegt in der Zumutbarkeit: Kein Gericht wird einen Gutachter beauftragen, der durch andere Verpflichtungen überlastet oder durch die Schwierigkeit der Gutachtenfragestellung überfordert ist.

Hat der Arzt den Gutachtenauftrag angenommen, ist er verpflichtet, das Gutachten persönlich zu erstellen. Hilfskräfte können jedoch bei der Vorbereitung des Gutachtens herangezogen werden, doch hat der beauftragte Sachverständige für deren Arbeitsergebnisse die volle Verantwortung zu übernehmen.

Der medizinische Sachverständige ist hinsichtlich seiner gutachtlichen Schlussfolgerungen keiner Partei verpflichtet, sondern allein dem neuesten und dem gesicherten Wissensstand seines Faches, den er in Bezug auf die Fragestellung des Gutachtenauftrags darzustellen hat. Es besteht das Gebot der absoluten Neutralität des Sachverständigen.

Zur Honorierung der Sachverständigentätigkeit s. Kap. 12.2.3.

12. Anforderungen an ärztliche Bescheinigungen (Zeugnisse, Atteste), Berichte und Gutachten

12.1 Ärztliche Bescheinigungen (Atteste, Zeugnisse) und Berichte

Wie in Kapitel 11 bereits ausgeführt, ist der **Arzt gegenüber seinem Patienten selbstverständlich verpflichtet, dessen berechtigte Interessen gegenüber Krankenkassen, Versicherungen, Behörden, Gerichten usw. zu unterstützen.** Häufig werden dazu kurze Bescheinigungen, Informationen über die (stationäre) Behandlungsnotwendigkeit, die Dauer der Behandlung bzw. des Krankheitsverlaufs (Prognose), die Arbeits- oder Dienstfähigkeit sowie abschließende Behandlungsberichte u.Ä. erbeten. Nur mit deren Hilfe können die o.g. Institutionen ihren vertraglichen Verpflichtungen gegenüber dem Patienten nachkommen. Die prompte Erledigung dieses „Schreibkrams" entspricht also den Interessen des Patienten.

Oft werden nur noch auszufüllende vorgefertigte Formulare übersandt. Andererseits ist es häufig sinnvoll, die gestellten Fragen in freier Form zu beantworten.

Auch wenn gelegentlich dazu aufgefordert wird, die abschließenden (eigenen) Behandlungsberichte oder die Berichte anderer behandelnder Ärzte oder Klinikärzte zu übersenden, sollte das nicht geschehen. Diese Unterlagen sind in der Regel für den weiterbehandelnden Arzt bestimmt und enthalten häufig Informationen, die über den Rahmen dessen hinausgehen, was z. B. eine Krankenkasse oder Versicherung für die Bearbeitung wissen muss.

Das heißt: Berichte sollten so informativ wie nötig und so knapp wie möglich abgefasst werden. Ihr Inhalt muss sich allein auf das beschränken, was die anfordernden Institutionen für die Erledigung ihrer Aufgaben benötigen.

Dafür hat der Patient in der Regel die behandelnden Ärzte von der Schweigepflicht befreit. Die darüber hinausgehende Weitergabe von Informationen würde als Bruch der ärztlichen Schweigepflicht interpretiert werden können.

Gegenüber Leistungsträgern aus Bereichen des Sozialrechts, z. B. gesetzliche Krankenversicherungen, gesetzliche Rentenversicherung, Kinder- und Jugendhilfe, soziale Pflegeversicherung) besteht nach § 100 SGB X **Auskunftspflicht**. Gegenüber Berufsgenossenschaften und dem Versorgungsamt gilt das in gleicher Weise.

Bei privaten Versicherungsträgern sollte, bevor eine Auskunft erteilt wird, vom Patienten **grundsätzlich eine schriftliche Einverständniserklärung** dafür eingeholt werden, dass eine Auskunft erteilt werden darf. Eine früher einmal erteilte pauschale Genehmigung des Patienten, dass grundsätzlich Auskünfte behandelnder Ärzte eingeholt werden dürfen, reicht nicht aus. Diese ist in der Regel älteren Datums. In der Zwischenzeit könnten irgendwelche Gründe aus der Sicht des Patienten dafür sprechen, dass Auskünfte über aktuelle Tatsachen nicht mehr seinen Anliegen und Interessen entsprechen.

Beachte: Bescheinigungen und Berichte müssen sorgfältig und gewissenhaft erstellt werden. Ihr Inhalt ist rechtsverbindlich. Wer als Arzt wider besseres Wissen über den Gesundheitszustand eines Menschen ein unrichtiges Zeugnis zum Gebrauch bei einer Behörde oder Versicherungsgesellschaft ausstellt, wird mit bis zu zwei Jahren Haft oder mit Geldstrafe bestraft (§ 278 StGB).

12.2   Gutachten

12.2.1   Vorbereitung und Durchführung der Untersuchungen

In der Regel erfolgt die sachverständige Äußerung eines Arztes in Form eines Gutachtens. Welche rechtlichen Rahmenbedingungen für den Gutachter bestehen können, ist oben dargestellt worden.

Nachfolgend sind **Vorschläge** aufgeführt, **wie vorzugehen ist, wenn ein Gutachten erstattet werden soll**:

- **Nach Erhalt des Gutachtenauftrages** kurze Durchsicht der Akten und vor allem die Überlegung, ob das Gutachten im Rahmen der eigenen fachlichen Kompetenz bearbeitet werden kann.

- **Abstimmung mit dem Terminkalender** hinsichtlich der Frage, ob die Erarbeitung des Gutachtens in angemessener Zeit möglich ist. Gibt es damit Probleme, sollte mit dem Auftraggeber darüber gesprochen werden, um unnötige Nachfragen oder Erinnerungen hinsichtlich des Fertigstellungstermins zu vermeiden. Stellt sich heraus, dass das Gutachten nicht in angemessener Zeit erstellt werden kann, sollte der Gutachtenauftrag zurückgegeben werden.

- **Schriftliche Bestätigung der Annahme** des Gutachtenauftrags.

- Überprüfung, ob eventuell **zusätzliche**, von einem selbst nicht durchführbare **Untersuchungen** notwendig sind, z. B. neuroradiologische oder neurophysiologische Untersuchungen. Ggf. Antrag beim Auftraggeber auf Erweiterung des Gutachtenauftrags.
- **Bei Gutachtenaufträgen im Rahmen des Zivilrechts** ist darauf zu achten, dass der von den Parteien zu zahlende Kostenvorschuss die wahrscheinlichen Kosten der gesamten Gutachtenerstattung deckt. Wenn nicht, ist eine Erhöhung des Kostenvorschusses zu beantragen.
- Möglichst frühzeitige **Mitteilung des Untersuchungstermins** an den zu Begutachtenden. Angabe der Dauer der Untersuchung, in der Regel ambulant, gelegentlich auch stationär (Aufenthalt über einige Tage bis maximal 6 Wochen). Der Auftraggeber sollte gleichzeitig darüber informiert werden.
- Vor der Gutachtenuntersuchung: **Studium der übersandten Akten**, um sich in die Fragestellung des Gutachtenauftrags einzuarbeiten, mögliche Vorwürfe zu kennen und sich ein grobes Bild vom bisherigen Verlauf des Verfahrens bis zum aktuellen Zeitpunkt der Gutachtenuntersuchung zu verschaffen.

Merke: Es ist peinlich und macht einen wenig kompetenten und engagierten Eindruck, wenn der Untersucher völlig uninformiert mit dem zu Untersuchenden zu sprechen beginnt.

Untersuchungsverlauf:

- Die Gestaltung des Untersuchungsablaufs kann individuell variiert werden. Sie wird bestimmt durch die Fragestellung, das Persönlichkeitsbild des zu Untersuchenden, das eventuell vorhandene Krankheitsbild u.a.
- Eine **Gutachtenuntersuchung kostet Zeit**. Sie sollte in ruhiger, ungestörter Umgebung durchgeführt werden. Auf die körperliche und seelische Belastbarkeit des zu Untersuchenden ist Rücksicht zu nehmen.
- Das Gespräch sollte im Sinne einer psychiatrischen **Exploration** durchgeführt werden. Bei ausländischen Probanden, die die deutsche Sprache nicht beherrschen, sollte ein Dolmetscher hinzugezogen werden.
- Zu Beginn sollte der Proband darüber aufgeklärt werden, dass die Ergebnisse der Untersuchung in der Regel dem Auftraggeber mitgeteilt werden, er also nicht, wie sonst im Arzt-Patienten-Kontakt üblich, mit der Schweigepflicht des Arztes rechnen darf.
- In der ersten Phase des Gesprächs werden die eher allgemeinen **biographischen und krankheitsanamnestischen Daten** erhoben. Gleichzeitig wird das Verhalten des Probanden beobachtet. In einer zweiten Phase, in der sich der Untersucher schon ein grobes Bild von der geistig-

seelischen und körperlichen Verfassung des Probanden gemacht hat, wird die **Exploration unter psychopathologischen und psychodynamischen Gesichtspunkten** zu vertiefen versucht.

- Während der Exploration sollte sich der Untersucher möglichst gar nicht mit den ihm und dem Probanden bekannten rechtlichen Problemen befassen.

- Letztlich wird das explorative Gespräch unabhängig vom chronologischen Ablauf vorangegangener Ereignisse in der gemeinsamen Reflexion früherer Erfahrungen, der aktuellen Lebenssituation und künftiger Perspektiven enden.

- Während der Exploration bildet sich bei dem Untersucher ein Bild des Probanden, das später als **psychischer (psychopathologischer) Befund** dokumentiert werden muss.

- In der Regel erfolgt im Anschluss an die psychiatrische Exploration die **allgemein-körperliche und neurologische Untersuchung**. Diese sollte nur in Ausnahmefällen, eventuell bei Vorliegen jüngerer Untersuchungsbefunde in Vorgutachten, unterlassen werden.

- Sind zur Beantwortung der Fragen, z. B. zur weiteren diagnostischen Abklärung, **Zusatzuntersuchungen** (testpsychologische Untersuchungen, EEG, CCT, NMR, Laboruntersuchungen u.a.) notwendig, sollten diese veranlasst werden.

Mögliche Probleme während der Untersuchung:

- In seltenen Fällen wünschen Probanden die **Gegenwart einer dritten Person während der Untersuchung**. Das jedoch stört während der Exploration erheblich und stellt die Ergebnisse einer Untersuchung infrage. Es sollte durch ein aufklärendes Gespräch versucht werden, das Misstrauen und die Angst gegenüber dem Untersucher abzubauen, sodass der Proband auch allein mit dem Gutachter zu sprechen bereit ist. Wenn dann noch ein abschließendes Gespräch zu dritt angeboten wird, geht der Proband in der Regel darauf ein, sich allein und unter vier Augen untersuchen zu lassen. Anderenfalls sollte der Gutachter dem Auftraggeber vorschlagen, den Probanden von einem Gutachter untersuchen zu lassen, demgegenüber keine Vorbehalte bestehen.

- Manchmal **bricht ein Proband die Untersuchung abrupt ab**, weil er sich durch die Exploration überlastet, frustriert oder gar gekränkt fühlt - nicht selten ein Hinweis auf eine seelische Schwäche oder Störung. In dieser Situation sollte ein Gutachter seine ärztlichen Fähigkeiten einsetzen und mit Sensibilität und Geschick versuchen, den Gesprächskontakt mit dem Probanden wieder aufzunehmen. Ist dieses nicht möglich und eine Begutachtung nach Meinung des Auftraggebers unumgänglich, sollte diese zu einem späteren Zeitpunkt, eventuell durch einen anderen Sachverständigen, noch einmal versucht werden.

12.2.2 Die Abfassung des schriftlichen Gutachtens

Es hat sich bewährt, ein schriftliches Gutachten nach einem bestimmten **formalen Schema** abzufassen. Bei der Formulierung ist zu beachten, dass

- das Gutachten von psychiatrischen Laien gelesen und verstanden werden soll, d.h., die Sprache muss allgemein verständlich sein, spezielle Fachtermini sind zu vermeiden bzw. umgangssprachlich zu umschreiben;
- abwertende oder gar verurteilende Formulierungen sollten vermieden werden.
  Auch sprachlich ist der Sachverständige zur Neutralität verpflichtet. Es ist davon auszugehen, dass der Untersuchte das Gutachten liest.

Das Schema auf den S. 127 bis 129 kann als **Leitlinie zur systematischen Ordnung eines Gutachtens** angesehen werden. Von Fall zu Fall sind Abwandlungen und Anpassungen an den Gutachtenauftrag und die Fragestellung denkbar und sinnvoll.

Besondere Hinweise:
In **Strafrechtsverfahren** wird das schriftliche Gutachten als vorläufige Mitteilung der Untersuchungsergebnisse an das Gericht angesehen. Es muss im Rahmen der Hauptverhandlung, während der der Gutachter immer anwesend sein muss, noch einmal mündlich vorgetragen werden.
Im **Rahmen des Zivilrechts** hat das schriftliche Gutachten Verbindlichkeitscharakter. Der Sachverständige kann, muss aber nicht zur Erläuterung und/oder Ergänzung seines Gutachtens zu einem Verhandlungstermin geladen werden. Gleiches gilt für Gutachten im Rahmen des Verwaltungs-, Arbeits- und Sozialrechts. Ggf. können schriftliche Ergänzungen zu Gutachten erbeten werden.

[*Briefkopf*]   [*Ort, Datum*]
                                                     [*Diktatzeichen*]

An
[*Anschrift des Auftraggebers*]

Betr.: [*Art des Rechtsstreites*]
Aktenzeichen:

Auf Ersuchen des [*Auftraggeber*] vom [*Datum*] erstatte(n) ich (wir) das
folgende, wissenschaftlich begründete psychiatrische Gutachten
        [*ggf.* „nach Aktenlage"]
über
        Herrn/Frau
        [*Name, Vorname*]
        [*Geburtsdatum*]
        [*Wohnanschrift*]

Das Gutachten stützt sich auf die Kenntnis der übersandten Akten sowie auf
die Ergebnisse einer ambulanten/stationären Untersuchung in der [*Praxis/
Klinik*] am [*Datum*]/vom [*Datum*] bis [*Datum*].

Das Gutachten soll laut Beweisbeschluss vom [*Datum*] zu folgenden Fragen
Stellung nehmen:

        [*Wiedergabe der Frage(n) des Beweisbeschlusses. Bei Gutachten
        für die Sozialversicherung: „Das Gutachten soll zu den im Beweis-
        beschluss vom [Datum] gestellten Fragen Stellung nehmen".*]

        [*Ergaben sich Besonderheiten, z. B. Hinzuziehung eines Dolmet-
        schers, Ablehnung der Untersuchung, Abbruch der Untersuchung
        u.a., sollte das hier bereits erwähnt werden.*]

I. Aus den Akten:

[*Eine knappe Zusammenfassung des für die Gutachtenerstattung relevanten Akteninhalts, vor allem die medizinisch-psychiatrischen Informationen, auf die neben den vom Gutachter erhobenen Daten in der Beurteilung zurückgegriffen wird.*]

Merke: Der Auftraggeber des Gutachtens kennt die Akten mindestens so gut wie der Sachverständige!

II. Ergebnisse der Untersuchung:

   1. Angaben des Untersuchten zur Vorgeschichte

      1.1 Biographische Anamnese [*mit Angaben zu familiärem Hintergrund (Eltern, Geschwister, Erziehungsmilieu, wirtschaftliche Situation der Familie), sozialem Umfeld, Erkrankungen in der Familie, frühkindlicher Entwicklung, eventuell im Vergleich mit Geschwistern, eigenen ersten Erkrankungen oder Störungen, schulischer Entwicklung, Berufsausbildung, Entwicklungskrisen (Pubertät, Sexualität u.a.), weiterer sozialer Entwicklung im Privatleben (Ehe, Kinder) und Beruf (Leistungsanforderungen, Arbeitslosigkeit, u.a.), Suchtproblemen u.a. bis zum Tag der Untersuchung*]

      1.2 Weitere Angaben [*(unbedingt erfragen!) zu früheren Erkrankungen im körperlichen Bereich, die im Kontext der biographischen Anamnese nicht erwähnt worden sind*]

      1.3. Aktuelles Befinden [*seelisch und körperlich, Suchtprobleme, Einnahme von Medikamenten, vegetative Funktionen, Schlaf, Beurteilung der aktuellen Lebenssituation und Leistungsfähigkeit*]

   2. Untersuchungsbefunde

      2.1 allgemein-körperlicher Befund

      2.2 neurologischer Befund

      2.3 psychischer Befund [*deskriptiv-psychopathologischer Befund; bei neurotisch gestörten Patienten reicht dieser häufig jedoch nicht aus, sodass auch psychodynamische Aspekte dargestellt werden sollten; weiterhin Beschreibung des sozial-kommunikativen Verhaltens*]

3. **Ergebnisse von Zusatzuntersuchungen** [*z. B. testpsychologische Untersuchung, Elektroenzephalogramm, neuroradiologische Untersuchungen (CCT, NMR, u.a.), laborchemische Untersuchungen u.a.*]

4. **Zusätzliche Informationen** [*z. B. fremdanamnestische Angaben, vom Untersuchten überlassene Behandlungsberichte oder Bescheinigungen, die sich noch nicht in den Akten befinden (Kopien zu den Akten geben!)*]

Merke: Bei Gutachten in Zivilverfahren darf der Sachverständige nur auf die in den Akten vorliegenden Informationen zurückgreifen. Hat der Gutachter den Eindruck, dass noch Ermittlungsbedarf besteht, sollte er dieses dem Gericht mitteilen.

III. Beurteilung:

[*Kurze Wiederholung der Fragestellung, knappe Darstellung der Situation nach Aktenlage, kurze Zusammenfassung der erhobenen Befunde; daraus Ableitung der medizinischen (psychiatrischen) Diagnose(n). Auch Unsicherheiten der Diagnostik und/oder differenzialdiagnostische Erwägungen sollten beschrieben werden. Die Diagnose sollte zuerst deskriptiv-syndromal umschrieben werden (z. B. schizophrene Psychose, depressive Erkrankung, Zwangssyndrom u.Ä.), dann in Worten der älteren diagnostischen Nomenklatur, zum Schluss in Anlehnung an die ICD-10 der WHO. Insgesamt sollte das ggf. diagnostizierte Krankheitsbild so beschrieben sein, dass sich der psychiatrische Laie ein möglichst plastisches Bild von der Erkrankung des Untersuchten machen kann. In einem weiteren Schritt muss der Versuch gemacht werden, die klinisch-psychiatrischen Diagnosen so zu beschreiben, dass sie von dem Richter in die juristischen Begriffe, die in dem jeweiligen Verfahren gültig sind (z. B. krankhafte seelische Störung, tief greifende Bewusstseinsstörung, Schwachsinn, schwere andere seelische Abartigkeit, Geistesschwäche u.a.), umgesetzt werden können. In einem letzten Schritt sollten noch einmal kurz und möglichst prägnant die Antworten auf die Beweisfragen zusammengefasst werden.*]

12.2.3 Die Honorierung der Gutachtertätigkeit

Für Gerichte und öffentliche Behörden (Staatsanwaltschaft) wird die Gutachtertätigkeit nach dem **Gesetz über die Entschädigung von Zeugen und Sachverständigen (ZSEG)** vom 26.7.1957 in der novellierten Fassung vom 1.7.1994 honoriert. Entschädigt wird die „erforderliche" Zeit für die Erfassung des Gutachtens, die nach durchschnittlichem Arbeitstempo in Stunden gemessen wird. Der Stundensatz liegt zwischen 50,- und 100,- DM und ist von dem Grad der erforderlichen Sachkenntnisse, der Schwierigkeit der Leistung und von besonderen Umständen, unter denen das Gutachten erstattet werden musste, abhängig.

Folgende Leistungen werden entschädigt:

- Aktenstudium
- Untersuchungen
- Ausarbeitung des Gutachtens
- Diktat und Korrektur
- Wahrnehmung eines Termins, einschließlich Vorbereitungszeit für die mündliche Verhandlung
- An- und Abreisezeiten, die im Zusammenhang mit den o.g. Leistungen entstehen
- Fahrtkosten
- angemessene Hotelübernachtung
- Schreibgebühren
- Auslagen (z. B. Kosten für Korrespondenz, Porto, Parkgebühren u.a.).

Berufsgenossenschaften und einige Sozialversicherungsträger honorieren die für sie erstellten Gutachten in Pauschalsätzen nach Abkommen, die sie mit den Ärztekammern geschlossen haben. Die Rentenversicherungsträger entschädigen ebenfalls nach eigenen Pauschalsätzen. Arbeitsämter, Bundeswehr, Bundesgrenzschutz, das Amt für Zivildienst u.a. bezahlen Gutachten nach den Sätzen der Gebührenordnung für Ärzte (GOÄ). Honorare für Gutachten **für Privatversicherungen** sollten in Anlehnung an das ZSEG (s.o.) berechnet werden. Wo keine verbindliche Regelung vorhanden ist, sollte die Frage der Honorierung vor Bearbeitung des Gutachtenauftrags schriftlich geklärt werden.

Literatur:

NEDOPIL N. Forensische Psychiatrie. Klinik, Begutachtung und Behandlung zwischen Psychiatrie und Recht. Beck, Thieme: Stuttgart, New York 1996.

VENZLAFF U, FOERSTER K (Hrsg.). Psychiatrische Begutachtung. Ein praktisches Handbuch für Ärzte und Juristen. 3. Aufl. Urban und Fischer: München, Jena 2000 (mit mehreren grundlegenden Beiträgen zum Thema).

13. Anhang

13.1 Bürgerliches Gesetzbuch (BGB)

§ 104 [Geschäftsfähigkeit]
Geschäftsunfähig ist:
1. wer nicht das siebente Lebensjahr vollendet hat;
2. wer sich in einem die freie Willensbestimmung ausschließenden Zustande krankhafter Störung der Geistestätigkeit befindet, sofern nicht der Zustand seiner Natur nach ein vorübergehender ist.

§ 105 [Nichtigkeit der Willenserklärung]
(1) Die Willenserklärung eines Geschäftsunfähigen ist nichtig.

(2) Nichtig ist auch eine Willenserklärung, die im Zustande der Bewusstlosigkeit oder vorübergehender Störung der Geistestätigkeit abgegeben wird.

§ 106 [Beschränkte Geschäftsfähigkeit Minderjähriger]
Ein Minderjähriger, der das siebente Lebensjahr vollendet hat, ist nach Maßgabe der §§ 107 bis 113 in der Geschäftsfähigkeit beschränkt.

§ 827 [Ausschluss und Minderung der Verantwortlichkeit]
[1] Wer im Zustande der Bewusstlosigkeit oder in einem die freie Willensbestimmung ausschließenden Zustande krankhafter Störung der Geistestätigkeit einem anderen Schaden zufügt, ist für den Schaden nicht verantwortlich. [2] Hat er sich durch geistige Getränke oder ähnliche Mittel in einen vorübergehenden Zustand dieser Art versetzt, so ist er für einen Schaden, den er in diesem Zustande widerrechtlich verursacht, in gleicher Weise verantwortlich, wie wenn ihm Fahrlässigkeit zur Last fiele; die Verantwortlichkeit tritt nicht ein, wenn er ohne Verschulden in den Zustand geraten ist.

§ 1569 [Anspruch auf Unterhalt]
Kann ein Ehegatte nach der Scheidung nicht selbst für seinen Unterhalt sorgen, so hat er gegen den anderen Ehegatten einen Anspruch auf Unterhalt nach den folgenden Vorschriften.

§ 1572 [Unterhalt wegen Krankheit oder Gebrechen]
Ein geschiedener Ehegatte kann von dem anderen Unterhalt verlangen, solange und soweit von ihm vom Zeitpunkt
1. der Scheidung,
2. der Beendigung der Pflege oder Er-

ziehung eines gemeinschaftlichen Kindes,

3. der Beendigung der Ausbildung, Fortbildung oder Umschulung oder

4. des Wegfalls der Voraussetzungen für einen Unterhaltsanspruch nach § 1573

an wegen Krankheit oder anderer Gebrechen oder Schwäche seiner körperlichen oder geistigen Kräfte eine Erwerbstätigkeit nicht erwartet werden kann.

§ 1896 [Voraussetzungen der Betreuung]

(1) [1] Kann ein Volljähriger aufgrund einer psychischen Krankheit oder einer körperlichen, geistigen oder seelischen Behinderung seine Angelegenheiten ganz oder teilweise nicht besorgen, so bestellt das Vormundschaftsgericht auf seinen Antrag oder von Amts wegen für ihn einen Betreuer. [2] Den Antrag kann auch ein Geschäftsunfähiger stellen. [3] Soweit der Volljährige aufgrund einer körperlichen Behinderung seine Angelegenheiten nicht besorgen kann, darf der Betreuer nur auf Antrag des Volljährigen bestellt werden, es sei denn, dass dieser seinen Willen nicht kundtun kann.

(2) [1] Ein Betreuer darf nur für Aufgabenkreise bestellt werden, in denen die Betreuung erforderlich ist. [2] Die Betreuung ist nicht erforderlich, soweit die Angelegenheiten des Volljährigen durch einen Bevollmächtigten, der nicht zu den in § 1897 Abs. 3 bezeichneten Personen gehört oder durch andere Hilfen, bei denen kein gesetzlicher Vertreter bestellt wird, ebenso gut wie durch einen Betreuer besorgt werden können.

(3) Als Aufgabenkreis kann auch die Geltendmachung von Rechten des Betreuten gegenüber seinem Bevollmächtigten bestimmt werden.

(4) Die Entscheidung über den Fernmeldeverkehr des Betreuten und über die Entgegennahme, das Öffnen und das Anhalten seiner Post werden vom Aufgabenkreis des Betreuers nur dann erfasst, wenn das Gericht dies ausdrücklich angeordnet hat.

§ 1897 [Bestellung einer natürlichen Person]

(1) Zum Betreuer bestellt das Vormundschaftsgericht eine natürliche Person, die geeignet ist, in dem gerichtlich bestimmten Aufgabenkreis die Angelegenheit des Betreuten zu besorgen und ihn hierbei im erforderlichen Umfang persönlich zu betreuen.

(2) [1] Der Mitarbeiter eines nach § 1908 anerkannten Betreuungsvereins, der dort ausschließlich oder teilweise als Betreuer tätig ist (Vereinsbetreuer), darf nur mit Einwilligung des Vereins bestellt werden. [2] Entsprechendes gilt für den Mitarbeiter einer in Betreuungsangelegenheiten zuständigen Behörde, der dort ausschließlich oder teilweise als Betreuer tätig ist (Behördenbetreuer).

(3) Wer zu einer Anstalt, einem Heim oder einer sonstigen Einrichtung, in welcher der Volljährige untergebracht ist oder wohnt, in einem Abhängigkeitsver-

hältnis oder in einer anderen engen Beziehung steht, darf nicht zum Betreuer bestellt werden.

(4) [1] Schlägt der Volljährige eine Person vor, die zum Betreuer bestellt werden kann, so ist diesem Vorschlag zu entsprechen, wenn es dem Wohl des Volljährigen nicht zuwiderläuft. [2] Schlägt er vor, eine bestimmte Person nicht zu bestellen, so soll hierauf Rücksicht genommen werden. [3] Die Sätze 1 und 2 gelten auch für Vorschläge, die der Volljährige vor dem Betreuungsverfahren gemacht hat, es sei denn, dass er an diesen Vorschlägen erkennbar nicht festhalten will.

(5) Schlägt der Volljährige niemanden vor, der zum Betreuer bestellt werden kann, so ist bei der Auswahl des Betreuers auf die verwandtschaftlichen und sonstigen persönlichen Bindungen des Volljährigen, insbesondere auf die Bindungen zu Eltern, Kindern und zum Ehegatten, sowie auf die Gefahr von Interessenkonflikten Rücksicht zu nehmen.

(6) [1] Wer Betreuungen im Rahmen seiner Berufsausübung führt, soll nur dann zum Betreuer bestellt werden, wenn keine andere geeignete Person zur Verfügung steht. [2] Werden dem Betreuer Umstände bekannt, aus denen sich ergibt, dass der Volljährige durch eine oder mehrere andere Personen außerhalb einer Berufsausübung betreut werden kann, so hat er dies dem Gericht mitzuteilen.

(7) Wird eine Person unter den Voraussetzungen des Absatzes 6 Satz 1 erstmals in dem Bezirk des Vormundschaftsgerichts zum Betreuer bestellt, soll das Gericht zuvor die zuständige Behörde zur Eignung des ausgewählten Betreuers und zu den nach § 1836 Abs. 1 Satz 2 zweite Alternative zu treffenden Feststellungen anhören.

§ 1898 [Pflicht zur Übernahme der Betreuung]

(1) Der vom Vormundschaftsgericht Ausgewählte ist verpflichtet, die Betreuung zu übernehmen, wenn er zur Betreuung geeignet ist und ihm die Übernahme unter Berücksichtigung seiner familiären, beruflichen und sonstigen Verhältnisse zugemutet werden kann.

(2) Der Ausgewählte darf erst dann zum Betreuer bestellt werden, wenn er sich zur Übernahme der Betreuung bereit erklärt hat.

§ 1899 [Mehrere Betreuer]

(1) [1] Das Vormundschaftsgericht kann mehrere Betreuer bestellen, wenn die Angelegenheiten des Betreuten hierdurch besser besorgt werden können. [2] In diesem Fall bestimmt es, welcher Betreuer mit welchem Aufgabenkreis betraut wird.

(2) Für die Entscheidung über die Einwilligung in eine Sterilisation des Betreuten ist stets ein besonderer Betreuer zu bestellen.

(3) Soweit mehrere Betreuer mit demselben Aufgabenkreis betraut werden, können sie Angelegenheiten des Betreu-

ten nur gemeinsam besorgen, es sei denn, dass das Gericht etwas anderes bestimmt hat oder mit dem Aufschub Gefahr verbunden ist.

(4) Das Gericht kann mehrere Betreuer auch in der Weise bestellen, dass der eine die Angelegenheiten des Betreuten nur zu besorgen hat, soweit der andere verhindert ist oder ihm die Besorgung überträgt.

§ 1900 [Betreuung durch Verein oder Behörde]

(1) [1] Kann der Volljährige durch eine oder mehrere natürliche Personen nicht hinreichend betreut werden, so bestellt das Vormundschaftsgericht einen anerkannten Betreuungsverein zum Betreuer. [2] Die Bestellung bedarf der Einwilligung des Vereins.

(2) [1] Der Verein überträgt die Wahrnehmung der Betreuung einzelnen Personen. [2] Vorschlägen des Volljährigen hat er hierbei zu entsprechen, soweit nicht wichtige Gründe entgegenstehen. [3] Der Verein teilt dem Gericht alsbald mit, wem er die Wahrnehmung der Betreuung übertragen hat.

(3) Werden dem Verein Umstände bekannt, aus denen sich ergibt, dass der Volljährige durch eine oder mehrere natürliche Personen hinreichend betreut werden kann, so hat er dies dem Gericht mitzuteilen.

(4) [1] Kann der Volljährige durch eine oder mehrere natürliche Personen oder durch einen Verein nicht hinreichend betreut werden, so bestellt das Gericht

die zuständige Behörde zum Betreuer. [2] Die Absätze 2 und 3 gelten entsprechend.

(5) Vereinen oder Behörden darf die Entscheidung über die Einwilligung in eine Sterilisation des Betreuten nicht übertragen werden.

§ 1901 [Führung der Betreuung]

(1) Die Betreuung umfasst alle Tätigkeiten, die erforderlich sind, um die Angelegenheiten des Betreuten nach Maßgabe der folgenden Vorschriften rechtlich zu besorgen.

(2) Der Betreuer hat die Angelegenheiten des Betreuten so zu besorgen, wie es dessen Wohl entspricht. Zum Wohl des Betreuten gehört auch die Möglichkeit, im Rahmen seiner Fähigkeiten sein Leben nach seinen eigenen Wünschen und Vorstellungen zu gestalten.

(3) Der Betreuer hat Wünschen des Betreuten zu entsprechen, soweit dies dessen Wohl nicht zuwiderläuft und dem Betreuer zuzumuten ist. Dies gilt auch für Wünsche, die der Betreute vor der Bestellung des Betreuers geäußert hat, es sei denn, dass er an diesen Wünschen erkennbar nicht festhalten will. Ehe der Betreuer wichtige Angelegenheiten erledigt, bespricht er sie mit dem Betreuten, sofern dies dessen Wohl nicht zuwiderläuft.

(4) Innerhalb seines Aufgabenkreises hat der Betreuer dazu beizutragen, dass Möglichkeiten genutzt werden, die Krankheit oder Behinderung des Betreuten zu beseitigen, zu bessern, ihre Ver-

schlimmerung zu verhüten oder ihre Folgen zu mildern.

(5) Werden dem Betreuer Umstände bekannt, die eine Aufhebung der Betreuung ermöglichen, so hat er dies dem Vormundschaftsgericht mitzuteilen. Gleiches gilt für Umstände, die eine Einschränkung des Aufgabenkreises ermöglichen oder dessen Erweiterung, die Bestellung eines weiteren Betreuers oder die Anordnung eines Einwilligungsvorbehalts (§ 1903) erfordern.

§ 1901 a [Schriftliche Betreuungswünsche]

Wer ein Schriftstück besitzt, in dem jemand für den Fall seiner Betreuung Vorschläge zur Auswahl des Betreuers oder Wünsche zur Wahrnehmung der Betreuung geäußert hat, hat es unverzüglich an das Vormundschaftsgericht abzuliefern, nachdem er von der Einleitung eines Verfahrens über die Bestellung eines Betreuers Kenntnis erlangt hat.

§ 1902 [Vertretung des Betreuten]

In seinem Aufgabenkreis vertritt der Betreuer den Betreuten gerichtlich und außergerichtlich.

§ 1903 [Einwilligungsvorbehalt]

(1) [1] Soweit dies zur Abwendung einer erheblichen Gefahr für die Person oder das Vermögen des Betreuten erforderlich ist, ordnet das Vormundschaftsgericht an, dass der Betreute zu einer Willenserklärung, die den Aufgabenkreis des Betreuers betrifft, dessen Einwilligung bedarf (Einwilligungsvorbehalt). [2] Die §§ 108 bis 113, 131 Abs. 2 und § 206 gelten entsprechend.

(2) Ein Einwilligungsvorbehalt kann sich nicht erstrecken auf Willenserklärungen, die auf Eingehung einer Ehe gerichtet sind, auf Verfügungen von Todes wegen und auf Willenserklärungen, zu denen ein beschränkt Geschäftsfähiger nach den Vorschriften des Vierten und Fünften Buches nicht der Zustimmung seines gesetzlichen Vertreters bedarf.

(3) [1] Ist ein Einwilligungsvorbehalt angeordnet, so bedarf der Betreute dennoch nicht der Einwilligung seines Betreuers, wenn die Willenserklärung dem Betreuten lediglich einen rechtlichen Vorteil bringt. [2] Soweit das Gericht nichts anderes anordnet, gilt dies auch, wenn die Willenserklärung eine geringfügige Angelegenheit des täglichen Lebens betrifft.

(4) § 1901 Abs. 4 gilt entsprechend.

§ 1904 [Heilbehandlung]

(1) Die Einwilligung des Betreuers in eine Untersuchung des Gesundheitszustandes, eine Heilbehandlung oder einen ärztlichen Eingriff bedarf der Genehmigung des Vormundschaftsgerichts, wenn die begründete Gefahr besteht, dass der Betreute aufgrund der Maßnahme stirbt oder einen schweren und länger dauernden gesundheitlichen Schaden erleidet. Ohne die Genehmigung darf die Maßnahme nur durchgeführt werden, wenn mit dem Aufschub Gefahr verbunden ist.

(2) Absatz 1 gilt auch für die Einwilligung eines Bevollmächtigten. Sie ist nur wirksam, wenn die Vollmacht schriftlich erteilt ist und die in Abs. 1 Satz 1 genannten Maßnahmen ausdrücklich umfasst.

§ 1905 [Sterilisation]

(1) [1] Besteht der ärztliche Eingriff in einer Sterilisation des Betreuten, in die dieser nicht einwilligen kann, so kann der Betreuer nur einwilligen, wenn

1. die Sterilisation dem Willen des Betreuten nicht widerspricht,
2. der Betreute auf Dauer einwilligungsunfähig bleiben wird,
3. anzunehmen ist, dass es ohne die Sterilisation zu einer Schwangerschaft kommen würde,
4. infolge dieser Schwangerschaft eine Gefahr für das Leben oder die Gefahr einer schwerwiegenden Beeinträchtigung des körperlichen oder seelischen Gesundheitszustandes der Schwangeren zu erwarten wäre, die nicht auf zumutbare Weise abgewendet werden könnte, und
5. die Schwangerschaft nicht durch andere zumutbare Mittel verhindert werden kann.

[2] Als schwerwiegende Gefahr für den seelischen Gesundheitszustand der Schwangeren gilt auch die Gefahr eines schweren und nachhaltigen Leidens, das ihr drohen würde, weil vormundschaftsgerichtliche Maßnahmen, die mit ihrer Trennung vom Kind verbunden wären

(§§ 1666, 1666 a), gegen sie ergriffen werden müssten.

(2) [1] Die Einwilligung bedarf der Genehmigung des Vormundschaftsgerichts. [2] Die Sterilisation darf erst zwei Wochen nach Wirksamkeit der Genehmigung durchgeführt werden.

[3] Bei der Sterilisation ist stets der Methode der Vorzug zu geben, die eine Refertilisierung zulässt.

§ 1906 [Unterbringung]

(1) Eine Unterbringung des Betreuten durch den Betreuer, die mit Freiheitsentziehung verbunden ist, ist nur zulässig, solange sie zum Wohl des Betreuten erforderlich ist, weil

1. aufgrund einer psychischen Krankheit oder geistigen oder seelischen Behinderung des Betreuten die Gefahr besteht, dass er sich selbst tötet oder erheblichen gesundheitlichen Schaden zufügt, oder
2. eine Untersuchung des Gesundheitszustandes, eine Heilbehandlung oder ein ärztlicher Eingriff notwendig sind, ohne die die Unterbringung des Betreuten nicht durchgeführt werden kann und der Betreute aufgrund einer psychischen Krankheit oder geistigen oder seelischen Behinderung die Notwendigkeit der Unterbringung nicht erkennen oder nicht nach dieser Einsicht handeln kann.

(2) Die Unterbringung ist nur mit Genehmigung des Vormundschaftsgerichts zulässig. Ohne die Genehmigung ist die Unterbringung nur zulässig, wenn

mit dem Aufschub Gefahr verbunden ist, die Genehmigung ist unverzüglich nachzuholen.

(3) Der Betreuer hat die Unterbringung zu beenden, wenn ihre Voraussetzungen wegfallen. Er hat die Beendigung der Unterbringung dem Vormundschaftsgericht anzuzeigen.

(4) Die Absätze 1 bis 3 gelten entsprechend, wenn dem Betreuten, der sich in einer Anstalt, einem Heim oder einer sonstigen Einrichtung aufhält, ohne untergebracht zu sein, durch mechanische Vorrichtungen, Medikamente oder auf andere Weise über einen längeren Zeitraum oder regelmäßig die Freiheit entzogen werden soll.

(5) Die Unterbringung durch einen Bevollmächtigten und die Einwilligung eines Bevollmächtigten in Maßnahmen nach Absatz 4 setzt voraus, dass die Vollmacht schriftlich erteilt ist und die in Absatz 1 und 4 genannten Maßnahmen ausdrücklich umfasst. Im Übrigen gelten die Absätze 1 bis 4 entsprechend.

§ 1907 [Aufgabe der Mietwohnung]

(1) Zur Kündigung eines Mietverhältnisses über Wohnraum, den der Betreute gemietet hat, bedarf der Betreuer der Genehmigung des Vormundschaftsgerichts. Gleiches gilt für eine Willenserklärung, die auf die Aufhebung eines solchen Mietverhältnisses gerichtet ist.

(2) Treten andere Umstände ein, aufgrund derer die Beendigung des Mietverhältnisses in Betracht kommt, so hat der Betreuer dies dem Vormundschaftsgericht unverzüglich mitzuteilen, wenn sein Aufgabenkreis das Mietverhältnis oder die Aufenthaltsbestimmung umfasst. Will der Betreuer Wohnraum des Betreuten auf andere Weise als durch Kündigung oder Aufhebung eines Mietverhältnisses aufgeben, so hat er dies gleichfalls unverzüglich mitzuteilen.

(3) Zu einem Miet- oder Pachtvertrag oder zu einem anderen Vertrag, durch den der Betreute zu wiederkehrenden Leistungen verpflichtet wird, bedarf der Betreuer der Genehmigung des Vormundschaftgerichts, wenn das Vertragsverhältnis länger als vier Jahre dauern oder vom Betreuer Wohnraum vermietet werden soll.

§ 1908 b [Entlassung des Betreuers]

(1) Das Vormundschaftsgericht hat den Betreuer zu entlassen, wenn seine Eignung, die Angelegenheiten des Betreuten zu besorgen, nicht mehr gewährleistet ist oder ein anderer wichtiger Grund für die Entlassung vorliegt. Das Gericht soll den nach § 1897 Abs. 6 bestellten Betreuer entlassen, wenn der Betreute durch eine oder mehrere andere Personen außerhalb einer Berufsausübung betreut werden kann.

(2) Der Betreuer kann seine Entlassung verlangen, wenn nach seiner Bestellung Umstände eintreten, aufgrund derer ihm die Betreuung nicht mehr zugemutet werden kann.

(3) Das Gericht kann den Betreuer entlassen, wenn der Betreute eine gleich

geeignete Person, die zur Übernahme bereit ist, als neuen Betreuer vorschlägt.

(4) Der Vereinsbetreuer ist auch zu entlassen, wenn der Verein dies beantragt. Ist die Entlassung nicht zum Wohl des Betreuten erforderlich, so kann das Vormundschaftsgericht stattdessen mit Einverständnis des Betreuers aussprechen, dass dieser die Betreuung künftig als Privatperson weiterführt. Die Sätze 1 und 2 gelten für den Behördenbetreuer entsprechend.

(5) Der Verein oder die Behörde ist zu entlassen, sobald der Betreute durch eine oder mehrere natürliche Personen hinreichend betreut werden kann.

§ 1908 d [Aufhebung oder Änderung von Betreuung und Einwilligungsvorbehalt]

(1) Die Betreuung ist aufzuheben, wenn ihre Voraussetzungen wegfallen. Fallen diese Voraussetzungen nur für einen Teil der Aufgaben des Betreuers weg, so ist dessen Aufgabenkreis einzuschränken.

(2) [1] Ist der Betreuer auf Antrag des Betreuten bestellt, so ist die Betreuung auf dessen Antrag aufzuheben, es sei denn, dass eine Betreuung von Amts wegen erforderlich ist. [2] Den Antrag kann auch ein Geschäftsunfähiger stellen. [3] Die Sätze 1 und 2 gelten für die Einschränkung des Aufgabenkreises entsprechend.

(3) [1] Der Aufgabenkreis des Betreuers ist zu erweitern, wenn dies erforderlich wird. [2] Die Vorschriften über die Bestel-

lung des Betreuers gelten hierfür entsprechend.

(4) Für den Einwilligungsvorbehalt gelten die Absätze 1 und 3 entsprechend.

§ 1909 [Ergänzungspflegschaft]

(1) [1] Wer unter elterlicher Sorge oder unter Vormundschaft steht, erhält für Angelegenheiten, an deren Besorgung die Eltern oder der Vormund verhindert sind, einen Pfleger. [2] Er erhält insbesondere einen Pfleger zur Verwaltung des Vermögens, das er von Todes wegen erwirbt oder das ihm unter Lebenden unentgeltlich zugewendet wird, wenn der Erblasser durch letztwillige Verfügung, der Zuwendende bei der Zuwendung bestimmt hat, dass die Eltern oder der Vormund das Vermögen nicht verwalten sollen.

§ 2229 [Testierfähigkeit]

(1) Ein Minderjähriger kann ein Testament erst errichten, wenn er das sechzehnte Lebensjahr vollendet hat.

(2) Der Minderjährige bedarf zur Errichtung eines Testaments nicht der Zustimmung seines gesetzlichen Vertreters.

(3) (aufgehoben)

(4) Wer wegen krankhafter Störung der Geistestätigkeit, wegen Geistesschwäche oder wegen Bewusstseinsstörung nicht in der Lage ist, die Bedeutung einer von ihm abgegebenen Willenserklärung einzusehen und nach dieser Einsicht zu handeln, kann ein Testament nicht errichten.

13.2 Zivilprozessordnung (ZPO)

§ 52 [Umfang der Prozessfähigkeit]

(1) Eine Person ist insoweit prozessfähig, als sie sich durch Verträge verpflichten kann.

§ 383 [Zeugnisverweigerung aus persönlichen Gründen]

(1) Zur Verweigerung des Zeugnisses sind berechtigt:

1. der Verlobte einer Partei;
2. der Ehegatte einer Partei, auch wenn die Ehe nicht mehr besteht;
3. diejenigen, die mit einer Partei in gerader Linie verwandt oder verschwägert, in der Seitenlinie bis zum dritten Grad verwandt oder bis zum zweiten Grad verschwägert sind oder waren;
4. Geistliche in Ansehung desjenigen, was ihnen bei der Ausübung der Seelsorge anvertraut ist;
5. Personen, die bei der Vorbereitung, Herstellung oder Verbreitung von periodischen Druckwerken oder Rundfunksendungen berufsmäßig mitwirken oder mitgewirkt haben, über die Person des Verfassers, Einsenders oder Gewährsmanns von Beiträgen und Unterlagen sowie über die ihnen im Hinblick auf ihre Tätigkeit gemachten Mitteilungen, soweit es sich um Beiträge, Unterlagen und Mitteilungen für den redaktionellen Teil handelt;
6. Personen, denen kraft ihres Amtes, Standes oder Gewerbes Tatsachen anvertraut sind, deren Geheimhaltung durch ihre Natur oder durch gesetzliche Vorschriften geboten ist, in Betreff der Tatsachen, auf welche die Verpflichtung zur Verschwiegenheit sich bezieht.

(2) Die unter Nummer 1 bis 3 bezeichneten Personen sind vor der Vernehmung über ihr Recht zur Verweigerung des Zeugnisses zu belehren.

(3) Die Vernehmung der unter Nummern 4 bis 6 bezeichneten Personen ist, auch wenn das Zeugnis nicht verweigert wird, auf Tatsachen nicht zu richten, in Ansehung welcher erhellt, dass ohne Verletzung der Verpflichtung zur Verschwiegenheit ein Zeugnis nicht abgelegt werden kann.

§ 404 [Auswahl]

(1) Die Auswahl der zuzuziehenden Sachverständigen und die Bestimmung ihrer Anzahl erfolgt durch das Prozessgericht. Es kann sich auf die Ernennung eines einzigen Sachverständigen beschränken.
Anstelle der zuerst ernannten Sachverständigen kann es andere ernennen.

(2) Sind für gewisse Arten von Gutachten Sachverständige öffentlich bestellt, so sollen andere Personen nur dann gewählt werden, wenn besondere Umstände es erfordern.

(3) Das Gericht kann die Parteien auf-

fordern, Personen zu bezeichnen, die geeignet sind, als Sachverständige vernommen zu werden.

(4) Einigen sich die Parteien über bestimmte Personen als Sachverständige, so hat das Gericht dieser Einigung Folge zu geben; das Gericht kann jedoch die Wahl der Parteien auf eine bestimmte Anzahl beschränken.

§ 407 [Pflicht zur Erstattung des Gutachtens]

(1) Der zum Sachverständigen Ernannte hat der Ernennung Folge zu leisten, wenn er zur Erstattung von Gutachten der erforderlichen Art öffentlich bestellt ist oder wenn er die Wissenschaft, die Kunst oder das Gewerbe, deren Kenntnis Voraussetzung der Begutachtung ist, öffentlich zum Erwerb ausübt oder wenn er zur Ausübung derselben öffentlich bestellt oder ermächtigt ist.

(2) Zur Erstattung des Gutachtens ist auch derjenige verpflichtet, der sich hierzu vor Gericht bereit erklärt hat.

§ 407 a

(1) Der Sachverständige hat unverzüglich zu prüfen, ob der Auftrag in sein Fachgebiet fällt und ohne die Hinzuziehung weiterer Sachverständiger erledigt werden kann. Ist das nicht der Fall, so hat der Sachverständige das Gericht unverzüglich zu verständigen.

(2) Der Sachverständige ist nicht befugt, den Auftrag auf einen anderen zu übertragen. Soweit er sich der Mitarbeit einer anderen Person bedient, hat er diese namhaft zu machen und den Umfang ihrer Tätigkeit anzugeben, falls es sich nicht um Hilfsdienste von untergeordneter Bedeutung handelt.

(3) Hat der Sachverständige Zweifel an Inhalt und Umfang des Auftrages, so hat er unverzüglich eine Klärung durch das Gericht herbeizuführen. Erwachsen voraussichtlich Kosten, die erkennbar außer Verhältnis zum Wert des Streitgegenstandes stehen oder einen angeforderten Kostenvorschuss erheblich übersteigen, so hat der Sachverständige rechtzeitig hierauf hinzuweisen.

(4) Der Sachverständige hat auf Verlangen des Gerichts die Akten und sonstige für die Begutachtung beigezogene Unterlagen sowie Untersuchungsergebnisse unverzüglich herauszugeben oder mitzuteilen. Kommt er dieser Pflicht nicht nach, so ordnet das Gericht die Herausgabe an.

§ 408 [Gutachtenverweigerungsrecht]

(1) Dieselben Gründe, die einen Zeugen berechtigten, das Zeugnis zu verweigern, berechtigen einen Sachverständigen zur Verweigerung des Gutachtens. Das Gericht kann auch aus anderen Gründen einen Sachverständigen von der Verpflichtung zur Erstattung des Gutachtens entbinden.

(2) Für die Vernehmung eines Richters, Beamten oder einer anderen Person des öffentlichen Dienstes als Sachverständigen gelten die besonderen beamtenrechtlichen Vorschriften. Für die Mit-

glieder der Bundes- oder Landesregierung gelten die für sie maßgebenden besonderen Vorschriften.

(3) Wer bei einer richterlichen Entscheidung mitgewirkt hat, soll über Fragen, die den Gegenstand der Entscheidung gebildet haben, nicht als Sachverständiger vernommen werden.

§ 409 [Folgen des Ausbleibens oder der Weigerung]

(1) Wenn ein Sachverständiger nicht erscheint oder sich weigert, ein Gutachten zu erstatten, obgleich er dazu verpflichtet ist, oder wenn er Akten oder sonstige Unterlagen zurückbehält, werden ihm die dadurch verursachten Kosten auferlegt. Zugleich wird gegen ihn ein Ordnungsgeld festgesetzt. Im Falle wiederholten Ungehorsams kann das Ordnungsgeld noch einmal festgesetzt werden.

(2) Gegen den Beschluss findet Beschwerde statt.

§ 410 [Beeidigung]

(1) Der Sachverständige wird vor oder nach Erstattung des Gutachtens beeidigt. Die Eidesnorm geht dahin, dass der Sachverständige das von ihm erforderte Gutachten unparteiisch und nach bestem Wissen und Gewissen erstatten werde oder erstattet habe.

(2) Ist der Sachverständige für die Erstattung von Gutachten der betreffenden Art im Allgemeinen beeidigt, so genügt die Berufung auf den geleisteten Eid; sie kann auch in einem schriftlichen Gutachten erklärt werden.

§ 411 [Schriftliches Gutachten]

(1) Wird schriftliche Begutachtung angeordnet, so hat der Sachverständige das von ihm unterschriebene Gutachten auf der Geschäftsstelle niederzulegen. Das Gericht kann ihm hierzu eine Frist bestimmen.

(2) Versäumt ein zur Erstattung des Gutachtens verpflichteter Sachverständiger die Frist, so kann gegen ihn ein Ordnungsgeld festgesetzt werden. Das Ordnungsgeld muss vorher unter Setzung einer Nachfrist angedroht werden. Im Falle wiederholter Fristversäumnis kann das Ordnungsgeld in der gleichen Weise noch einmal festgesetzt werden. § 409 Abs. 2 gilt entsprechend.

(3) Das Gericht kann das Erscheinen des Sachverständigen anordnen, damit er das schriftliche Gutachten erläutere.

13.3 Strafgesetzbuch (StGB)

§ 20 [Schuldunfähigkeit wegen seelischer Störungen]

Ohne Schuld handelt, wer bei Begehung der Tat wegen einer krankhaften seelischen Störung, wegen einer tief greifenden Bewusstseinsstörung oder wegen Schwachsinns oder einer schweren anderen seelischen Abartigkeit unfähig ist, das Unrecht der Tat einzusehen oder nach dieser Einsicht zu handeln.

§ 21 [Verminderte Schuldfähigkeit]

Ist die Fähigkeit des Täters, das Unrecht der Tat einzusehen oder nach dieser Einsicht zu handeln, aus einem der in § 20 bezeichneten Gründe bei Begehung der Tat erheblich vermindert, so kann die Strafe nach § 49 Abs. 1 gemildert werden.

§ 34 [Rechtfertigender Notstand]

Wer in einer gegenwärtigen, nicht anders abwendbaren Gefahr für Leben, Leib, Freiheit, Ehre, Eigentum oder ein anderes Rechtsgut eine Tat begeht, um die Gefahr von sich oder einem anderen abzuwenden, handelt nicht rechtswidrig, wenn bei Abwägung der widerstreitenden Interessen, namentlich der betroffenen Rechtsgüter und des Grades der ihnen drohenden Gefahren, das geschützte Interesse das beeinträchtigte wesentlich überwiegt. Dies gilt jedoch nur, soweit die Tat ein angemessenes Mittel ist, die Gefahr abzuwenden.

§ 61 [Übersicht]

Maßregeln der Besserung und Sicherung sind

1. die Unterbringung in einem psychiatrischen Krankenhaus,
2. die Unterbringung in einer Entziehungsanstalt,
3. die Unterbringung in der Sicherungsverwahrung,
4. die Führungsaufsicht,
5. die Entziehung der Fahrerlaubnis,
6. das Berufsverbot.

§ 62 [Grundsatz der Verhältnismäßigkeit]

Eine Maßregel der Besserung und Sicherung darf nicht angeordnet werden, wenn sie zur Bedeutung der vom Täter begangenen und zu erwartenden Taten sowie zu dem Grad der von ihm ausgehenden Gefahr außer Verhältnis steht.

§ 63 [Unterbringung in einem psychiatrischen Krankenhaus]

Hat jemand eine rechtswidrige Tat im Zustand der Schuldunfähigkeit (§ 20) oder der verminderten Schuldfähigkeit (§ 21) begangen, so ordnet das Gericht die Unterbringung in einem psychiatrischen Krankenhaus an, wenn die Gesamtwürdigung des Täters und seiner Tat ergibt, dass von ihm infolge seines Zustandes erhebliche rechtswidrige Taten zu erwarten sind und er deshalb für die Allgemeinheit gefährlich ist.

§ 64 [Unterbringung in einer Entziehungsanstalt]

(1) Hat jemand den Hang, alkoholische Getränke oder andere berauschende Mittel im Übermaß zu sich zu nehmen, und wird er wegen einer rechtswidrigen Tat, die er im Rausch begangen hat oder die auf seinen Hang zurückgeht, verurteilt oder nur deshalb nicht verurteilt, weil seine Schuldunfähigkeit erwiesen oder nicht auszuschließen ist, so ordnet das Gericht die Unterbringung in einer Entziehungsanstalt an, wenn die Gefahr besteht, dass er infolge seines Hanges erhebliche rechtswidrige Taten begehen wird.

(2) Die Anordnung unterbleibt, wenn eine Entziehungskur von vornherein aussichtslos erscheint.

§ 66 [Unterbringung in der Sicherungsverwahrung]

(1) Wird jemand wegen einer vorsätzlichen Straftat zu zeitiger Freiheitsstrafe von mindestens zwei Jahren verurteilt, so ordnet das Gericht neben der Strafe die Sicherungsverwahrung an, wenn

1. der Täter wegen vorsätzlicher Straftaten, die er vor der neuen Tat begangen hat, schon zweimal jeweils zu einer Freiheitsstrafe von mindestens einem Jahr verurteilt worden ist,

2. er wegen einer oder mehrerer dieser

Taten vor der neuen Tat für die Zeit von mindestens zwei Jahren Freiheitsstrafe verbüßt oder sich im Vollzug einer freiheitsentziehenden Maßregel der Besserung und Sicherung befunden hat und

3. die Gesamtwürdigung des Täters und seiner Taten ergibt, dass er infolge eines Hanges zu erheblichen Straftaten, namentlich zu solchen, durch welche die Opfer seelisch oder körperlich schwer geschädigt werden oder schwerer wirtschaftlicher Schaden angerichtet wird, für die Allgemeinheit gefährlich ist.

§ 67 [Reihenfolge der Vollstreckung]

(1) Wird die Unterbringung in einer Anstalt nach §§ 63 und 64 neben einer Freiheitsstrafe angeordnet, so wird die Maßregel vor der Strafe vollzogen.

(2) Das Gericht bestimmt jedoch, dass die Strafe oder ein Teil der Strafe vor der Maßregel zu vollziehen ist, wenn der Zweck der Maßregel dadurch leichter erreicht wird.

(3) Das Gericht kann eine Anordnung nach Absatz 2 nachträglich treffen, ändern oder aufheben, wenn Umstände in der Person des Verurteilten es angezeigt erscheinen lassen.

(4) Wird die Maßregel ganz oder zum Teil vor der Strafe vollzogen, so wird die Zeit des Vollzugs der Maßregel auf die Strafe angerechnet, bis zwei Drittel der Strafe erledigt sind. Dies gilt nicht, wenn das Gericht eine Anordnung nach § 67 d Abs. 5 Satz 1 trifft.

(5) Wird die Maßregel vor der Strafe vollzogen, so kann das Gericht die Vollstreckung des Strafrestes unter den Voraussetzungen des § 57 Absatz 1 Satz 1 Nr. 2 und 3 zur Bewährung aussetzen, wenn die Hälfte der Strafe erledigt ist. Wird der Strafrest nicht ausgesetzt, so wird der Vollzug der Maßregel fortgesetzt, das Gericht kann jedoch den Vollzug der Strafe anordnen, wenn Umstände in der Person des Verurteilten es angezeigt erscheinen lassen.

§ 67 a [Überweisung in den Vollzug einer anderen Maßregel]

(1) Ist die Unterbringung in einem psychiatrischen Krankenhaus oder einer Entziehungsanstalt angeordnet worden, so kann das Gericht nachträglich den Täter in den Vollzug der anderen Maßregel überweisen, wenn die Resozialisierung des Täters dadurch besser gefördert werden kann.

(2) Unter den Voraussetzungen des Absatzes 1 kann das Gericht nachträglich auch einen Täter, gegen den Sicherungsverwahrung angeordnet worden ist, in den Vollzug einer der in Absatz 1 genannten Maßregeln überweisen.

(3) Das Gericht kann eine Entscheidung nach den Absätzen 1 und 2 ändern oder aufheben, wenn sich nachträglich ergibt, dass die Resozialisierung des Täters dadurch besser gefördert werden kann. Eine Entscheidung nach Absatz 2 kann das Gericht ferner aufheben, wenn sich nachträglich ergibt, dass mit dem Vollzug der in Absatz 1 genannten

Maßregeln kein Erfolg erzielt werden kann.

(4) Die Fristen für die Dauer der Unterbringung und die Überprüfung richten sich nach den Vorschriften, die für die im Urteil angeordnete Unterbringung gelten.

§ 67 b [Aussetzung zugleich mit der Anordnung]

(1) Ordnet das Gericht die Unterbringung in einem psychiatrischen Krankenhaus oder einer Entziehungsanstalt an, so setzt es zugleich deren Vollstreckung zur Bewährung aus, wenn besondere Umstände die Erwartung rechtfertigen, dass der Zweck der Maßregel auch dadurch erreicht werden kann. Die Aussetzung unterbleibt, wenn der Täter noch Freiheitsstrafe zu verbüßen hat, die gleichzeitig mit der Maßregel verhängt und nicht zur Bewährung ausgesetzt wird.

(2) Mit der Aussetzung tritt Führungsaufsicht ein.

§ 67 c [Späterer Beginn der Unterbringung]

(1) Wird eine Freiheitsstrafe vor einer zugleich angeordneten Unterbringung vollzogen, so prüft das Gericht vor dem Ende des Vollzugs der Strafe, ob der Zweck der Maßregel die Unterbringung noch erfordert. Ist das nicht der Fall, so setzt es die Vollstreckung der Unterbringung zur Bewährung aus; mit der Aussetzung tritt Führungsaufsicht ein.

(2) Hat der Vollzug der Unterbringung drei Jahre nach Rechtskraft ihrer

Anordnung noch nicht begonnen und liegt ein Fall des Absatzes 1 oder des § 67 b nicht vor, so darf die Unterbringung nur noch vollzogen werden, wenn das Gericht es anordnet. In die Frist wird die Zeit nicht eingerechnet, in welcher der Täter auf behördliche Anordnung in einer Anstalt verwahrt worden ist. Das Gericht ordnet den Vollzug an, wenn der Zweck der Maßregel die Unterbringung noch erfordert. Ist der Zweck der Maßregel nicht erreicht, rechtfertigen aber besondere Umstände die Erwartung, dass er auch durch die Aussetzung erreicht werden kann, so setzt das Gericht die Vollstreckung der Unterbringung zur Bewährung aus; mit der Aussetzung tritt Führungsaufsicht ein. Ist der Zweck der Maßregel erreicht, so erklärt das Gericht sie für erledigt.

§ 67 d [Dauer der Unterbringung]

(1) Die Unterbringung in einer Entziehungsanstalt darf zwei Jahre und die erste Unterbringung in der Sicherungsverwahrung darf zehn Jahre nicht übersteigen. Die Fristen laufen vom Beginn der Unterbringung an. Wird vor einer Freiheitsstrafe eine daneben angeordnete freiheitsentziehende Maßregel vollzogen, so verlängert sich die Höchstfrist um die Dauer der Freiheitsstrafe, soweit die Zeit des Vollzugs der Maßregel auf die Strafe angerechnet wird.

(2) Ist keine Höchstfrist vorgesehen oder ist die Frist noch nicht abgelaufen, so setzt das Gericht die weitere Vollstreckung der Unterbringung zur Bewährung aus, sobald verantwortet werden kann zu erproben, ob der Untergebrachte außerhalb des Maßregelvollzugs keine rechtswidrigen Taten mehr begehen wird. Mit der Aussetzung tritt Führungsaufsicht ein.

(3) Ist die Höchstfrist abgelaufen, so wird der Untergebrachte entlassen. Die Maßregel ist damit erledigt.

(4) Wird der Untergebrachte wegen Ablaufs der Höchstfrist für die erste Unterbringung in der Sicherungsverwahrung entlassen, so tritt Führungsaufsicht ein.

(5) Ist die Unterbringung in einer Entziehungsanstalt mindestens ein Jahr vollzogen worden, so kann das Gericht nachträglich bestimmen, dass sie nicht weiter zu vollziehen ist, wenn ihr Zweck aus Gründen, die in der Person des Untergebrachten liegen, nicht erreicht werden kann. Mit der Entlassung aus dem Vollzug der Unterbringung tritt Führungsaufsicht ein.

§ 67 e [Überprüfung]

(1) Das Gericht kann jederzeit prüfen, ob die weitere Vollstreckung der Unterbringung zur Bewährung auszusetzen ist. Es muss dies vor Ablauf bestimmter Fristen prüfen.

(2) Die Fristen betragen bei der Unterbringung in einer Entziehungsanstalt sechs Monate, in einem psychiatrischen Krankenhaus ein Jahr, in der Sicherungsverwahrung zwei Jahre.

(3) Das Gericht kann die Fristen kür-

zen. Es kann im Rahmen der gesetzlichen Prüfungsfristen auch Fristen festsetzen, vor deren Ablauf ein Antrag auf Prüfung unzulässig ist.

(4) Die Fristen laufen vom Beginn der Unterbringung an. Lehnt das Gericht die Aussetzung ab, so beginnen die Fristen mit der Entscheidung von neuem.

§ 67 f [Mehrfache Anordnung der Maßregel]

Ordnet das Gericht die Unterbringung in einer Entziehungsanstalt an, so ist eine frühere Anordnung der Maßregel erledigt.

§ 67 g [Widerruf der Aussetzung]

(1) Das Gericht widerruft die Aussetzung einer Unterbringung, wenn der Verurteilte

1. während der Dauer der Führungsaufsicht eine rechtswidrige Tat begeht,
2. gegen Weisungen gröblich oder beharrlich verstößt oder
3. sich der Aufsicht und Leitung des Bewährungshelfers oder der Aufsichtsstelle beharrlich entzieht und sich daraus ergibt, dass der Zweck der Maßregel seine Unterbringung erfordert.

(2) Das Gericht widerruft die Aussetzung einer Unterbringung nach den §§ 63 und 64 auch dann, wenn sich während der Dauer der Führungsaufsicht ergibt, dass von dem Verurteilten infolge seines Zustandes rechtswidrige Taten zu erwarten sind und deshalb der

Zweck der Maßregel seine Unterbringung erfordert.

(3) Das Gericht widerruft die Aussetzung ferner, wenn Umstände, die ihm während der Dauer der Führungsaufsicht bekannt werden und zur Versagung der Aussetzung geführt hätten, zeigen, dass der Zweck der Maßregel die Unterbringung des Verurteilten erfordert.

(4) Die Dauer der Unterbringung vor und nach dem Widerruf darf insgesamt die gesetzliche Höchstfrist der Maßregel nicht übersteigen.

(5) Widerruft das Gericht die Aussetzung der Unterbringung nicht, so ist die Maßregel mit dem Ende der Führungsaufsicht erledigt.

(6) Leistungen, die der Verurteilte zur Erfüllung von Weisungen erbracht hat, werden nicht erstattet.

§ 203 [Verletzung von Privatgeheimnissen]

(1) Wer unbefugt ein fremdes Geheimnis, namentlich ein zum persönlichen Lebensbereich gehörendes Geheimnis oder ein Betriebs- oder Geschäftsgeheimnis, offenbart, das ihm als

1. Arzt, Zahnarzt, Tierarzt, Apotheker oder Angehöriger eines anderen Heilberufs, der für die Berufsausübung oder die Führung der Berufsbezeichnung eine staatlich geregelte Ausbildung erfordert,
2. Berufspsychologen mit staatlich anerkannter wissenschaftlicher Abschlussprüfung,

3. Rechtsanwalt, Patentanwalt, Notar, Verteidiger in einem gesetzlich geordneten Verfahren, Wirtschaftsprüfer, vereidigtem Buchprüfer, Steuerberater, Steuerbevollmächtigten oder Organ oder Mitglied eines Organs einer Wirtschaftsprüfungs-, Buchprüfungs- oder Steuerberatungsgesellschaft,

4. Ehe-, Familien-, Erziehungs- oder Jugendberater sowie Berater für Suchtfragen in einer Beratungsstelle, die von einer Behörde oder Körperschaft, Anstalt oder Stiftung des öffentlichen Rechts anerkannt ist,

4a. Mitglied oder Beauftragten einer anerkannten Beratungsstelle nach § 3 des Gesetzes über Aufklärung, Verhütung, Familienplanung und Beratung vom 27. Juli 1992 (BGBl. I S. 1398),

5. staatlich anerkanntem Sozialarbeiter oder staatlich anerkanntem Sozialpädagogen oder

6. Angehörigen eines Unternehmens der privaten Kranken-, Unfall- oder Lebensversicherung oder einer privatärztlichen Verrechnungsstelle

anvertraut worden oder sonst bekannt geworden ist, wird mit Freiheitsstrafe bis zu einem Jahr oder mit Geldstrafe bestraft.

(2) Ebenso wird bestraft, wer unbefugt ein fremdes Geheimnis, namentlich ein zum persönlichen Lebensbereich gehörendes Geheimnis oder ein Betriebs- oder Geschäftsgeheimnis, offenbart, das ihm als

1. Amtsträger,

2. für den öffentlichen Dienst besonders Verpflichteten,

3. Person, die Aufgaben oder Befugnisse nach dem Personalvertretungsrecht wahrnimmt,

4. Mitglied eines für ein Gesetzgebungsorgan des Bundes oder eines Landes tätigen Untersuchungsausschusses, sonstigen Ausschusses oder Rates, das nicht selbst Mitglied des Gesetzgebungsorgans ist, oder als Hilfskraft eines solchen Ausschusses oder Rates oder

5. öffentlich bestelltem Sachverständigen, der auf die gewissenhafte Erfüllung seiner Obliegenheiten aufgrund eines Gesetzes förmlich verpflichtet worden ist,

anvertraut worden oder sonst bekannt geworden ist. Einem Geheimnis im Sinne des Satzes 1 stehen Einzelangaben über persönliche oder sachliche Verhältnisse eines anderen gleich, die für Aufgaben der öffentlichen Verwaltung erfasst worden sind; Satz 1 ist jedoch nicht anzuwenden, soweit solche Einzelangaben anderen Behörden oder sonstigen Stellen für Aufgaben der öffentlichen Verwaltung bekannt gegeben werden und das Gesetz dies nicht untersagt.

(3) Den in Abs. 1 Genannten stehen ihre berufsmäßig tätigen Gehilfen und die Personen gleich, die bei ihnen zur Vorbereitung auf den Beruf tätig sind. Den in Abs. 1 und den in Satz 1 Genannten steht nach dem Tod des zur Wahrung des Geheimnisses Verpflichteten

ferner gleich, wer das Geheimnis von dem Verstorbenen oder aus dessen Nachlass erlangt hat.

(4) Die Abs. 1 bis 3 sind auch anzuwenden, wenn der Täter das fremde Geheimnis nach dem Tod des Betroffenen unbefugt offenbart.

(5) Handelt der Täter gegen Entgelt oder in der Absicht, sich oder einen anderen zu bereichern oder einen anderen zu schädigen, so wird er mit Freiheitsstrafe bis zu zwei Jahren oder mit einer Geldstrafe bestraft.

§ 278 [Ausstellen unrichtiger Gesundheitszeugnisse]

Ärzte und andere approbierte Medizinalpersonen, welche ein unrichtiges Zeugnis über den Gesundheitszustand eines Menschen zum Gebrauch bei einer Behörde oder Versicherungsgesellschaft wider besseres Wissen ausstellen, werden mit Freiheitsstrafe bis zu zwei Jahren oder mit Geldstrafe bestraft.

§ 315 c [Gefährdung des Straßenverkehrs]

(1) Wer im Straßenverkehr

1. ein Fahrzeug führt, obwohl er
   a) infolge des Genusses alkoholischer Getränke oder anderer berauschender Mittel oder
   b) infolge geistiger oder körperlicher Mängel nicht in der Lage ist, das Fahrzeug sicher zu führen,
2. und dadurch Leib oder Leben eines anderen oder fremde Sachen von bedeutendem Wert gefährdet, wird mit Freiheitsstrafe bis zu fünf Jahren oder mit Geldstrafe bestraft.

§ 323 a [Vollrausch]

(1) Wer sich vorsätzlich oder fahrlässig durch alkoholische Getränke oder andere berauschende Mittel in einen Rausch versetzt, wird mit Freiheitsstrafe bis zu fünf Jahren oder mit Geldstrafe bestraft, wenn er in diesem Zustand eine rechtswidrige Tat begeht und ihretwegen nicht bestraft werden kann, weil er infolge des Rausches schuldunfähig war oder weil dies nicht auszuschließen ist.

(2) Die Strafe darf nicht schwerer sein als die Strafe, die für die im Rausch begangene Tat angedroht ist.

13.4 Strafprozessordnung (StPO)

§ 51 [Folgen des Ausbleibens]

(1) Ein ordnungsgemäß geladener Zeuge, der nicht erscheint, ist in die durch das Ausbleiben verursachten Kosten sowie zu einer Ordnungsstrafe in Geld und für den Fall, dass diese nicht beigetrieben werden kann, zur Strafe der Haft bis zu sechs Wochen zu verurteilen. Auch ist die zwangsweise Vorführung des Zeugen zulässig. Im Falle wiederholten Ausbleibens kann auf die Strafe noch einmal erkannt werden.

(2) Die Verurteilung zu Strafe und Kosten unterbleibt, wenn das Ausbleiben des Zeugen genügend entschuldigt ist. Wird der Zeuge nachträglich genügend entschuldigt, so werden die getroffenen Anordnungen wieder aufgehoben.

(3) Die Befugnis zu diesen Maßregeln steht auch dem Untersuchungsrichter, dem Amtsrichter im Vorverfahren sowie dem beauftragten und ersuchten Richter zu.

§ 53 [Zeugnisverweigerungsrecht aus beruflichen Gründen]

(1) Zur Verweigerung des Zeugnisses sind ferner berechtigt:

1. Geistliche über das, was ihnen in ihrer Eigenschaft als Seelsorger anvertraut worden oder bekannt geworden ist;
2. Verteidiger des Beschuldigten über das, was ihnen in dieser Eigenschaft anvertraut worden oder bekannt geworden ist;
3. Rechtsanwälte, Patentanwälte, Notare, Wirtschaftsprüfer, vereidigte Buchprüfer, Steuerberater und Steuerbevollmächtigte, Ärzte, Zahnärzte, Apotheker und Hebammen über das, was ihnen in dieser Eigenschaft anvertraut worden oder bekannt geworden ist;
4. Mitglieder des Bundestages/Landtages oder einer zweiten Kammer über Personen, die ihnen in ihrer Eigenschaft als Mitglieder dieser Organe oder denen sie in dieser Eigenschaft Tatsachen anvertraut haben sowie über diese Tatsachen selbst;
5. Redakteure, Verleger, Herausgeber, Drucker und andere, die bei der Herstellung oder Veröffentlichung einer periodischen Druckschrift mitgewirkt haben, über die Person des Verfassers, Einsenders oder Gewährsmanns einer Veröffentlichung strafbaren Inhalts, wenn ein Redakteur der Druckschrift wegen dieser Veröffentlichung bestraft ist oder seiner Bestrafung keine Hindernisse entgegenstehen;
6. Intendanten, Sendeleiter und andere, die bei der Vorbereitung oder Durchführung von Rundfunksendungen mitgewirkt haben, über die Person des Verfassers, Einsenders oder Gewährsmanns einer Rundfunksen-

dung strafbaren Inhalts, wenn ein für die Sendung Verantwortlicher wegen dieser Sendung bestraft ist oder seiner Bestrafung keine Hindernisse entgegenstehen; über die Person des Verfassers, Einsenders oder Gewährsmanns, die selbst im Rundfunk spricht, darf das Zeugnis nicht verweigert werden.

(2) Die in Absatz 1 unter 2./3. Genannten dürfen das Zeugnis nicht verweigern, wenn sie von der Verpflichtung zur Verschwiegenheit entbunden sind.

§ 75 [Gutachterpflicht]

(1) Der zum Sachverständigen Ernannte hat der Ernennung Folge zu leisten, wenn er zur Erstattung von Gutachten der erforderlichen Art öffentlich bestellt ist oder wenn er die Wissenschaft, die Kunst oder das Gewerbe, deren Kenntnis Voraussetzung der Begutachtung ist, öffentlich zum Erwerb ausübt oder wenn er zu ihrer Ausübung öffentlich bestellt oder ermächtigt ist.

(2) Zur Erstattung des Gutachtens ist auch der verpflichtet, welcher sich hierzu vor Gericht bereit erklärt hat.

§ 76 [Gutachtenverweigerungsrecht]

(1) Dieselben Gründe, die einen Zeugen berechtigen, das Zeugnis zu verweigern, berechtigen einen Sachverständigen zur Verweigerung des Gutachtens. Auch aus anderen Gründen kann ein Sachverständiger von der Verpflichtung zur Erstattung des Gutachtens entbunden werden.

(2) Für die Vernehmung von Richtern, Beamten und anderen Personen des öffentlichen Dienstes als Sachverständige gelten die besonderen beamtenrechtlichen Vorschriften. Für die Mitglieder der Bundes- oder einer Landesregierung gelten die für sie maßgebenden besonderen Vorschriften.

§ 77 [Folgen des Ausbleibens oder der Weigerung]

Im Falle des Nichterscheinens oder der Weigerung eines zur Erstattung des Gutachtens verpflichteten Sachverständigen wird dieser zum Ersatz der Kosten und zu einer Ordnungsstrafe in Geld verurteilt. Im Falle wiederholten Ungehorsams kann neben der Verurteilung in die Kosten noch einmal auf eine Ordnungsstrafe erkannt werden.

§ 78 [Leitung]

Der Richter hat, soweit ihm dies erforderlich erscheint, die Tätigkeit der Sachverständigen zu leiten.

§ 80 a [Zuziehung im Vorverfahren]

Ist damit zu rechnen, dass die Unterbringung des Beschuldigten in einem psychiatrischen Krankenhaus, einer Entziehungsanstalt oder in Sicherungsverwahrung angeordnet werden wird, so soll schon im Vorverfahren einem Sachverständigen Gelegenheit zur Vorbereitung des in der Hauptverhandlung zu erstattenden Gutachtens gegeben werden.

§ 81 [Unterbringung zur Beobachtung]

(1) Zur Vorbereitung eines Gutachtens über den psychischen Zustand des Beschuldigten kann das Gericht nach Anhörung eines Sachverständigen und des Verteidigers anordnen, dass der Beschuldigte in ein öffentliches psychiatrisches Krankenhaus gebracht und dort beobachtet wird.

(2) Das Gericht trifft die Anordnung nach Absatz 1 nur, wenn der Beschuldigte der Tat dringend verdächtig ist. Das Gericht darf diese Anordnung nicht treffen, wenn sie zu der Bedeutung der Sache und der zu erwartenden Strafe oder Maßregel der Besserung und Sicherung außer Verhältnis steht.

(3) Im vorbereitenden Verfahren entscheidet das Gericht, das auch für die Eröffnung des Hauptverfahrens zuständig wäre.

(4) Gegen den Beschluss ist sofortige Beschwerde zulässig. Sie hat aufschiebende Wirkung.

(5) Die Unterbringung in einem psychiatrischen Krankenhaus nach Absatz 1 darf die Dauer von insgesamt sechs Wochen nicht überschreiten.

§ 81 a [Körperliche Untersuchung des Beschuldigten]

(1) Eine körperliche Untersuchung des Beschuldigten darf zur Feststellung von Tatsachen angeordnet werden, die für das Verfahren von Bedeutung sind. Zu diesem Zweck sind Entnahme von Blutproben und andere körperliche Eingriffe, die von einem Arzt nach den Regeln der ärztlichen Kunst zu Untersuchungszwecken vorgenommen werden, ohne Einwilligung des Beschuldigten zulässig, wenn kein Nachteil für seine Gesundheit zu befürchten ist.

(2) Die Anordnung steht dem Richter, bei Gefährdung des Untersuchungserfolges durch Verzögerung auch der Staatsanwaltschaft und ihren Hilfsbeamten (§ 152 des Gerichtsverfassungsgesetzes) zu.

§ 126 a [Einstweilige Unterbringung]

(1) Sind dringende Gründe für die Annahme vorhanden, dass jemand eine rechtswidrige Tat im Zustand der Schuldunfähigkeit oder verminderten Schuldfähigkeit (§§ 20, 21 des Strafgesetzbuches) begangen hat und dass seine Unterbringung in einem psychiatrischen Krankenhaus oder einer Entziehungsanstalt angeordnet werden wird, so kann das Gericht durch Unterbringungsbefehl die einstweilige Unterbringung in einer dieser Anstalten anordnen, wenn die öffentliche Sicherheit es erfordert.

(2) Der Unterbringungsbefehl ist aufzuheben, wenn die Voraussetzungen der einstweiligen Unterbringung nicht mehr vorliegen oder wenn das Gericht im Urteil die Unterbringung in einem psychiatrischen Krankenhaus oder einer Entziehungsanstalt nicht anordnet. Durch die Einlegung eines Rechtsmittels darf die Freilassung nicht aufgehalten werden.

§ 246 a [Zuziehung eines Sachverständigen]

Ist damit zu rechnen, dass die Unterbringung des Angeklagten in einem psychiatrischen Krankenhaus, einer Entziehungsanstalt oder in der Sicherungsverwahrung angeordnet werden wird, so ist in der Hauptverhandlung ein Sachverständiger über den Zustand des Angeklagten und die Behandlungsaussichten zu vernehmen. Hat der Sachverständige den Angeklagten nicht schon früher untersucht, so soll ihm dazu vor der Hauptverhandlung Gelegenheit gegeben werden.

§ 455 [Strafausstand wegen Vollzugsuntauglichkeit]

(1) Die Vollstreckung einer Freiheitsstrafe ist aufzuschieben, wenn der Verurteilte in Geisteskrankheit verfällt.

(2) Dasselbe gilt bei anderen Krankheiten, wenn von der Vollstreckung eine nahe Lebensgefahr für den Verurteilten zu besorgen ist.

(3) Die Strafvollstreckung kann auch dann aufgeschoben werden, wenn sich der Verurteilte in einem körperlichen Zustand befindet, bei dem eine sofortige Vollstreckung mit der Einrichtung der Strafanstalt unverträglich ist.

(4) Die Vollstreckungsbehörde kann die Vollstreckung einer Freiheitsstrafe unterbrechen, wenn

1. der Verurteilte in Geisteskrankheit verfällt,

2. wegen einer Krankheit von der Vollstreckung eine nahe Lebensgefahr für den Verurteilten zu besorgen ist oder

3. der Verurteilte sonst schwer erkrankt und die Krankheit in einer Vollzugsanstalt oder einem Anstaltskrankenhaus nicht erkannt oder behandelt werden kann

und zu erwarten ist, dass die Krankheit voraussichtlich für eine erhebliche Zeit fortbestehen wird. Die Vollstreckung darf nicht unterbrochen werden, wenn überwiegende Gründe, namentlich der öffentlichen Sicherheit, entgegenstehen.

13.5 Gesetz über die Angelegenheiten der freiwilligen Gerichtsbarkeit (FGG)

III. Betreuungssachen

§ 65

(1) Für Verrichtungen, die die Betreuung betreffen, ist das Gericht zuständig, in dessen Bezirk der Betroffene zu der Zeit, zu der das Gericht mit der Angelegenheit befasst wird, seinen gewöhnlichen Aufenthalt hat.

(2) Hat der Betroffene im Inland keinen gewöhnlichen Aufenthalt oder ist ein solcher nicht feststellbar, so ist das Gericht zuständig, in dessen Bezirk das Bedürfnis der Fürsorge hervortritt.

(3) Ist der Betroffene Deutscher und ergibt sich die Zuständigkeit weder aus Absatz 1 noch aus Absatz 2, so ist das Amtsgericht Schöneberg in Berlin-Schöneberg zuständig.

(4) Ist für den Betroffenen bereits ein Betreuer bestellt, so ist das Gericht, bei dem die Betreuung anhängig ist, auch für weitere die Betreuung betreffende Verrichtungen zuständig.

(5) Für vorläufige Maßregeln nach Artikel 24 Abs. 3 des Einführungsgesetzes zum Bürgerlichen Gesetzbuch sowie Maßregeln nach § 1908 i Abs. 1 Satz 1 in Verbindung mit § 1846 des Bürgerlichen Gesetzbuches und einstweilige Anordnungen nach § 69 f ist auch das Gericht zuständig, in dessen Bezirk das Bedürfnis der Fürsorge hervortritt. Das Gericht soll von den angeordneten Maßregeln dem nach den Absätzen 1, 3 und 4 zuständigen Gericht Mitteilung machen.

§ 66

In Verfahren, die die Betreuung betreffen, ist der Betroffene ohne Rücksicht auf seine Geschäftsfähigkeit verfahrensfähig.

§ 67

(1) Soweit dies zur Wahrnehmung der Interessen des Betroffenen erforderlich ist, bestellt das Gericht dem Betroffenen einen Pfleger für das Verfahren. Die Bestellung ist insbesondere erforderlich, wenn

1. nach § 68 Abs. 2 von der persönlichen Anhörung des Betroffenen abgesehen werden soll,

2. Gegenstand des Verfahrens die Bestellung eines Betreuers zur Besorgung aller Angelegenheiten des Betroffenen oder die Erweiterung des Aufgabenkreises hierauf ist; dies gilt auch, wenn der Gegenstand des Verfahrens die in § 1896 Abs. 4 und § 1905 des Bürgerlichen Gesetzbuchs bezeichneten Angelegenheiten nicht erfasst,

3. Gegenstand des Verfahrens die Genehmigung einer Einwilligung des Betreuers in die Sterilisation (§ 1905 Abs. 2 des Bürgerlichen Gesetzbuchs) ist.

Die Bestellung soll unterbleiben oder

aufgehoben werden, wenn der Betroffene von einem Rechtsanwalt oder von einem anderen geeigneten Verfahrensbevollmächtigten vertreten wird.

(2) Die Bestellung erfolgt für jeden Rechtszug gesondert, erfasst jedoch auch die Einlegung und Begründung von Rechtsmitteln.

§ 68

(1) Vor der Bestellung eines Betreuers oder der Anordnung eines Einwilligungsvorbehalts hat das Gericht den Betroffenen persönlich anzuhören und sich einen unmittelbaren Eindruck von ihm zu verschaffen. Den unmittelbaren Eindruck soll sich das Gericht in der üblichen Umgebung des Betroffenen verschaffen, wenn dieser es verlangt oder wenn es der Sachaufklärung dient und der Betroffene nicht widerspricht.
Das Gericht unterrichtet ihn über den möglichen Verlauf des Verfahrens. Verfahrenshandlungen nach Satz 1 dürfen nur dann durch einen ersuchten Richter erfolgen, wenn von vornherein anzunehmen ist, dass das entscheidende Gericht das Ergebnis der Ermittlungen auch ohne eigenen Eindruck von dem Betroffenen zu würdigen vermag. Hat der Betroffene seinen Aufenthalt nicht nur vorübergehend im Ausland, so erfolgen Verfahrenshandlungen nach Satz 1 bis 3 im Wege der internationalen Rechtshilfe.

(2) Die persönliche Anhörung des Betroffenen kann unterbleiben, wenn

1. nach ärztlichem Gutachten hiervon erhebliche Nachteile für die Gesundheit des Betroffenen zu besorgen sind oder

2. der Betroffene nach dem unmittelbaren Eindruck des Gerichts offensichtlich nicht in der Lage ist, seinen Willen kundzutun.

(3) Das Gericht kann den Betroffenen durch die zuständige Behörde vorführen lassen, wenn er sich weigert, an Verfahrenshandlungen nach Absatz 1 Satz 1 mitzuwirken.

(4) Das Gericht kann einen Sachverständigen hinzuziehen, wenn es den Betroffenen persönlich anhört und sich einen unmittelbaren Eindruck von ihm verschafft. Auf Verlangen des Betroffenen ist einer Person seines Vertrauens die Anwesenheit zu gestatten. Anderen Personen kann das Gericht die Anwesenheit gestatten, jedoch nicht gegen den Willen des Betroffenen.

(5) Das Ergebnis der Anhörung, das Gutachten des Sachverständigen oder das ärztliche Zeugnis, der etwaige Umfang des Aufgabenkreises und die Frage, welche Person oder Stelle als Betreuer in Betracht kommt, sind mit dem Betroffenen mündlich zu erörtern, soweit dies zur Gewährung des rechtlichen Gehörs oder zur Sachaufklärung erforderlich ist (Schlussgespräch). Die Verfahrenshandlungen nach Abs. 1 Satz 1 und das Schlussgespräch können in einem Termin stattfinden. Abs. 4 Satz 2 und 3 gilt entsprechend.

§ 68 a

Vor der Bestellung eines Betreuers oder der Anordnung eines Einwilligungsvorbehalts gibt das Gericht der zuständigen Behörde Gelegenheit zur Äußerung, wenn es der Betroffene verlangt oder wenn es der Sachaufklärung dient. Im Falle des § 1908 a des Bürgerlichen Gesetzbuchs gibt das Gericht auch dem gesetzlichen Vertreter des Betroffenen Gelegenheit zur Äußerung. In der Regel soll auch dem Ehegatten des Betroffenen, seinen Eltern, Pflegeeltern und Kindern Gelegenheit zur Äußerung gegeben werden. Auf Verlangen des Betroffenen ist einer ihm nahe stehenden Person und den in Satz 3 genannten Personen Gelegenheit zur Äußerung zu geben, wenn dies ohne erhebliche Verzögerung möglich ist.

§ 68 b

(1) Ein Betreuer darf erst bestellt werden, nachdem das Gutachten eines Sachverständigen über die Notwendigkeit der Betreuung eingeholt worden ist. Für die Bestellung eines Betreuers auf Antrag des Betroffenen genügt ein ärztliches Zeugnis, wenn der Betroffene auf die Begutachtung verzichtet hat und die Einholung des Gutachtens insbesondere im Hinblick auf den Umfang des Aufgabenkreises des Betreuers unverhältnismäßig wäre. Ein ärztliches Zeugnis genügt auch, wenn ein Betreuer nur zur Geltendmachung von Rechten des Betroffenen gegenüber seinem Bevollmächtigten bestellt wird. Der Sachverständige hat den Betroffenen vor Erstattung des Gutachtens persönlich zu untersuchen oder zu befragen. Kommt nach Auffassung des Sachverständigen die Bestellung eines Betreuers in Betracht, so hat sich das Gutachten auch auf den Umfang des Aufgabenkreises und die voraussichtliche Dauer der Betreuungsbedürftigkeit zu erstrecken.

(2) Für die Anordnung eines Einwilligungsvorbehalts gilt Abs. 1 Satz 1, 4 und 5 entsprechend.

(3) Das Gericht kann anordnen, dass der Betroffene zur Vorbereitung eines Gutachtens untersucht und durch die zuständige Behörde zu einer Untersuchung vorgeführt wird. Die Anordnung ist nicht anfechtbar.

(4) Das Gericht kann nach Anhörung eines Sachverständigen anordnen, dass der Betroffene auf bestimmte Dauer untergebracht und beobachtet wird, soweit dies zur Vorbereitung des Gutachtens erforderlich ist. Der Betroffene ist vorher persönlich anzuhören. Die Unterbringung darf die Dauer von sechs Wochen nicht überschreiten. Reicht dieser Zeitraum nicht aus, um die erforderlichen Erkenntnisse für das Gutachten zu erlangen, so kann die Unterbringung bis zu einer Gesamtdauer von drei Monaten verlängert werden. Für die Vorführung gilt Absatz 3 entsprechend.

§ 69

(1) Die Entscheidung, durch die ein Betreuer bestellt oder ein Einwil-

ligungsvorbehalt angeordnet wird, muss enthalten

1. die Bezeichnung des Betroffenen,
2. bei Bestellung eines Betreuers die Bezeichnung
   a) des Betreuers,
   b) seines Aufgabenkreises,
3. bei Bestellung eines Vereinsbetreuers oder Behördenbetreuers zusätzlich die Bezeichnung
   a) als Vereinsbetreuer der Behördenbetreuer,
   b) des Vereins oder der Behörde,
4. bei Anordnung eines Einwilligungsvorbehalts die Bezeichnung des Kreises der einwilligungsbedürftigen Willenserklärungen,
5. den Zeitpunkt, zu dem das Gericht spätestens über die Aufhebung oder Verlängerung der Maßnahme zu entscheiden hat; dieser Zeitpunkt darf höchstens fünf Jahre nach Erlass der Entscheidung liegen,
6. eine Rechtsmittelbelehrung.

(2) Die Entscheidung ist auch im Falle der Ablehnung einer Maßnahme zu begründen.

§ 69 a

(1) Entscheidungen sind dem Betroffenen stets selbst bekannt zu machen. Von der Bekanntmachung der Entscheidungsgründe an den Betroffenen kann abgesehen werden, wenn dies nach ärztlichem Zeugnis wegen erheblicher Nachteile für seine Gesundheit erforderlich ist.

(2) Die Entscheidung, durch die ein Betreuer bestellt oder ein Einwilligungsvorbehalt angeordnet wird, ist auch der zuständigen Behörde bekannt zu machen. Entscheidungen sind ihr auch dann bekannt zu machen, wenn ihr das Gericht im Verfahren Gelegenheit zur Äußerung gegeben hatte.

(3) Entscheidungen werden mit der Bekanntmachung an den Betreuer wirksam. Ist die Bekanntmachung an den Betreuer nicht möglich oder ist Gefahr im Verzug, so kann das Gericht die sofortige Wirksamkeit anordnen. In diesem Falle wird die Entscheidung mit dem Zeitpunkt wirksam, in dem diese und die Anordnung der sofortigen Wirksamkeit der Geschäftsstelle des Gerichts zur Bekanntmachung übergeben werden; das Gericht hat den Zeitpunkt auf der Entscheidung zu vermerken.

(4) Die Genehmigung der Einwilligung eines Betreuers in eine Sterilisation (§ 1905 Abs. 2 des Bürgerlichen Gesetzbuchs) wird mit der Bekanntmachung an den Verfahrenspfleger oder im Falle des § 67 Abs. 1 Satz 3 an den Verfahrensbevollmächtigten sowie an den für die Entscheidung über die Einwilligung in eine Sterilisation bestellten Betreuer wirksam.

§ 69 b

(1) Der Betreuer wird mündlich verpflichtet. Er ist über seine Aufgaben zu unterrichten. Die Sätze 1 und 2 gelten nicht für Vereinsbetreuer, Behördenbetreuer, Vereine und die zuständige Behörde.

(2) Der Betreuer erhält eine Urkunde über seine Bestellung. Die Urkunde soll enthalten

1. die Bezeichnung des Betroffenen und des Betreuers,
2. bei Bestellung eines Vereinsbetreuers oder Behördenbetreuers dessen Bezeichnung und die Bezeichnung des Vereins oder der Behörde,
3. den Aufgabenkreis des Betreuers,
4. bei Anordnung eines Einwilligungsvorbehalts die Bezeichnung des Kreises der einwilligungsbedürftigen Willenserklärungen.

(3) In geeigneten Fällen führt das Gericht mit dem Betreuer und dem Betroffenen ein Einführungsgespräch.

§ 69 d

(1) Das Gericht soll den Betroffenen vor einer Entscheidung nach § 1908 i Abs. 1 Satz 1 in Verbindung mit dem § 1821, § 1822 Nr. 1 bis 4 und 6 bis 13, §§ 1823 und 1825 des Bürgerlichen Gesetzbuchs persönlich anhören. Gleiches gilt im Falle des § 1908 i Abs. 1 Satz 1 in Verbindung mit § 1836 des Bürgerlichen Gesetzbuchs, es sei denn, dass die Vergütung aus der Staatskasse zu zahlen ist. Vor einer Entscheidung nach den §§ 1904, 1907 Abs. 1 und 3 des Bürgerlichen Gesetzbuchs hat das Gericht den Betroffenen persönlich anzuhören. Die persönliche Anhörung kann unterbleiben, wenn hiervon erhebliche Nachteile für die Gesundheit des Betroffenen zu besorgen sind oder der Betroffene offensichtlich nicht in der Lage ist, seinen Willen kundzutun.

(2) Vor der Genehmigung der Einwilligung eines Betreuers in eine Untersuchung des Gesundheitszustandes, eine Heilbehandlung oder einen ärztlichen Eingriff (§ 1904 des Bürgerlichen Gesetzbuchs) hat das Gericht das Gutachten eines Sachverständigen einzuholen. Sachverständiger und ausführender Arzt dürfen nicht personengleich sein. § 68 a Satz 3 und 4 gilt entsprechend.

(3) Für die Genehmigung der Einwilligung eines Betreuers in eine Sterilisation (§ 1905 Abs. 2 des Bürgerlichen Gesetzbuchs) gelten Absatz 2 Satz 2, § 68 Abs. 1 Satz 1 und 3 und Abs. 5, §§ 68 a und 69 a Abs. 1 Satz 1, Abs. 2 Satz 2 entsprechend. Verfahrenshandlungen durch den ersuchten Richter sind ausgeschlossen. Die Genehmigung darf erst erteilt werden, nachdem Gutachten von Sachverständigen eingeholt sind, die sich auf die medizinischen, psychologischen, sozialen, sonderpädagogischen und sexualpädagogischen Gesichtspunkte erstrecken. Die Sachverständigen haben den Betroffenen vor Erstattung des Gutachtens persönlich zu untersuchen oder zu befragen.

§ 69 f

(1) Das Gericht kann durch einstweilige Anordnung einen vorläufigen Betreuer bestellen oder einen vorläufigen Einwilligungsvorbehalt anordnen, wenn

1. dringende Gründe für die Annahme

bestehen, dass die Voraussetzungen für die Bestellung eines Betreuers oder die Anordnung eines Einwilligungsvorbehalts gegeben sind und mit dem Aufschub Gefahr verbunden wäre,

2. ein ärztliches Zeugnis über den Zustand des Betroffenen vorliegt,
3. im Falle des § 67 ein Pfleger für das Verfahren bestellt worden ist und
4. der Betroffene und der Pfleger für das Verfahren persönlich angehört worden sind.

Die Anhörung des Betroffenen kann auch durch einen ersuchten Richter erfolgen. § 69 d Abs. 1 Satz 4 gilt entsprechend. Bei Gefahr im Verzug kann das Gericht die einstweilige Anordnung bereits vor Anhörung des Betroffenen sowie vor Bestellung und Anhörung des Pflegers für das Verfahren erlassen, die Verfahrenshandlungen sind unverzüglich nachzuholen. Bei Gefahr im Verzug kann das Gericht den vorläufigen Betreuer auch abweichend von § 1897 Abs. 4 und 5 des Bürgerlichen Gesetzbuchs bestellen.

(2) Eine einstweilige Anordnung darf die Dauer von sechs Monaten nicht überschreiten, sie kann nach Anhörung eines Sachverständigen durch weitere einstweilige Anordnungen bis zu einer Gesamtdauer von einem Jahr verlängert werden.

(3) Das Gericht kann durch einstweilige Anordnung einen Betreuer entlassen, wenn dringende Gründe für die Annahme bestehen, dass die Voraussetzungen für die Entlassung vorliegen und mit dem Aufschub Gefahr verbunden wäre.

(4) Die einstweilige Anordnung wird auch mit der Übergabe an die Geschäftsstelle zum Zwecke der Bekanntmachung wirksam. Das Gericht hat den Zeitpunkt der Übergabe auf der Entscheidung zu vermerken.

§ 69 g

(1) Die Beschwerde gegen die Bestellung eines Betreuers von Amts wegen, die Anordnung eines Einwilligungsvorbehalts und eine Entscheidung, durch die die Bestellung eines Betreuers oder die Anordnung eines Einwilligungsvorbehalts abgelehnt wird, steht unbeschadet des § 20 dem Ehegatten des Betroffenen, denjenigen, die mit dem Betroffenen in gerader Linie verwandt oder verschwägert, in der Seitenlinie bis zum dritten Grad verwandt sind, sowie der zuständigen Behörde zu.

(2) Der Betreuer kann gegen eine Entscheidung, die seinen Aufgabenkreis betrifft, auch im Namen des Betreuten Beschwerde einlegen. Führen mehrere Betreuer ihr Amt gemeinschaftlich, so kann jeder von ihnen für den Betroffenen selbstständig Beschwerde einlegen.

(3) Der Betroffene kann, wenn er untergebracht ist, die Beschwerde auch bei dem Amtsgericht einlegen, in dessen Bezirk er untergebracht ist.

(4) Die sofortige Beschwerde findet statt gegen Entscheidungen,
1. durch die ein Einwilligungsvor-

behalt angeordnet oder abgelehnt wird,

2. durch die die Weigerung, sich zum Betreuer bestellen zu lassen, zurückgewiesen worden ist,

3. durch die ein Betreuer gegen seinen Willen entlassen worden ist.

Die Beschwerdefrist beginnt mit dem Zeitpunkt, in dem die Entscheidung dem Betreuer bekannt gemacht worden ist. Im Falle der Nummer 1 beginnt für den Betroffenen die Frist nicht vor der Bekanntmachung an ihn selbst, spätestens jedoch mit Ablauf von fünf Monaten nach Bekanntmachung an den Betreuer.

(5) Für das Beschwerdeverfahren gelten die Vorschriften über den ersten Rechtszug entsprechend. Verfahrenshandlungen nach § 68 Abs. 1 Satz 1 sollen in der Regel nicht durch den beauftragten Richter vorgenommen werden. Das Beschwerdegericht kann von solchen Verfahrenshandlungen absehen, wenn diese bereits im ersten Rechtszug vorgenommen worden und von einer erneuten Vornahme keine zusätzlichen Erkenntnisse zu erwarten sind. Das Beschwerdegericht kann seine Entscheidung auf im ersten Rechtszug eingeholte Gutachten oder vorgelegte ärztliche Zeugnisse stützen.

§ 69 i

(1) Für die Erweiterung des Aufgabenkreises des Betreuers gelten die Vorschriften über die Bestellung des Betreuers entsprechend. Wird der Aufgabenkreis nur unwesentlich erweitert, so kann das Gericht von Verfahrenshandlungen nach § 68 Abs. 1 und § 68 b absehen; in diesem Fall muss es den Betroffenen anhören. Eine unwesentliche Erweiterung liegt insbesondere dann nicht vor, wenn erstmals ganz oder teilweise die Personensorge oder wenn eine der in § 1896 Abs. 4, §§ 1904 bis 1906 des Bürgerlichen Gesetzbuchs genannten Aufgaben in den Aufgabenkreis einbezogen wird.

(2) Für die Erweiterung des Kreises der einwilligungsbedürftigen Willenserklärungen gilt Abs. 1 entsprechend.

(3) Für die Aufhebung der Betreuung, die Einschränkung des Aufgabenkreises des Betreuers, die Aufhebung eines Einwilligungsvorbehalts oder die Einschränkung des Kreises der einwilligungsbedürftigen Willenserklärungen gelten §§ 68 a, 69 a Abs. 2 Satz 1 und § 69 g Abs. 1, 4 entsprechend.

(4) Hat das Gericht nach § 68 b Abs. 1 Satz 2 von der Einholung eines Gutachtens abgesehen, so ist die Begutachtung nachzuholen, wenn ein Antrag des Betroffenen auf Aufhebung der Betreuung oder auf Einschränkung des Aufgabenkreises des Betreuers erstmals abgelehnt werden soll.

(5) Für die Bestellung eines weiteren Betreuers nach § 1899 des Bürgerlichen Gesetzbuchs gilt Absatz 1, soweit damit eine Erweiterung des Aufgabenkreises verbunden ist; im Übrigen gelten §§ 68 a und 69 g Abs. 1 entsprechend.

(6) Für die Verlängerung der Bestel-

lung eines Betreuers oder der Anordnung eines Einwilligungsvorbehalts gelten die Vorschriften für die erstmalige Entscheidung entsprechend. Von der erneuten Einholung eines Gutachtens kann abgesehen werden, wenn sich aus der persönlichen Anhörung des Betroffenen und einem ärztlichen Zeugnis ergibt, dass sich der Umfang der Betreuungsbedürftigkeit offensichtlich nicht verringert hat.

(7) Widerspricht der Betroffene der Entlassung des Betreuers (§ 1908 b des Bürgerlichen Gesetzbuchs), so hat das Gericht den Betroffenen und den Betreuer persönlich anzuhören. § 69 d Abs. 1 Satz 4 gilt entsprechend.

(8) Vor der Bestellung eines neuen Betreuers nach § 1908 c des Bürgerlichen Gesetzbuchs ist der Betroffene persönlich anzuhören; im Übrigen gelten §§ 68 a, 69 d Abs. 1 Satz 4 und § 69 g Abs. 1 entsprechend.

§ 69 k

(1) Entscheidungen teilt das Vormundschaftsgericht anderen Gerichten, Behörden oder sonstigen öffentlichen Stellen mit, soweit dies unter Beachtung berechtigter Interessen des Betroffenen nach den Erkenntnissen im gerichtlichen Verfahren erforderlich ist, um eine erhebliche Gefahr für das Wohl des Betroffenen, für Dritte oder für die öffentliche Sicherheit abzuwenden.

(2) Ergeben sich im Verlauf eines gerichtlichen Verfahrens Erkenntnisse, die eine Mitteilung nach Absatz 1 vor Abschluss des Verfahrens erfordern, so hat das Gericht unverzüglich Mitteilung zu machen.

(3) Das Vormundschaftsgericht unterrichtet zugleich mit der Mitteilung den Betroffenen, seinen Pfleger für das Verfahren und seinen Betreuer über deren Inhalt und über den Empfänger. Die Unterrichtung des Betroffenen unterbleibt, wenn

1. der Zweck des Verfahrens oder der Zweck der Mitteilung durch die Unterrichtung gefährdet würde,

2. nach ärztlichem Zeugnis hiervon erhebliche Nachteile für die Gesundheit des Betroffenen zu besorgen sind oder

3. der Betroffene nach dem unmittelbaren Eindruck des Gerichts offensichtlich nicht in der Lage ist, den Inhalt der Unterrichtung zu verstehen.

Sobald die Gründe nach Satz 2 entfallen, ist die Unterrichtung nachzuholen.

(4) Der Inhalt der Mitteilung, die Art und Weise ihrer Übermittlung, der Empfänger, die Unterrichtung des Betroffenen oder die Gründe für das Unterbleiben dieser Unterrichtung sowie die Unterrichtung des Pflegers für das Verfahren und des Betreuers sind aktenkundig zu machen.

(5) Der Empfänger darf die übermittelten personenbezogenen Informationen, soweit gesetzlich nichts anderes bestimmt ist, nur zu dem Zweck verwenden, zu dem die Informationen übermittelt worden sind.

(6) Der Empfänger löscht die mitgeteilte personenbezogene Information, soweit er sie zur Erfüllung seiner Aufgabe nicht mehr benötigt. Stehen der Löschung gesetzliche Aufbewahrungsfristen entgegen, ist die Information Bestandteil einer Akte geworden oder ist die Löschung nur mit unverhältnismäßigem Aufwand möglich, tritt an diese Stelle eine Sperrung.

IV. Unterbringungsmaßnahmen

§ 70

(1) Die folgenden Vorschriften gelten für Verfahren über Unterbringungsmaßnahmen. Unterbringungsmaßnahmen sind
1. die Genehmigung einer Unterbringung, die mit Freiheitsentziehung verbunden ist,
   a) eines Kindes (§§ 1631 b, 1705, 1800, 1915 des Bürgerlichen Gesetzbuchs)
   b) eines Betreuten (§ 1906 Abs. 1 bis 3 des Bürgerlichen Gesetzbuchs);
2. die Genehmigung einer Maßnahme nach § 1906 Abs. 4 des Bürgerlichen Gesetzbuchs und
3. die Anordnung einer freiheitsentziehenden Unterbringung nach den Landesgesetzen über die Unterbringung psychisch Kranker.

Für Unterbringungsmaßnahmen sind die Vormundschaftsgerichte zuständig.

(2) Für Unterbringungsmaßnahmen nach Absatz 1 Satz 2 Nr. 1 und 2 ist das Gericht zuständig, bei dem eine Vormundschaft oder eine Betreuung oder Pflegschaft, deren Aufgabenbereich die Unterbringung umfasst, anhängig ist. Ist ein solches Verfahren nicht anhängig, so finden § 65 Abs. 1 bis 3, § 65 a Abs. 1 Satz 1, Abs. 2 Satz 1 entsprechende Anwendung. In den Fällen der Sätze 1 und 2 gilt für vorläufige Maßregeln § 65 Abs. 5 entsprechend.

(3) In den Fällen des Absatzes 2 Satz 1 kann das Vormundschaftsgericht das Verfahren über die Unterbringungsmaßnahme aus wichtigen Gründen mit Zustimmung des gesetzlichen Vertreters nach Anhörung des Betroffenen an das Gericht abgeben, in dessen Bezirk der Betroffene untergebracht ist, wenn sich das Gericht zur Übernahme des Verfahrens bereit erklärt hat; § 46 Abs. 2 gilt entsprechend. Wird das gemeinschaftliche obere Gericht angerufen, so ist das Gericht, an das das Verfahren abgegeben werden soll, von dem Eingang der Akten bei ihm an bis zu der Entscheidung des gemeinschaftlichen oberen Gerichts für eine vorläufige Maßregel zuständig. Eine weitere Abgabe ist zulässig. Das nach der Abgabe zuständige Gericht ist auch für die Verlängerung einer Unterbringungsmaßnahme zuständig.

(4) Für Unterbringungsmaßnahmen nach Absatz 1 Satz 2 Nr. 1 und 2 gelten die §§ 35 b und 47 entsprechend.

(5) Für eine Unterbringungsmaßnahme nach Absatz 1 Satz 2 Nr. 3 ist das

Gericht zuständig, in dessen Bezirk das Bedürfnis für die Unterbringung hervortritt. Das Gericht kann das Verfahren durch unanfechtbaren Beschluss an das Gericht abgeben, in dessen Bezirk der Betroffene untergebracht ist.

(6) Die Landesregierungen werden ermächtigt, zur sachdienlichen Förderung oder schnelleren Erledigung die Verfahren über Unterbringungsmaßnahmen nach Abs. 1 Satz 2 Nr. 3 durch Rechtsverordnung einem Amtsgericht für die Bezirke mehrerer Amtsgerichte zuzuweisen. Die Landesregierungen können die Ermächtigung auf die Landesjustizverwaltungen übertragen.

(7) Ist für die Unterbringungsmaßnahme ein anderes Gericht zuständig als dasjenige, bei dem eine Vormundschaft oder eine die Unterbringung erfassende Betreuung oder Pflegschaft anhängig ist, so teilt dieses Gericht dem für die Unterbringungsmaßnahme zuständigen Gericht die Aufhebung der Vormundschaft, Betreuung oder Pflegschaft, den Wegfall in der Person des Vormunds, Betreuers oder Pflegers mit; das für die Unterbringungsmaßnahme zuständige Gericht teilt dem anderen Gericht die Unterbringungsmaßnahme, ihre Änderung, Verlängerung und Aufhebung mit.

§ 70 a

Der Betroffene ist ohne Rücksicht auf seine Geschäftsfähigkeit verfahrensfähig, wenn er das vierzehnte Lebensjahr vollendet hat.

§ 70 b

(1) Soweit dies zur Wahrnehmung der Interessen des Betroffenen erforderlich ist, bestellt das Gericht dem Betroffenen einen Pfleger für das Verfahren. § 67 Abs. 1 Satz 2 Nr. 1, Satz 3 gilt entsprechend.

(2) Bestellt das Gericht dem Betroffenen keinen Pfleger für das Verfahren, so ist dies in der Entscheidung, durch die eine Unterbringungsmaßnahme getroffen wird, zu begründen.

(3) Die Bestellung endet, sofern sie nicht vorher aufgehoben wird,
1. mit der Rechtskraft der das Verfahren abschließenden Entscheidung oder
2. mit dem sofortigen Abschluss des Verfahrens.

§ 70 c

Vor einer Unterbringungsmaßnahme hat das Gericht den Betroffenen persönlich anzuhören und sich einen unmittelbaren Eindruck von ihm zu verschaffen. Den unmittelbaren Eindruck verschafft sich das Gericht, soweit dies erforderlich ist, in der üblichen Umgebung des Betroffenen. Das Gericht unterrichtet ihn über den möglichen Verlauf des Verfahrens. Verfahrenshandlungen nach Satz 1 sollten nicht durch einen ersuchten Richter erfolgen. Im Übrigen gilt § 68 Abs. 1 Satz 5, Abs. 2 bis 5 entsprechend.

§ 70 d

(1) Vor einer Unterbringungsmaßnahme gibt das Gericht Gelegenheit zur Äußerung

1. dem Ehegatten des Betroffenen, wenn die Ehegatten nicht dauernd getrennt leben,
2. jedem Elternteil und Kind, bei dem der Betroffene lebt oder bei Einleitung des Verfahrens gelebt hat,
3. dem Betreuer des Betroffenen,
4. einer von dem Betroffenen benannten Person seines Vertrauens,
5. dem Leiter der Einrichtung, in der der Betroffene lebt, und
6. der zuständigen Behörde.

Das Landesrecht kann vorsehen, dass weiteren Personen oder Stellen Gelegenheit zur Äußerung zu geben ist.

(2) Ist der Betroffene minderjährig, sind die Elternteile, denen die Personensorge zusteht, der gesetzliche Vertreter in persönlichen Angelegenheiten und die Pflegeeltern persönlich anzuhören.

§ 70 e

(1) Vor einer Unterbringungsmaßnahme nach § 70 Abs. 1 Satz 2 Nr. 1 und 3 hat das Gericht das Gutachten eines Sachverständigen einzuholen, der den Betroffenen persönlich zu untersuchen oder zu befragen hat. Der Sachverständige soll in der Regel Arzt für Psychiatrie sein; in jedem Fall muss er Arzt mit Erfahrung auf dem Gebiet der Psychiatrie sein. Für eine Unterbringungsmaßnahme nach § 70 Abs. 1 Satz 2 Nr. 2 genügt ein ärztliches Zeugnis.

(2) § 68 b Abs. 3 und 4 gilt entsprechend.

§ 70 f

(1) Die Entscheidung, durch die eine Unterbringungsmaßnahme getroffen wird, muss enthalten

1. die Bezeichnung des Betroffenen,
2. die nähere Bezeichnung der Unterbringungsmaßnahme,
3. den Zeitpunkt, zu dem die Unterbringungsmaßnahme endet, wenn sie nicht vorher verlängert wird; dieser Zeitpunkt darf höchstens ein Jahr, bei offensichtlich langer Unterbringungsbedürftigkeit höchstens zwei Jahre nach Erlass der Entscheidung liegen,
4. eine Rechtsmittelbelehrung.

(2) Die Entscheidung ist auch im Falle der Ablehnung zu begründen.

§ 70 g

(1) Entscheidungen sind dem Betroffenen stets selbst bekannt zu machen. Von der Bekanntmachung der Entscheidungsgründe an den Betroffenen kann abgesehen werden, wenn dies nach ärztlichem Zeugnis wegen erheblicher Nachteile für seine Gesundheit erforderlich ist.

(2) Die Entscheidung, durch die eine Unterbringungsmaßnahme getroffen wird, ist auch den in § 70 d genannten Personen und Stellen sowie dem Leiter der Einrichtung, in der der Betroffene untergebracht werden soll, bekannt zu machen. Der zuständigen Behörde sind die Entscheidungen stets bekannt zu machen, wenn ihr das Gericht im Ver-

fahren Gelegenheit zur Äußerung gegeben hat.

(3) Die Entscheidung, durch die eine Unterbringungsmaßnahme getroffen oder abgelehnt wird, wird erst mit Rechtskraft wirksam. Das Gericht kann jedoch die sofortige Wirksamkeit anordnen. In diesem Falle wird die Entscheidung in dem Zeitpunkt wirksam, in dem sie und die Anordnung der sofortigen Wirksamkeit der Geschäftsstelle des Gerichts zur Bekanntmachung übergeben werden.

(4) Eine Vorführung auf Anordnung des Gerichts ist von der zuständigen Behörde durchzuführen.

(5) Die zuständige Behörde hat den Betreuer, die Eltern, den Vormund oder den Pfleger auf deren Wunsch bei der Zuführung zur Unterbringung nach § 70 Abs. 1 Satz 2 Nr. 1 zu unterstützen. Gewalt darf die zuständige Behörde nur aufgrund besonderer gerichtlicher Entscheidung anwenden. Die zuständige Behörde ist befugt, erforderlichenfalls die Unterstützung der polizeilichen Vollzugsorgane nachzusuchen.

§ 70 h

(1) Durch einstweilige Anordnung kann eine vorläufige Unterbringungsmaßnahme getroffen werden. § 69 f Abs. 1 und § 70 g gelten entsprechend. § 70 d gilt entsprechend, sofern nicht Gefahr im Verzug ist.

(2) Die einstweilige Anordnung darf die Dauer von sechs Wochen nicht überschreiten. Reicht dieser Zeitraum nicht aus, so kann sie nach Anhörung eines Sachverständigen durch eine weitere einstweilige Anordnung bis zu einer Gesamtdauer von drei Monaten verlängert werden. Eine Unterbringung zur Vorbereitung eines Gutachtens (§ 70 e Abs. 2) ist in diese Gesamtdauer einzubeziehen.

(3) Die Absätze 1 und 2 gelten entsprechend, wenn gemäß § 1846 des Bürgerlichen Gesetzbuchs eine Unterbringungsmaßnahme getroffen werden soll.

§ 70 i

(1) Die Unterbringungsmaßnahme ist aufzuheben, wenn ihre Voraussetzungen wegfallen. Vor der Aufhebung einer Unterbringungsmaßnahme nach § 70 Abs. 1 Satz 2 Nr. 3 gibt das Gericht der zuständigen Behörde Gelegenheit zur Äußerung, es sei denn, dass dies zu einer nicht nur geringen Verzögerung des Verfahrens führen würde. Die Aufhebung einer solchen Unterbringungsmaßnahme ist der zuständigen Behörde stets bekannt zu machen.

(2) Für die Verlängerung einer Unterbringungsmaßnahme gelten die Vorschriften für die erstmalige Maßnahme entsprechend. Bei Unterbringung mit einer Gesamtdauer von mehr als vier Jahren soll das Gericht in der Regel keinen Sachverständigen bestellen, der den Betroffenen bisher behandelt oder begutachtet hat oder der Einrichtung angehört, in der der Betroffene untergebracht ist.

§ 70 k

(1) Das Gericht kann die Vollziehung einer Unterbringung nach § 70 Abs. 1 Satz 2 Nr. 3 aussetzen. Die Aussetzung kann mit Auflagen verbunden werden. Die Aussetzung soll in der Regel sechs Monate nicht überschreiten; sie kann bis zu einem Jahr verlängert werden.

(2) Das Gericht kann die Aussetzung widerrufen, wenn der Betroffene eine Auflage nicht erfüllt oder sein Zustand dies erfordert.

(3) Für die Verfahren über die Aussetzung und ihren Widerruf gilt § 70 d entsprechend.

§ 70 l

(1) Gegen eine Maßnahme zur Regelung einzelner Angelegenheiten im Vollzug der Unterbringung nach § 70 Abs. 1 Satz 2 Nr. 3 kann der Betroffene gerichtliche Entscheidung beantragen. Mit dem Antrag kann auch die Verpflichtung zum Erlass einer abgelehnten oder unterlassenen Maßnahme begehrt werden.

(2) Der Antrag ist nur zulässig, wenn der Betroffene geltend macht, durch die Maßnahme, ihre Ablehnung oder ihre Unterlassung in seinen Rechten verletzt zu sein.

(3) Der Antrag hat keine aufschiebende Wirkung. Das Gericht kann die aufschiebende Wirkung anordnen.

(4) Die Entscheidung des Gerichts ist unanfechtbar.

§ 70 m

(1) Die sofortige Beschwerde findet gegen Entscheidungen statt, die erst mit Rechtskraft wirksam werden.

(2) Die Beschwerde gegen Unterbringungsmaßnahmen, vorläufige Unterbringungsmaßnahmen oder die Ablehnung der Aufhebung solcher Maßnahmen steht unbeschadet des § 20 den in § 70 d bezeichneten Personen oder Stellen zu.

(3) § 69 g Absatz 3 und 5 gilt entsprechend.

§ 70 n

Für die Mitteilung von Entscheidungen gilt § 69 k entsprechend.

13.6 Sozialgesetzbuch I (SGB I)

- Allgemeiner Teil -

§ 29 [Leistungen zur Eingliederung Behinderter]

(1) Nach dem Recht der Eingliederung Behinderter können in Anspruch genommen werden:

1. medizinische Leistungen, insbesondere
   a) ärztliche und zahnärztliche Behandlung,
   b) Arznei- und Verbandmittel,
   c) Heilmittel einschließlich Krankengymnastik, Bewegungs-, Sprach- und Beschäftigungstherapie,
   d) Körperersatzstücke sowie orthopädische und andere Hilfsmittel,
   e) Belastungsproben und Arbeitstherapie, auch in Krankenhäusern und Vorsorge- oder Rehabilitationseinrichtungen,

2. berufsfördernde Leistungen, insbesondere
   a) Hilfen zur Erhaltung oder Erlangung eines Arbeitsplatzes,
   b) Berufsfindung, Arbeitserprobung und Berufsvorbereitung,
   c) berufliche Anpassung, Ausbildung, Fortbildung und Umschulung,
   d) sonstige Hilfen zur Förderung einer Erwerbs- oder Berufstätigkeit auf dem allgemeinen Arbeitsmarkt oder in einer Werkstatt für Behinderte,

3. Leistungen zur allgemeinen sozialen Eingliederung, insbesondere Hilfen
   a) zur Entwicklung der geistigen und körperlichen Fähigkeit vor Beginn der Schulpflicht,
   b) zur angemessenen Schulbildung einschließlich der Vorbereitung hierzu,
   c) für Behinderte, die nur praktisch bildbar sind, zur Ermöglichung einer Teilnahme am Leben in der Gemeinschaft,
   d) zur Ausübung einer angemessenen Tätigkeit, soweit berufsfördernde Leistungen nicht möglich sind,
   e) zur Ermöglichung und Erleichterung der Verständigung mit der Umwelt,
   f) zur Erhaltung, Besserung und Wiederherstellung der körperlichen und geistigen Beweglichkeit sowie des seelischen Gleichgewichts,
   g) zur Ermöglichung und Erleichterung der Besorgung des Haushalts,
   h) zur Verbesserung der wohnungsmäßigen Unterbringung,
   i) zur Freizeitgestaltung und zur sonstigen Teilnahme am gesellschaftlichen und kulturellen Leben,

4. ergänzende Leistungen, insbesondere
   a) Übergangs- oder Krankengeld,
   b) sonstige Hilfen zum Lebensunterhalt,
   c) Beiträge zur gesetzlichen Kranken-, Unfall- und Rentenversicherung sowie zur Bundesanstalt für Arbeit,
   d) Übernahme der mit einer berufsfördernden Leistung zusammenhängenden Kosten,
   e) Übernahme der Reisekosten,
   f) Behindertensport in Gruppen unter ärztlicher Betreuung,
   g) Haushaltshilfe.

(2) Zuständig sind die in den §§ 19 bis 24, 28 genannten Leistungsträger.

§ 62 [Untersuchungen]

Wer Sozialleistungen beantragt oder erhält, soll sich auf Verlangen des zuständigen Leistungsträgers ärztlichen und psychologischen Untersuchungsmaßnahmen unterziehen, soweit diese für die Entscheidung über die Leistung erforderlich sind.

§ 63 [Heilbehandlung]

Wer wegen Krankheit oder Behinderung Sozialleistungen beantragt oder erhält, soll sich auf Verlangen des zuständigen Leistungsträgers einer Heilbehandlung unterziehen, wenn zu erwarten ist, dass sie eine Besserung seines Gesundheitszustandes herbeiführen oder eine Verschlechterung verhindern wird.

§ 64 [Berufsfördernde Maßnahmen]

Wer wegen Minderung der Erwerbsfähigkeit oder wegen Arbeitslosigkeit Sozialleistungen beantragt oder erhält, soll auf Verlangen des zuständigen Leistungsträgers an berufsfördernden Maßnahmen teilnehmen, wenn bei angemessener Berücksichtigung seiner beruflichen Neigung und seiner Leistungsfähigkeit zu erwarten ist, dass sie seine Erwerbs- oder Vermittlungsfähigkeit auf Dauer fördern oder erhalten werden.

§ 65 [Grenzen der Mitwirkung]

(1) Die Mitwirkungspflichten nach §§ 60 bis 64 bestehen nicht, soweit
1. ihre Erfüllung nicht in einem angemessenen Verhältnis zu der in Anspruch genommenen Sozialleistung oder ihrer Erstattung steht oder
2. ihre Erfüllung dem Betroffenen aus einem wichtigen Grund nicht zugemutet werden kann oder
3. der Leistungsträger sich durch einen geringeren Aufwand als der Antragsteller oder Leistungsberechtigte die erforderlichen Kenntnisse selbst beschaffen kann.

(2) Behandlungen und Untersuchungen,
1. bei denen im Einzelfall ein Schaden für Leben oder Gesundheit nicht mit hoher Wahrscheinlichkeit ausgeschlossen werden kann,
2. die mit erheblichen Schmerzen verbunden sind oder
3. die einen erheblichen Eingriff in die

körperliche Unversehrtheit bedeuten, können abgelehnt werden.

(3) Angaben, die dem Antragsteller, dem Leistungsberechtigten oder ihnen nahe stehende Personen (§ 383 Abs. 1 Nr. 1 bis 3 Zivilprozessordnung) die Gefahr zuziehen würde, wegen einer Straftat oder einer Ordnungswidrigkeit verfolgt zu werden, können verweigert werden.

13.7 Sozialgesetzbuch V (SGB V)

– Gesetzliche Krankenversicherung –

§ 11 [Leistungsarten]

(1) Versicherte haben nach den folgenden Vorschriften Anspruch auf Leistungen

1. zur Förderung der Gesundheit (§ 20),
2. zur Verhütung von Krankheiten sowie zur Empfängnisverhütung, bei Sterilisation und bei Schwangerschaftsabbruch (§§ 21 bis 24 b),
3. zur Früherkennung von Krankheiten (§§ 25 und 26),
4. zur Behandlung einer Krankheit (§§ 27 bis 52).

Ferner besteht Anspruch auf Sterbegeld (§§ 58 und 59).

(2) Zu den Leistungen nach Absatz 1 gehören auch medizinische und ergänzende Leistungen zur Rehabilitation, die notwendig sind, um einer drohenden Behinderung oder Pflegebedürftigkeit vorzubeugen, sie nach Eintritt zu beseitigen, zu bessern oder eine Verschlimmerung zu verhüten. Leistungen der aktivierenden Pflege nach Eintritt von Pflegebedürftigkeit werden von den Pflegekassen erbracht.

§ 27 [Krankenbehandlung]

(1) Versicherte haben Anspruch auf Krankenbehandlung, wenn sie notwendig ist, um eine Krankheit zu erkennen, zu heilen, ihre Verschlimmerung zu verhüten oder Krankheitsbeschwerden zu lindern. Die Krankenbehandlung umfasst

1. ärztliche Behandlung,
2. zahnärztliche Behandlung einschließlich der Versorgung mit Zahnersatz,
3. Versorgung mit Arznei-, Verband-, Heil- und Hilfsmitteln,
4. häusliche Krankenpflege und Haushaltshilfe,
5. Krankenhausbehandlung,
6. medizinische und ergänzende Leistungen zur Rehabilitation sowie Belastungserprobung und Arbeitstherapie.

Bei der Krankenbehandlung ist den besonderen Bedürfnissen psychisch Kranker Rechnung zu tragen, insbesondere bei der Versorgung mit Heilmitteln und bei der medizinischen Rehabilitation. Zur Krankenbehandlung gehören auch Leistungen zur Herstellung der Zeugungs- oder Empfängnisfähigkeit, wenn diese Fähigkeit nicht vorhanden war oder durch Krankheit oder wegen einer durch Krankheit erforderlichen Sterilisation verloren gegangen war.

§ 40 [Medizinische Rehabilitationsmaßnahmen]

(1) Reicht bei Versicherten eine ambulante Krankenbehandlung einschließlich ambulanter Rehabilitationsmaßnahmen nicht aus, um die in § 27 Satz

1 und § 11 Abs. 2 beschriebenen Ziele zu erreichen, kann die Krankenkasse aus medizinischen Gründen erforderliche Maßnahmen in Form einer ambulanten Rehabilitationskur erbringen. Die Satzung der Krankenkasse kann zu den übrigen Kosten der Kur einen Zuschuss von bis zu 15 Deutsche Mark täglich vorsehen.

(2) Reicht die Leistung nach Absatz 1 nicht aus, kann die Krankenkasse stationäre Behandlung mit Unterkunft und Verpflegung in einer Rehabilitationseinrichtung erbringen, mit der ein Vertrag nach § 111 besteht.

(3) Leistungen nach Absatz 1 sollen für längstens vier Wochen erbracht werden. Leistungen nach Absatz 1 und 2 können nicht vor Ablauf von drei Jahren nach Durchführung solcher oder ähnlicher Leistungen erbracht werden, deren Kosten aufgrund öffentlich-rechtlicher Vorschriften getragen oder bezuschusst worden sind, es sei denn, eine vorzeitige Leistung ist aus gesundheitlichen Gründen dringend erforderlich. § 23 Abs. 5 Satz 3 und 4 gilt entsprechend.

(4) Leistungen nach Abs. 2, die nicht anstelle einer sonst erforderlichen Krankenhausbehandlung durchgeführt werden, werden nur erbracht, wenn nach den für andere Träger der Sozialversiche-rung geltenden Vorschriften mit Ausnahme des § 31 des Sechsten Buches solche Leistungen nicht erbracht werden können.

§ 42 [Belastungserprobung und Arbeitstherapie]

Versicherte haben Anspruch auf Belastungserprobung und Arbeitstherapie, wenn nach den für andere Träger der Sozialversicherung geltenden Vorschriften solche Leistungen nicht erbracht werden können.

§ 74 [Stufenweise Wiedereingliederung]

Können arbeitsunfähige Versicherte nach ärztlicher Feststellung ihre bisherige Tätigkeit teilweise verrichten und können sie durch eine stufenweise Wiederaufnahme ihrer Tätigkeit voraussichtlich besser wieder in das Erwerbsleben eingegliedert werden, soll der Arzt auf der Bescheinigung über die Arbeitsunfähigkeit Art und Umfang der möglichen Tätigkeiten angeben und dabei in geeigneten Fällen die Stellungnahme des Betriebsarztes oder mit Zustimmung der Krankenkasse die Stellungnahme des Medizinischen Dienstes (§ 275) einholen.

13.8 Sozialgesetzbuch VI (SGB VI)

– Gesetzliche Rentenversicherung –

§ 9 [Aufgabe der Rehabilitation]

(1) Die Rentenversicherung erbringt medizinische, berufsfördernde und ergänzende Leistungen zur Rehabilitation, um

1. den Auswirkungen einer Krankheit oder einer körperlichen, geistigen oder seelischen Behinderung auf die Erwerbsfähigkeit der Versicherten entgegenzuwirken oder sie zu überwinden und

2. dadurch Beeinträchtigungen der Erwerbsfähigkeit der Versicherten oder ihr vorzeitiges Ausscheiden aus dem Erwerbsleben zu verhindern oder sie möglichst dauerhaft in das Erwerbsleben wieder einzugliedern.

Die Leistungen zur Rehabilitation haben Vorrang vor Rentenleistungen, die bei erfolgreicher Rehabilitation nicht oder voraussichtlich erst zu einem späteren Zeitpunkt zu erbringen sind.

(2) Die Leistungen nach Absatz 1 können erbracht werden, wenn die persönlichen und versicherungsrechtlichen Voraussetzungen dafür erfüllt sind. Die Versicherten sind verpflichtet, an der Rehabilitation aktiv mitzuwirken.

§ 10 [Persönliche Voraussetzungen]

Für Leistungen zur Rehabilitation haben Versicherte die persönlichen Voraussetzungen erfüllt,

1. deren Erwerbsfähigkeit wegen Krankheit oder körperlicher, geistiger oder seelischer Behinderung erheblich gefährdet oder gemindert ist und

2. bei denen voraussichtlich durch die Leistungen

   a) bei erheblicher Gefährdung der Erwerbsfähigkeit eine Minderung der Erwerbsfähigkeit abgewendet werden kann,

   b) bei geminderter Erwerbsfähigkeit diese wesentlich gebessert oder wiederhergestellt werden kann oder der Eintritt von Erwerbsunfähigkeit, Berufsunfähigkeit oder im Bergbau verminderter Berufsfähigkeit abgewendet werden kann.

§ 12 [Ausschluss von Leistungen]

(1) Leistungen zur Rehabilitation werden nicht für Versicherte erbracht, die

1. wegen eines Arbeitsunfalls, einer Berufskrankheit oder einer Schädigung im Sinne des sozialen Entschädigungsrechts gleichartige Leistungen eines anderen Rehabilitationsträgers erhalten können,

2 eine Altersrente von wenigstens zwei Dritteln der Vollrente beziehen oder beantragt haben,

3. eine Beschäftigung ausüben, aus der ihnen nach beamtenrechtlichen oder

entsprechenden Vorschriften Anwartschaft auf Versorgung gewährleistet ist,

4. als Bezieher einer Versorgung wegen Erreichens einer Altersgrenze versicherungsfrei sind oder

5. sich in Untersuchungshaft oder im Vollzug einer Freiheitsstrafe oder freiheitsentziehenden Maßregel der Besserung und Sicherung befinden oder einstweilig nach § 126 a Abs. 1 der Strafprozessordnung untergebracht sind. Dies gilt nicht für Versicherte im erleichterten Strafvollzug bei berufsfördernden Leistungen.

(2) Medizinische Leistungen zur Rehabilitation werden nicht vor Ablauf von drei Jahren nach Durchführung solcher oder ähnlicher Leistungen zur Rehabilitation erbracht, deren Kosten aufgrund öffentlich-rechtlicher Vorschriften getragen oder bezuschusst worden sind. Dies gilt nicht, wenn vorzeitige Leistungen aus gesundheitlichen Gründen dringend erforderlich sind.

§ 13 [Leistungsumfang]

(1) Der Träger der Rentenversicherung bestimmt im Einzelfall unter Beachtung der Grundsätze der Wirtschaftlichkeit und Sparsamkeit Art, Dauer, Umfang, Beginn und Durchführung dieser Leistungen sowie die Rehabilitationseinrichtung nach pflichtgemäßem Ermessen.

(2) Der Träger der Rentenversicherung erbringt nicht

1. medizinische Leistungen zur Rehabilitation in der Phase akuter Behandlungsbedürftigkeit einer Krankheit, es sei denn, die Behandlungsbedürftigkeit tritt während der medizinischen Leistungen der Rehabilitation ein,

2. medizinische Leistungen zur Rehabilitation anstelle einer sonst erforderlichen Krankenhausbehandlung,

3. medizinische Leistungen zur Rehabilitation, die dem allgemein anerkannten Stand medizinischer Erkenntnisse nicht entsprechen.

(3) Der Träger der Rentenversicherung erbringt nach Absatz 2 Nr. 1 im Benehmen mit dem Träger der Krankenversicherung für diesen Krankenbehandlung und Leistungen bei Schwangerschaft und Mutterschaft. Der Träger der Rentenversicherung kann von dem Träger der Krankenversicherung Erstattung der hierauf entfallenden Aufwendungen verlangen.

§ 15 [Medizinische Leistungen zur Rehabilitation]

(1) Die medizinischen Leistungen zur Rehabilitation umfassen insbesondere

1. Behandlung durch Ärzte und Angehörige anderer Heilberufe, soweit deren Leistungen unter ärztlicher Aufsicht oder auf ärztliche Anordnung durchgeführt werden, einschließlich der Anleitung der Versicherten, eigene Abwehr- und Heilungskräfte zu entwickeln,

2. Arznei- und Verbandmittel, Heilmittel einschließlich Krankengym-

nastik, Bewegungstherapie, Sprachtherapie und Beschäftigungstherapie,

3. Belastungserprobung und Arbeitstherapie,

4. Körperersatzstücke, orthopädische und andere Hilfsmittel einschließlich der notwendigen Änderung, Instandsetzung und Ersatzbeschaffung sowie der Ausbildung im Gebrauch der Hilfsmittel.

(2) Die medizinischen Leistungen zur Rehabilitation werden vor allem stationär einschließlich der erforderlichen Unterkunft und Verpflegung in Einrichtungen erbracht, die unter ständiger ärztlicher Verantwortung und unter Mitwirkung von besonders geschultem Personal entweder von dem Träger der Rentenversicherung selbst betrieben werden oder mit denen ein Vertrag besteht. Die Einrichtung braucht nicht unter ständiger ärztlicher Verantwortung zu stehen, wenn die Art der Behandlung dies nicht erfordert. Die Leistungen der Einrichtungen der medizinischen Rehabilitation müssen nach Art oder Schwere der Erkrankung erforderlich sein.

§ 16 [Berufsfördernde Leistungen zur Rehabilitation]

(1) Die berufsfördernden Leistungen zur Rehabilitation umfassen insbesondere

1. Leistungen zur Erhaltung oder Erlangung eines Arbeitsplatzes einschließlich der Leistungen zur Förderung der Arbeitsaufnahme,

2. Berufsvorbereitung einschließlich der wegen einer Behinderung erforderlichen Grundausbildung,

3. berufliche Anpassung, Fortbildung, Ausbildung und Umschulung einschließlich eines zur Inanspruchnahme dieser Leistungen erforderlichen schulischen Abschlusses,

4. Arbeits- und Berufsförderung im Eingangsverfahren und im Arbeitstrainingsbereich einer anerkannten Werkstatt für Behinderte.

(2) Bei Auswahl der berufsfördernden Leistungen sind Eignung, Neigung und bisherige Tätigkeit angemessen zu berücksichtigen. Das Verfahren zur Auswahl der Leistungen schließt, soweit erforderlich, eine Berufsfindung oder Arbeitserprobung ein. Dabei gelten Absatz 3 sowie § 28 Nr. 1, 2 und 4 entsprechend. Leistungen können auch zum beruflichen Aufstieg erbracht werden.

(3) Die berufsfördernden Leistungen zur Rehabilitation werden stationär in Einrichtungen der beruflichen Rehabilitation erbracht, wenn dies wegen Art oder Schwere der Behinderung oder zur Sicherung des Erfolgs der Rehabilitation erforderlich ist und mit der Einrichtung ein Vertrag über die Ausführung der Leistungen besteht. Sie umfassen die erforderliche Unterkunft und Verpflegung, wenn die Inanspruchnahme der Leistung eine Unterbringung außerhalb des eigenen oder elterlichen Haushalts erfordert.

§ 43 [Rente wegen Berufsunfähigkeit]

(2) Berufsunfähig sind Versicherte, deren Erwerbsfähigkeit wegen Krankheit oder Behinderung auf weniger als die Hälfte derjenigen von körperlich, geistig und seelisch gesunden Versicherten mit ähnlicher Ausbildung und gleichwertigen Kenntnissen und Fähigkeiten gesunken ist. Der Kreis der Tätigkeiten, nach denen die Erwerbsfähigkeit von Versicherten zu beurteilen ist, umfasst alle Tätigkeiten, die ihren Kräften und Fähigkeiten entsprechen und ihnen unter Berücksichtigung der Dauer und des Umfangs ihrer Ausbildung sowie ihres bisherigen Berufs und der besonderen Anforderungen ihrer bisherigen Berufstätigkeit zugemutet werden können. Zumutbar ist stets eine Tätigkeit, für die die Versicherten durch Leistungen zur beruflichen Rehabilitation mit Erfolg ausgebildet oder umgeschult worden sind. Berufsunfähig ist nicht, wer eine zumutbare Tätigkeit vollschichtig ausüben kann; dabei ist die jeweilige Arbeitsmarktlage nicht zu berücksichtigen.

§ 44 [Rente wegen Erwerbsunfähigkeit]

(2) Erwerbsunfähig sind Versicherte, die wegen Krankheit oder Behinderung auf nicht absehbare Zeit außerstande sind, eine Erwerbstätigkeit in gewisser Regelmäßigkeit auszuüben oder Arbeitsentgelt oder Arbeitseinkommen zu erzielen, das ein Siebtel der monatlichen Bezugsgröße übersteigt; erwerbsunfähig sind auch Versicherte nach § 1 Nr. 2, die wegen Art oder Schwere der Behinderung nicht auf dem allgemeinen Arbeitsmarkt tätig sein können. Erwerbsunfähig ist nicht, wer

1. eine selbstständige Tätigkeit ausübt oder
2. eine Tätigkeit vollschichtig ausüben kann; dabei ist die jeweilige Arbeitsmarktlage nicht zu berücksichtigen.

§ 45 [Rente für Bergleute]

(2) Im Bergbau vermindert berufsfähig sind Versicherte, die wegen Krankheit oder Behinderung nicht imstande sind,

1. die von ihnen bisher ausgeübte knappschaftliche Beschäftigung auszuüben bzw.
2. eine andere wirtschaftlich im Wesentlichen gleichwertige knappschaftliche Beschäftigung, die von Personen mit ähnlicher Ausbildung sowie gleichwertigen Kenntnissen und Fähigkeiten ausgeübt wird, zu übernehmen.

Nicht im Bergbau vermindert berufstätig sind Versicherte, die eine im Sinne des Satzes 1 Nr. 2 wirtschaftlich und qualitativ gleichwertige Beschäftigung oder selbstständige Tätigkeit außerhalb des Bergbaus ausüben.

§ 102 [Befristung und Tod]

(2) Renten wegen verminderter Erwerbsfähigkeit werden auf Zeit geleistet, wenn

1. begründete Aussicht besteht, dass die Minderung der Erwerbsfähigkeit in absehbarer Zeit behoben sein kann, oder
2. der Anspruch auch von der jeweiligen Arbeitsmarktlage abhängig ist,

es sei denn, die Versicherten vollenden innerhalb von zwei Jahren nach Rentenbeginn das 60. Lebensjahr. Dies gilt entsprechend für große Witwenrenten oder große Witwerrenten wegen Minderung der Erwerbsfähigkeit. Die Befristung erfolgt für längstens drei Jahre nach Rentenbeginn. Sie kann wiederholt werden, darf jedoch bei sich anschließenden Befristungen nach Satz 1 Nr. 1 die Gesamtdauer von sechs Jahren nicht übersteigen.

13.9   Sozialgesetzbuch VII (SGB VII)

– Gesetzliche Unfallversicherung –

§ 1 [Prävention, Rehabilitation, Entschädigung]

Aufgabe der Unfallversicherung ist es, nach Maßgabe der Vorschriften dieses Buches

1. mit allen geeigneten Mitteln Arbeitsunfälle und Berufskrankheiten sowie arbeitsbedingte Gesundheitsgefahren zu verhüten,
2. nach Eintritt von Arbeitsunfällen oder Berufskrankheiten die Gesundheit und die Leistungsfähigkeit der Versicherten mit allen geeigneten Mitteln wiederherzustellen und sie oder ihre Hinterbliebenen durch Geldleistungen zu entschädigen.

§ 8 [Arbeitsunfall]

(1) Arbeitsunfälle sind Unfälle von Versicherten infolge einer den Versicherungsschutz nach § 2, 3 oder 6 begründeten Tätigkeit (versicherte Tätigkeit). Unfälle sind zeitlich begrenzte, von außen auf den Körper einwirkende Ereignisse, die zu einem Gesundheitsschaden oder zum Tod führen.

(2) Versicherte Tätigkeiten sind auch

1. das Zurücklegen des mit der versicherten Tätigkeit zusammenhängenden unmittelbaren Weges nach und von dem Ort der Tätigkeit.
2. das Zurücklegen des von einem unmittelbaren Weg nach und von dem Ort der Tätigkeit abweichenden Weges, um

   a) Kinder von Versicherten (§ 56 des Ersten Buches), die mit ihnen in einem gemeinsamen Haushalt leben, wegen eigener oder beruflicher Tätigkeit des Ehegatten fremder Obhut anzuvertrauen oder

   b) mit anderen Berufstätigen oder Versicherten gemeinsam ein Fahrzeug zu benutzen.

3. das Zurücklegen des von einem unmittelbaren Weg nach und von dem Ort der Tätigkeit abweichenden Weges, um Kinder von Personen (§ 56 des Ersten Buches), die mit ihnen in einem gemeinsamen Haushalt leben, fremder Obhut anzuvertrauen, wenn die Abweichung darauf beruht, dass diese Personen oder deren Ehegatten einer beruflichen Tätigkeit nachgehen.

4. das Zurücklegen des mit der versicherten Tätigkeit zusammenhängenden Weges von und nach der ständigen Familienwohnung, wenn die Versicherten wegen der Entfernung ihrer Familienwohnung von dem Ort der Tätigkeit an diesem oder in dessen Nähe eine Unterkunft haben.

5. das mit einer versicherten Tätigkeit zusammenhängende Verwahren, Befördern, Instandhalten und Erneu-

ern eines Arbeitsgeräts oder einer Schutzausrüstung sowie deren Erstbeschaffung, wenn dies auf Veranlassung der Unternehmer erfolgt.

(3) Als Gesundheitsschaden gilt auch die Beschädigung oder der Verlust eines Hilfsmittels.

§ 9 [Berufskrankheit]

(1) Berufskrankheiten sind Krankheiten, die die Bundesregierung durch Rechtsverordnung mit Zustimmung des Bundesrates als Berufskrankheiten bezeichnet und die Versicherte infolge einer den Versicherungsschutz nach § 2, 3 oder 6 begründeten Tätigkeit erleiden. Die Bundesregierung wird ermächtigt, in der Rechtsverordnung solche Krankheiten als Berufskrankheiten zu bezeichnen, die nach den Erkenntnissen der medizinischen Wissenschaft durch besondere Einwirkungen verursacht sind, denen bestimmte Personengruppen durch ihre versicherte Tätigkeit in erheblich höherem Grade als die übrige Bevölkerung ausgesetzt sind: Sie kann dabei bestimmen, dass die Krankheiten nur dann Berufskrankheiten sind, wenn sie durch Tätigkeiten in bestimmten Gefährdungsbereichen verursacht worden sind oder wenn sie zur Unterlassung aller Tätigkeiten geführt haben, die für die Entstehung, die Verschlimmerung oder das Wiederaufleben der Krankheit ursächlich waren oder sein können. In der Rechtsverordnung kann ferner bestimt werden, inwieweit Versicherte in Unternehmen der See-fahrt auch in der Zeit gegen Berufskrankheiten versichert sind, in der sie an Land beurlaubt sind.

(2) Die Unfallversicherungträger haben eine Krankheit, die nicht in der Rechtsverordnung bezeichnet ist oder bei der die dort bestimmten Voraussetzungen nicht vorliegen, wie eine Berufskrankheit als Versicherungsfall anzuerkennen, sofern im Zeitpunkt der Entscheidung nach neuen Erkenntnissen der medizinischen Wissenschaft die Voraussetzungen für eine Bezeichnung nach Absatz 1 Satz 2 erfüllt sind.

§ 26 [Grundsatz]

(1) Versicherte haben nach Maßgabe der folgenden Vorschriften Anspruch auf Heilbehandlung einschließlich Leistungen der medizinischen Rehabilitation, auf berufsfördernde, soziale und ergänzende Leistungen zur Rehabilitation, auf Leistungen bei Pflegebedürftigkeit sowie auf Geldleistungen.

(2) Der Unfallversicherungsträger hat mit allen geeigneten Mitteln möglichst frühzeitig

1. den durch den Versicherungsfall verursachten Gesundheitsschaden zu beseitigen oder zu bessern, seine Verschlimmerung zu verhüten und seine Folgen zu mildern,

2. die Versicherten nach ihrer Leistungsfähigkeit und unter Berücksichtigung ihrer Eignung, Neigung und bisherigen Tätigkeit möglichst auf Dauer beruflich einzugliedern,

3. Hilfen zur Bewältigung der Anforderungen des täglichen Lebens und zur Teilnahme am Leben und in der Gemeinschaft unter Berücksichtigung von Art und Schwere des Gesundheitsschadens bereitzustellen,
4. ergänzende Leistungen zur Heilbehandlung und zur Rehabilitation zu erbringen,
5. Leistungen bei Pflegebedürftigkeit zu erbringen.

(3) Die Leistungen zur Heilbehandlung und zur Rehabilitation haben Vorrang vor Rentenleistungen.

(4) Qualität und Wirksamkeit der Leistungen zur Heilbehandlung und Rehabilitation haben dem allgemein anerkannten Stand der medizinischen Erkenntnisse zu entsprechen und den medizinischen Fortschritt zu berücksichtigen. Sie werden als Dienst- und Sachleistungen zur Verfügung gestellt, soweit dieses Buch keine Abweichungen vorsieht.

§ 27 [Umfang der Heilbehandlung]

(1) Die Heilbehandlung umfasst insbesondere
1. Erstversorgung,
2. ärztliche Behandlung,
3. zahnärztliche Behandlung einschließlich der Versorgung mit Zahnersatz,
4. Versorgung mit Arznei-, Verband-, Heil- und Hilfsmitteln,
5. häusliche Krankenpflege,
6. Behandlung in Krankenhäusern und Rehabilitationseinrichtungen,
7. Leistungen zur medizinischen Rehabilitation einschließlich Belastungserprobung und Arbeitstherapie.

(2) In den Fällen des § 8 Abs. 3 wird ein beschädigtes oder verloren gegangenes Hilfsmittel wiederhergestellt oder erneuert.

(3) Während einer aufgrund eines Gesetzes angeordneten Freiheitsentziehung wird Heilbehandlung erbracht, soweit die Belange des Vollzugs nicht entgegenstehen.

§ 28 [Ärztliche und zahnärztliche Behandlung]

(1) Die ärztliche und zahnärztliche Behandlung wird von Ärzten oder Zahnärzten erbracht. Sind Hilfeleistungen anderer Personen erforderlich, dürfen sie nur erbracht werden, wenn sie vom Arzt oder Zahnarzt angeordnet und von ihm verantwortet werden.

(2) Die ärztliche Behandlung umfasst die Tätigkeit der Ärzte, die nach den Regeln der ärztlichen Kunst erforderlich und zweckmäßg ist.

§ 32 [Häusliche Krankenpflege]

(1) Versicherte erhalten in ihrem Haushalt oder ihrer Familie neben der ärztlichen Behandlung häusliche Krankenpflege durch geeignete Pflegekräfte, wenn Krankenhausbehandlung geboten, aber nicht ausführbar ist oder wenn sie durch die häusliche Krankenpflege vermieden oder verkürzt werden kann und das Ziel der Heilbehandlung nicht gefährdet wird.

(2) Die häusliche Krankenpflege

umfasst die im Einzelfall aufgrund ärztlicher Versorgung erforderliche Grund- und Behandlungspflege sowie hauswirtschaftliche Versorgung.

§ 33 [Behandlung in Krankenhäusern und Rehabilitationseinrichtungen]

(1) Stationäre Behandlung in einem Krankenhaus oder in einer Rehabilitationseinrichtung wird erbracht, wenn die Aufnahme erforderlich ist, weil das Behandlungsziel anders nicht erreicht werden kann. Sie wird voll- oder teilstationär erbracht. Sie umfasst im Rahmen des Versorgungsauftrags des Krankenhauses oder der Rehabilitationseinrichtung alle Leistungen, die im Einzelfall für die medizinische Versorgung der Versicherten notwendig sind, insbesondere ärztliche Behandlung, Krankenpflege, Versorgung mit Arznei-, Verband-, Heil- und Hilfsmitteln, Unterkunft und Verpflegung.

(2) Krankenhäuser und Rehabilitationseinrichtungen im Sinne des Absatzes 1 sind die Einrichtungen nach § 107 des Fünften Buches.

§ 35 [Umfang der berufsfördernden Leistungen zur Rehabilitation]

(1) Die berufsfördernden Leistungen zur Rehabilitation umfassen insbesondere

1. Leistungen zur Erhaltung oder Erlangung eines Arbeitsplatzes einschließlich der Leistungen zur Förderung der Arbeitsaufnahme,
2. Berufsvorbereitung einschließlich

der wegen eines Gesundheitsschadens erforderlichen Grundausbildung,
3. berufliche Anpassung, Fortbildung, Ausbildung und Umschulung einschließlich des zur Inanspruchnahme dieser Leistungen erforderlichen schulischen Abschlusses,
4. Hilfen zu einer angemessenen Schulbildung einschließlich der Vorbereitung hierzu oder zur Entwicklung der geistigen und körperlichen Fähigkeiten vor Beginn der Schulpflicht,
5. Arbeits- und Berufsförderung im Eingangsverfahren und im Arbeitstrainingsbereich einer anerkannten Werkstatt für Behinderte.

Diese Leistungen können auch zum beruflichen Aufstieg erbracht werden.

§ 37 [Leistungen in einer Werkstatt für Behinderte]

Berufsfördernde Leistungen in einer anerkannten Werkstatt für Behinderte im Sinne des Schwerbehindertengesetzes werden erbracht,

1. im Eingangsverfahren, wenn sie erforderlich sind, um im Zweifelsfall festzustellen, ob die Werkstatt die geeignete Einrichtung für die Eingliederung des Behinderten in das Arbeitsleben ist, und welche Bereiche der Werkstatt und welche berufsfördernden und ergänzenden Maßnahmen zur Eingliederung für den Behinderten in Betracht kommen,
2. im Arbeitstrainingsbereich, wenn sie erforderlich sind, um die Leistungs-

fähigkeit oder Erwerbsfähigkeit des Behinderten so weit wie möglich zu entwickeln, zu erhöhen oder wiederzugewinnen und erwartet werden kann, dass der Behinderte nach Teilnahme an diesen Maßnahmen in der Lage ist, wenigstens ein Mindestmaß wirtschaftlich verwertbarer Arbeitsleistung im Sinne des § 54 des Schwerbehindertengesetzes zu erbringen.

§ 39 [Umfang der Leistungen zur sozialen Rehabilitation und der ergänzenden Leistungen]

(1) Die Leistungen zur sozialen Rehabiliation und die ergänzenden Leistungen umfassen

1. Kraftfahrzeughilfe,
2. Wohnungshilfe,
3. Beratung sowie sozialpädagogische und psychosoziale Betreuung,
4. Haushaltshilfe,
5. Reisekosten,
6. ärztlich verordneten Rehabilitationssport in Gruppen unter ärztlicher Betreuung,
7. Übernahme der Kosten, die mit den berufsfördernden Leistungen in unmittelbarem Zusammenhang stehen, insbesondere Lehrgangskosten, Prüfungsgebühren, Lernmittel, Arbeitskleidung und Arbeitsgeräte,
8. sonstige Leistungen zur Erreichung und zur Sicherstellung des Rehabilitationserfolges.

(2) Zum Ausgleich besonderer Härten kann den Versicherten oder deren Angehörigen eine besondere Unterstützung gewährt werden.

13.10 Sozialgesetzbuch X (SGB X)

– Verwaltungsverfahren –

§ 96 [Ärztliche Untersuchungen, psychologische Eignungsuntersuchungen]

(1) Veranlasst ein Leistungsträger eine ärztliche Untersuchungsmaßnahme oder eine psychologische Eignungsuntersuchungsmaßnahme um festzustellen, ob die Voraussetzungen für eine Sozialleistung vorliegen, sollen die Untersuchungen in der Art und Weise vorgenommen und deren Ergebnisse so festgehalten werden, dass sie auch bei der Prüfung der Voraussetzungen anderer Sozialleistungen verwendet werden können. Der Umfang der Untersuchungsmaßnahme richtet sich nach der Aufgabe, die der Leistungsträger, der die Untersuchung veranlasst hat, zu erfüllen hat. Die Untersuchungsbefunde sollen bei der Feststellung, ob die Voraussetzungen einer anderen Sozialleistung vorliegen, verwertet werden.

(2) Durch Vereinbarungen haben die Leistungsträger sicherzustellen, dass Untersuchungen unterbleiben, soweit bereits verwertbare Untersuchungsergebnisse vorliegen. Für den Einzelfall sowie nach Möglichkeit für eine Vielzahl von Fällen haben die Leistungsträger zu vereinbaren, dass bei der Begutachtung der Voraussetzungen von Sozialleistungen die Untersuchungen nach einheitlichen und vergleichbaren Grundlagen, Maßstäben und Verfahren vorgenommen und die Ergebnisse der Untersuchungen festgehalten werden. Sie können darüber hinaus vereinbaren, dass sich der Umfang der Untersuchungsmaßnahme nach den Aufgaben der beteiligten Leistungsträger richtet; soweit die Untersuchungsmaßnahme hierdurch erweitert ist, ist die Zustimmung des Betroffenen erforderlich.

(3) Die Bildung einer Zentraldatei mehrerer Leistungsträger für Daten der ärztlich untersuchten Leistungsempfänger ist nicht zulässig. Satz 1 gilt nicht für Träger der gesetzlichen Unfallversicherung, soweit sie Aufgaben der Gesundheitsvorsorge, der Rehabilitation und der Forschung wahrnehmen, die dem Ziel dienen, gesundheitliche Schäden bei Versicherten zu verhüten oder zu beheben. § 76 bleibt unberührt.

§ 100 [Auskunftspflicht des Arztes oder von Angehörigen eines anderen Heilberufs]

(1) Der Arzt oder Angehörige eines anderen Heilberufs ist verpflichtet, dem Leistungsträger im Einzelfall auf Verlangen Auskunft zu erteilen, soweit es für die Durchführung von dessen Aufgaben nach diesem Gesetzbuch erforderlich und
1. es gesetzlich zugelassen ist oder
2. der Betroffene im Einzelfall eingewilligt hat.

Die Einwilligung bedarf der Schriftform, soweit nicht wegen besonderer Umstände eine andere Form angemessen ist. Die Sätze 1 und 2 gelten entsprechend für Krankenhäuser sowie für Vorsorge- oder Rehabilitationseinrichtungen.

(2) Auskünfte auf Fragen, deren Beantwortung dem Arzt, dem Angehörigen eines anderen Heilberufs oder ihnen nahe stehenden Personen (§ 383 Abs. 1 Nr. 1 bis 3 der Zivilprozessordnung) die Gefahr zuziehen würde, wegen einer Straftat oder einer Ordnungswidrigkeit verfolgt zu werden, können verweigert werden.

13.11 Sozialgesetzbuch XI (SGB XI)

– Soziale Pflegeversicherung –

§ 14 [Begriff der Pflegebedürftigkeit]

(1) Pflegebedürftig im Sinne dieses Buches sind Personen, die wegen einer körperlichen, geistigen oder seelischen Krankheit oder Behinderung für die gewöhnlichen und regelmäßig wiederkehrenden Verrichtungen im Ablauf des täglichen Lebens auf Dauer, voraussichtlich für mindestens sechs Monate, in erheblichem oder höherem Maße (§ 15) der Hilfe bedürfen.

(2) Krankheiten oder Behinderungen im Sinne des Absatzes 1 sind:

1. Verluste, Lähmungen oder andere Funktionsstörungen am Stütz- und Bewegungsapparat,
2. Funktionsstörungen der inneren Organe oder der Sinnesorgane,
3. Störungen des Zentralnervensystems wie Antriebs-, Gedächtnis- oder Orientierungsstörungen sowie endogene Psychosen, Neurosen oder geistige Behinderungen.

(3) Die Hilfe im Sinne des Absatzes 1 besteht in der Unterstützung, in der teilweisen oder vollständigen Übernahme der Verrichtungen im Ablauf des täglichen Lebens oder in Beaufsichtigung oder Anleitung mit dem Ziel der eigenständigen Übernahme dieser Verrichtungen.

(4) Gewöhnliche und regelmäßig wiederkehrende Verrichtungen im Sinne des Absatzes 1 sind:

1. im Bereich der Körperpflege das Waschen, Duschen, Baden, die Zahnpflege, das Kämmen, Rasieren, die Darm- oder Blasenentleerung,
2. im Bereich der Ernährung das mundgerechte Zubereiten oder die Aufnahme der Nahrung,
3. im Bereich der Mobilität das selbstständige Aufstehen und Zubettgehen, An- und Auskleiden, Gehen, Stehen, Treppensteigen oder das Verlassen und Wiederaufsuchen der Wohnung,
4. im Bereich der hauswirtschaftlichen Versorgung das Einkaufen, Kochen, Reinigen der Wohnung, Spülen, Wechseln und Waschen der Wäsche und Kleidung oder das Beheizen.

§ 15 [Stufen der Pflegebedürftigkeit]

(1) Für die Gewährung von Leistungen nach diesem Gesetz sind pflegebedürftige Personen (§ 14) einer der folgenden drei Pflegestufen zuzuordnen:

1. Pflegebedürftige der Pflegestufe I (erheblich Pflegebedürftige) sind Personen, die bei der Körperpflege, der Ernährung oder der Mobilität für wenigstens zwei Verrichtungen aus einem oder mehreren Bereichen mindestens einmal täglich der Hilfe bedürfen und zusätzlich mehrfach in

der Woche Hilfen bei der hauswirtschaftlichen Versorgung benötigen.

2. Pflegebedürftige der Pflegestufe II (Schwerpflegebedürftige) sind Personen, die bei der Körperpflege, der Ernährung oder der Mobilität mindestens dreimal täglich zu verschiedenen Tageszeiten der Hilfe bedürfen und zusätzlich mehrfach in der Woche Hilfen bei der hauswirtschaftlichen Versorgung benötigen.

3. Pflegebedürftige der Pflegestufe III (Schwerstpflegebedürftige) sind Personen, die bei der Körperpflege, der Ernährung oder der Mobilität täglich rund um die Uhr, auch nachts, der Hilfe bedürfen und zusätzlich mehrfach in der Woche Hilfen bei der hauswirtschaftlichen Versorgung benötigen.

(2) Bei Kindern ist für die Zuordnung der zusätzliche Hilfebedarf gegenüber einem gesunden gleichaltrigen Kind maßgebend.

§ 31 [Vorrang der Rehabilitation vor Pflege]

(1) Die Pflegekassen prüfen im Einzelfall, welche Leistungen zur Rehabilitation geeignet und zumutbar sind, Pflegebedürftigkeit zu überwinden, zu mindern oder ihre Verschlimmerung zu verhüten. Werden Leistungen nach diesem Buch gewährt, ist bei Nachuntersuchungen die Frage geeigneter und zumutbarer Leistungen zur Rehabilitation mit zu prüfen.

(2) Die Pflegekassen haben bei der Einleitung und Ausführung der Leistungen zur Pflege sowie bei Beratung, Auskunft und Aufklärung mit den Trägern der Rehabilitation eng zusammenzuarbeiten, um Pflegebedürftigkeit zu vermeiden, zu überwinden, zu mindern oder ihre Verschlimmerung zu verhüten.

(3) Wenn eine Pflegekasse feststellt, dass im Einzelfall Leistungen zur Rehabilitation angezeigt sind, hat sie dies dem zuständigen Träger der Rehabilitation unverzüglich mitzuteilen.

(4) Die Pflegekassen unterstützen die Versicherten auch bei der Inanspruchnahme von Leistungen zur Rehabilitation, insbesondere bei der Antragstellung.

13.12 Gesetz zur Sicherung der Eingliederung Schwerbehinderter in Arbeit, Beruf und Gesellschaft (SchwbG)

§ 1 [Schwerbehinderte]

Schwerbehinderte im Sinne dieses Gesetzes sind Personen mit einem Grad der Behinderung von wenigstens 50, sofern sie ihren Wohnsitz, ihren gewöhnlichen Aufenthalt oder ihre Beschäftigung auf einem Arbeitsplatz im Sinne des § 7 Abs. 1 rechtmäßig im Geltungsbereich dieses Gesetzes haben.

§ 2 [Gleichgestellte]

(1) Personen mit einem Grad der Behinderung von weniger als 50, aber wenigstens 30, bei denen im Übrigen die Voraussetzungen des § 1 vorliegen, sollen aufgrund einer Feststellung nach § 4 auf ihren Antrag vom Arbeitsamt Schwerbehinderten gleichgestellt werden, wenn sie infolge ihrer Behinderung ohne die Gleichstellung einen geeigneten Arbeitsplatz im Sinne des § 7 Abs. 1 nicht erlangen oder nicht behalten können. Die Gleichstellung wird mit dem Tag des Eingangs des Antrags wirksam. Sie kann befristet werden.

§ 3 [Behinderung]

(1) Behinderung im Sinne dieses Gesetzes ist die Auswirkung einer nicht nur vorübergehenden Funktionsbeeinträchtigung, die auf einem regelwidrigen körperlichen, geistigen oder seelischen Zustand beruht. Regelwidrig ist der Zustand, der von dem für das Lebensalter typischen abweicht. Als nicht nur vorübergehend gilt ein Zeitraum von mehr als 6 Monaten. Bei mehreren sich gegenseitig beeinflussenden Funktionsbeeinträchtigungen ist deren Gesamtauswirkung maßgeblich.

(2) Die Auswirkung der Funktionsbeeinträchtigung ist als Grad der Behinderung (GdB), nach Zehnergraden abgestuft, von 20 bis 100 festzustellen.

(3) Für den Grad der Behinderung gelten die im Rahmen des § 30 Abs. 1 des Bundesversorgungsgesetzes festgelegten Maßstäbe entsprechend.

§ 60 [Persönliche Voraussetzungen]

(1) In seiner Bewegungsfähigkeit im Straßenverkehr erheblich beeinträchtigt ist, wer infolge einer Einschränkung des Gehvermögens, auch durch innere Leiden, oder infolge von Anfällen oder von Störungen der Orientierungsfähigkeit nicht ohne erhebliche Schwierigkeiten oder nicht ohne Gefahren für sich oder andere Wegstrecken im Ortsverkehr zurückzulegen vermag, die üblicherweise noch zu Fuß zurückgelegt werden.

(2) Ständige Begleitung ist bei Schwerbehinderten notwendig, die bei Benutzung von öffentlichen Verkehrsmitteln infolge ihrer Behinderung zur Vermeidung von Gefahren für sich oder andere regelmäßig auf fremde Hilfe angewiesen sind.

13.13 Sozialgerichtsgesetz (SGG)

§ 106

(1) Der Vorsitzende hat darauf hinzuwirken, dass Formfehler beseitigt, unklare Anträge erläutert, sachdienliche Anträge gestellt, ungenügende Angaben tatsächlicher Art ergänzt sowie alle für die Feststellung und Beurteilung des Sachverhalts wesentlichen Erklärungen abgegeben werden.

(2) Der Vorsitzende hat bereits vor der mündlichen Verhandlung alle Maßnahmen zu treffen, die notwendig sind, um den Rechtsstreit möglichst in einer mündlichen Verhandlung zu erledigen.

(3) Zu diesem Zweck kann er insbesondere

1. um Mitteilung von Urkunden ersuchen,
2. Krankenpapiere, Aufzeichnungen, Krankengeschichten, Sektions- und Untersuchungsbefunde sowie Röntgenbilder beiziehen,
3. Auskünfte jeder Art einholen,
4. Zeugen und Sachverständige in geeigneten Fällen vernehmen oder, auch eidlich, durch den ersuchten Richter vernehmen lassen,
5. die Einnahmen des Augenscheins sowie die Begutachtung durch Sachverständige anordnen und ausführen,
6. andere beiladen,
7. einen Termin anberaumen, das persönliche Erscheinen der Beteiligten hierzu anordnen und den Sachverhalt mit diesen erörtern.

§ 109

(1) Auf Antrag des Versicherten, des Versorgungsberechtigten oder Hinterbliebenen muss ein bestimmter Arzt gutachtlich gehört werden. Die Anhörung kann davon abhängig gemacht werden, dass der Antragsteller die Kosten vorschießt und vorbehaltlich einer anderen Entscheidung des Gerichts endgültig trägt.

(2) Das Gericht kann einen Antrag ablehnen, wenn durch die Zulassung die Erledigung des Rechtsstreits verzögert werden würde und der Antrag nach der freien Überzeugung des Gerichts in der Absicht, das Verfahren zu verschleppen, oder aus grober Nachlässigkeit nicht früher vorgebracht worden ist.

13.14 Bundessozialhilfegesetz (BSHG)

– Eingliederungshilfe für Behinderte–

§ 39 [Personenkreis und Aufgabe]

(1) Personen, die nicht nur vorüberge-hend körperlich, geistig oder seelisch wesentlich behindert sind, ist Ein-gliederungshilfe zu gewähren. Personen mit einer anderen körperlichen, geisti-gen oder seelischen Behinderung kann sie gewährt werden.

(2) Den Behinderten stehen die von einer Behinderung Bedrohten gleich. Dies gilt bei Personen, bei denen Maß-nahmen der in den §§ 36, 37 genannten Art erforderlich sind, nur, wenn bei Durchführung dieser Maßnahme eine Behinderung einzutreten droht.

(3) Aufgabe der Eingliederungshilfe ist es, eine drohende Behinderung zu verhüten oder eine vorhandene Behinde-rung oder deren Folgen zu beseitigen oder zu mildern und den Behinderten in die Gesellschaft einzugliedern. Hierzu gehört vor allem, dem Behinderten die Teilnahme am Leben in der Gemein-schaft zu ermöglichen oder zu erleich-tern, ihm die Ausübung eines angemes-senen Berufs oder einer sonstigen ange-messenen Tätigkeit zu ermöglichen oder ihn so weit wie möglich unabhängig von Pflege zu machen.

(4) Eingliederungshilfe wird gewährt, wenn und solange nach der Besonder-heit des Einzelfalls, vor allem nach Art und Schwere der Behinderung, Aussicht besteht, dass die Aufgabe der Eingliederungshilfe erfüllt werden kann.

§ 40 [Maßnahmen der Hilfe]

(1) Maßnahmen der Eingliederungs-hilfe sind vor allem

1. ambulante oder stationäre Behand-lung oder sonstige ärztliche oder ärztlich verordnete Maßnahmen zur Verhütung, Beseitigung oder Milde-rung der Behinderung,

2. Versorgung mit Körperersatz-stücken sowie mit orthopädischen oder anderen Hilfsmitteln,

2a heilpädagogische Maßnahmen für Kinder, die noch nicht im schul-pflichtigen Alter sind,

3. Hilfe zu einer angemessenen Schul-bildung, vor allem im Rahmen der allgemeinen Schulpflicht und durch Hilfe zum Besuch weiterführender Schulen einschließlich der Vorberei-tung hierzu; die Bestimmungen über die Ermöglichung der Schulbildung im Rahmen der allgemeinen Schul-pflicht bleiben unberührt,

4. Hilfe zur Ausbildung für einen ange-messenen Beruf oder für eine sonsti-ge angemessene Tätigkeit,

5. Hilfe zur Fortbildung im früheren oder einem diesem verwandten Be-ruf oder zur Umschulung für einen angemessenen Beruf oder eine sons-tige angemessene Tätigkeit; Hilfe

kann auch zum Aufstieg im Berufsleben gewährt werden, wenn die Besonderheit des Einzelfalles dies rechtfertigt,

6. Hilfe zur Erlangung eines geeigneten Platzes im Arbeitsleben,

6a Hilfe bei der Beschaffung und Erhaltung einer Wohnung, die den besonderen Bedürfnissen des Behinderten entspricht,

7. nachgehende Hilfe zur Sicherung der Wirksamkeit der ärztlichen oder ärztlich verordneten Maßnahmen und zur Sicherung der Eingliederung des Behinderten in das Arbeitsleben,

8. Hilfe zur Teilnahme am Leben in der Gemeinschaft.

(2) Behinderten, bei denen wegen Art oder Schwere ihrer Behinderung arbeits- und berufsfördernde Maßnahmen nach Absatz 1 mit dem Ziel der Eingliederung auf dem allgemeinen Arbeitsmarkt nicht in Betracht kommen, soll nach Möglichkeit Gelegenheit zur Ausübung einer der Behinderung entsprechenden Beschäftigung, insbesondere in einer Werkstatt für Behinderte, gegeben werden.

(3) Der Begriff der Werkstatt für Behinderte und ihre fachlichen Anforderungen richten sich nach den Vorschriften des Schwerbehindertengesetzes.

(4) Soweit es im Einzelfall gerechtfertigt ist, können Beihilfen an den Behinderten oder seine Angehörigen zum Besuch während der Durchführung der Maßnahmen der Eingliederungshilfe in einer Anstalt, einem Heim oder einer gleichartigen Einrichtung gewährt werden.

§ 43 [Erweiterte Hilfe]

(1) Erfordert die Behinderung Gewährung der Hilfe in einer Anstalt, einem Heim oder einer gleichartigen Einrichtung, einer Tageseinrichtung für Behinderte oder ärztliche oder ärztlich verordnete Maßnahmen, ist die Hilfe hierfür auch dann in vollem Umfang zu gewähren, wenn den in § 28 genannten Personen die Aufbringung der Mittel zu einem Teil zuzumuten ist. In Höhe dieses Teils haben sie zu den Kosten der Hilfe beizutragen; mehrere Verpflichtete haften als Gesamtschuldner.

§ 46 [Gesamtplan]

(1) Der Träger der Sozialhilfe stellt so frühzeitig wie möglich einen Gesamtplan zur Durchführung der einzelnen Maßnahmen auf.

(2) Bei der Aufstellung des Gesamtplans und der Durchführung der Maßnahmen wirkt der Träger der Sozialhilfe mit dem Behinderten und den sonst im Einzelfalle Beteiligten, vor allem mit dem behandelnden Arzt, dem Gesundheitsamt, dem Landesarzt (§ 126 a), dem Jugendamt und den Dienststellen der Bundesanstalt für Arbeit zusammen.

§ 72 [Hilfe zur Überwindung besonderer sozialer Schwierigkeiten]

(1) Personen, bei denen besondere soziale Schwierigkeiten der Teilnahme

am Leben in der Gemeinschaft entgegenstehen, ist Hilfe zur Überwindung dieser Schwierigkeiten zu gewähren, wenn sie aus eigener Kraft hierzu nicht fähig sind. Andere Bestimmungen dieses Gesetzes und die Bestimmungen des Gesetzes für Jugendwohlfahrt gehen der Regelung des Satzes 1 vor.

(2) Die Hilfe umfasst alle Maßnahmen, die notwendig sind, um die Schwierigkeiten abzuwenden, zu beseitigen, zu mildern oder ihre Verschlimmerung zu verhüten, vor allem Beratung und persönliche Betreuung des Hilfesuchenden und seiner Angehörigen, sowie Maßnahmen bei der Beschaffung und Erhaltung einer Wohnung.

§ 125 [Aufgaben der Ärzte]

(1) Ärzte haben die in § 124 Abs. 1 genannten Personensorgeberechtigten sowie die in § 124 Abs. 3 genannten Behinderten über die nach Art und Schwere der Behinderung geeigneten ärztlichen und sonstigen Eingliederungsmaßnahmen zu beraten oder sie auf die Möglichkeit der Beratung durch das Gesundheitsamt und, wenn berufliche Eingliederungsmaßnahmen in Betracht kommen, durch das Arbeitsamt hinzuweisen; sie haben ihnen ein amtliches Merkblatt auszuhändigen, das über die Möglichkeiten gesetzlicher Hilfe einschließlich der Berufsberatung und über die Durchführung von Eingliederungsmaßnahmen, insbesondere ärztlicher, schulischer und beruflicher Art, unterrichtet.

(2) Zur Sicherung der in § 126 Nr. 3 genannten Zwecke haben die Ärzte die ihnen nach Absatz 1 bekannt werdenden Behinderungen und wesentliche Angaben zur Person des Behinderten alsbald dem Gesundheitsamt mitzuteilen; dabei sind die Namen der Behinderten und der Personensorgeberechtigten nicht anzugeben.

(3) Lässt ein Personensorgeberechtigter trotz wiederholter Aufforderung durch den Arzt die zur Eingliederung erforderlichen ärztlichen Maßnahmen nicht durchführen oder vernachlässigt er sie, so hat der Arzt das Gesundheitsamt alsbald zu benachrichtigen, er kann das Gesundheitsamt benachrichtigen, wenn ein Personensorgeberechtigter zur Eingliederung erforderliche sonstige Maßnahmen nicht durchführen lässt oder vernachlässigt.

§ 126 [Aufgaben des Gesundheitsamtes]

Das Gesundheitsamt hat die Aufgabe,
1. Behinderte oder Personensorgeberechtigte über die nach Art und Schwere der Behinderung geeigneten ärztlichen und sonstigen Eingliederungsmaßnahmen im Benehmen mit dem behandelnden Arzt auch während und nach der Durchführung von Heil- und Eingliederungsmaßnahmen zu beraten; die Beratung ist mit Zustimmung des Behinderten oder des Personensorgeberechtigten im Benehmen mit den an der Durchführung der Ein-

gliederungsmaßnahmen beteiligten Stellen oder Personen vorzunehmen. Steht der Behinderte schon in ärztlicher Behandlung, setzt sich das Gesundheitsamt mit dem behandelnden Arzt in Verbindung. Bei der Beratung ist ein amtliches Merkblatt (§ 125 Abs. 1 Halbsatz 2) auszuhändigen. Für die Beratung sind im Benehmen mit den Landesärzten die erforderlichen Sprechtage durchzuführen;

2. zur Einleitung der erforderlichen Eingliederungsmaßnahmen den zuständigen Sozialleistungsträger und, wenn berufliche Eingliederungs-

maßnahmen in Betracht kommen, auch die Bundesanstalt für Arbeit mit Zustimmung des Behinderten oder des Personensorgeberechtigten zu verständigen;

3. die Unterlagen auszuwerten und sie zur Planung der erforderlichen Einrichtungen und zur weiteren wissenschaftlichen Auswertung nach näherer Bestimmung der zuständigen obersten Landesbehörden weiterzuleiten. Bei der Weiterleitung der Unterlagen sind die Namen der Behinderten und der Personensorgeberechtigten nicht anzugeben.

13.15 Verordnung über die Zulassung von Personen zum Straßenverkehr (Fahrerlaubnisverordnung - FeV)

§ 2 [Eingeschränkte Zulassung]

(1) Wer sich infolge körperlicher oder geistiger Mängel nicht sicher im Verkehr bewegen kann, darf am Verkehr nur teilnehmen, wenn Vorsorge getroffen ist, dass er andere nicht gefährdet. Die Pflicht zur Vorsorge, namentlich durch das Anbringen geeigneter Einrichtungen an Fahrzeugen, durch den Ersatz fehlender Gliedmaßen mittels künstlicher Glieder, durch Begleitung oder durch das Tragen von Abzeichen oder Kennzeichen, obliegt dem Verkehrsteilnehmer selbst oder einem für ihn Verantwortlichen.

§ 11 [Eignung]

(1) Bewerber um eine Fahrerlaubnis müssen die hierfür notwendigen körperlichen und geistigen Anforderungen erfüllen. Die Anforderungen sind insbesondere nicht erfüllt, wenn eine Erkrankung oder ein Mangel nach Anlage 4 oder 5 vorliegt, wodurch die Eignung oder die bedingte Eignung zum Führen von Kraftfahrzeugen ausgeschlossen wird. Außerdem dürfen die Bewerber nicht erheblich oder nicht wiederholt gegen verkehrsrechtliche Vorschriften oder Strafgesetze verstoßen haben, sodass dadurch die Eignung ausgeschlossen wird. Bewerber um die Fahrerlaubnis der Klasse D oder D1 müssen auch die Gewähr dafür bieten, dass sie der besonderen Verantwortung bei der Beförderung von Fahrgästen gerecht werden.

(2) Werden Tatsachen bekannt, die Bedenken gegen die körperliche oder geistige Eignung des Fahrerlaubnisbewerbers begründen, kann die Fahrerlaubnisbehörde zur Vorbereitung von Entscheidungen über die Erteilung oder Verlängerung der Fahrerlaubnis oder über die Anordnung von Beschränkungen oder Auflagen die Beibringung eines ärztlichen Gutachtens durch den Bewerber anordnen. Bedenken gegen die körperliche oder geistige Eignung bestehen insbesondere, wenn Tatsachen bekannt werden, die auf eine Erkrankung oder einen Mangel nach Anlage 4 oder 5 hinweisen. Die Behörde bestimmt in der Anordnung auch, ob das Gutachten von einem

1. für die Fragestellung (Absatz 6 Satz 1) zuständigen Facharzt mit verkehrsmedizinischer Qualifikation,
2. Arzt des Gesundheitsamtes oder einem anderen Arzt der öffentlichen Verwaltung,
3. Arzt mit der Gebietsbezeichnung „Arbeitsmedizin" oder der Zusatzbezeichnung „Betriebsmedizin"

erstellt werden soll. Die Behörde kann auch mehrere solcher Anordnungen treffen. Der Facharzt nach Satz 3 Nr. 1 soll nicht zugleich der den Betroffenen behandelnde Arzt sein.

(3) Die Beibringung eines Gutachtens

einer amtlich anerkannten Begutachtungsstelle für Fahreignung (medizinisch-psychologisches Gutachten) kann zur Klärung von Eignungszweifeln für die Zwecke nach Absatz 2 angeordnet werden,

1. wenn nach Würdigung der Gutachten gemäß Absatz 2 oder Absatz 4 ein medizinisch-psychologisches Gutachten zusätzlich erforderlich ist,

2. zur Vorbereitung einer Entscheidung über die Befreiung von den Vorschriften über das Mindestalter,

3. bei erheblichen Auffälligkeiten, die im Rahmen einer Fahrerlaubnisprüfung nach § 18 Abs. 3 mitgeteilt worden sind,

4. bei Straftaten, die im Zusammenhang mit dem Straßenverkehr oder im Zusammenhang mit der Kraftfahreignung stehen oder bei denen Anhaltspunkte für ein hohes Aggressionspotenzial bestehen oder

5. bei der Neuerteilung der Fahrerlaubnis, wenn

a) die Fahrerlaubnis wiederholt entzogen war oder

b) der Entzug der Fahrerlaubnis auf einem Grund nach Nr. 4 beruhte.

Unberührt bleiben medizinisch-psychologische Begutachtungen nach § 2 a Abs. 4 und 5 und § 4 Abs. 10 Satz 3 des Straßenverkehrsgesetzes sowie § 10 Abs. 2 und den §§ 13 und 14 in Verbindung mit den Anlagen 4 und 5 dieser Verordnung.

(4) Die Beibringung eines Gutachtens

eines amtlich anerkannten Sachverständigen oder Prüfers für den Kraftfahrzeugverkehr kann zur Klärung von Eignungszweifeln für die Zwecke nach Absatz 2 angeordnet werden,

1. wenn nach Würdigung der Gutachten gemäß Absatz 2 oder Absatz 3 ein Gutachten eines amtlich anerkannten Sachverständigen oder Prüfers zusätzlich erforderlich ist oder

2. bei Behinderungen des Bewegungsapparates, um festzustellen, ob der Behinderte das Fahrzeug mit den erforderlichen besonderen technischen Hilfsmitteln sicher führen kann.

(5) Für die Durchführung der ärztlichen und der medizinisch-psychologischen Untersuchung sowie für die Erstellung der entsprechenden Gutachten gelten die in der Anlage 15 genannten Grundsätze.

(6) Die Fahrerlaubnisbehörde legt unter Berücksichtigung der Besonderheiten des Einzelfalls und unter Beachtung der Anlagen 4 und 5 in der Anordnung zur Beibringung des Gutachtens fest, welche Fragen im Hinblick auf die Eignung des Betroffenen zum Führen von Kraftfahrzeugen zu klären sind. Die Behörde teilt dem Betroffenen unter Darlegung der Gründe für die Zweifel an seiner Eignung und unter Angabe der für die Untersuchung in Betracht kommenden Stelle oder Stellen mit, dass er sich innerhalb einer von ihr festgelegten Frist auf seine Kosten der Untersuchung zu unterziehen und das Gutachten beizubringen hat. Der Betroffene hat die

Fahrerlaubnisbehörde darüber zu unterrichten, welche Stelle er mit der Untersuchung beauftragt hat. Die Fahrerlaubnisbehörde teilt der untersuchenden Stelle mit, welche Fragen im Hinblick auf die Eignung des Betroffenen zum Führen von Kraftfahrzeugen zu klären sind und übersendet ihr die vollständigen Unterlagen, soweit sie unter Beachtung der gesetzlichen Verwertungsverbote verwendet werden dürfen. Die Untersuchung erfolgt aufgrund eines Auftrages durch den Betroffenen.

(7) Steht die Nichteignung des Betroffenen nach Überzeugung der Fahrerlaubnisbehörde fest, unterbleibt die Anordnung zur Beibringung des Gutachtens.

(8) Weigert sich der Betroffene, sich untersuchen zu lassen, oder bringt er der Fahrerlaubnisbehörde das von ihr geforderte Gutachten nicht fristgerecht bei, darf sie bei ihrer Entscheidung auf die Nichteignung des Betroffenen schließen. Der Betroffene ist hierauf bei der Anordnung nach Absatz 6 hinzuweisen.

§ 13 [Klärung von Eignungszweifeln bei Alkoholproblematik]

Zur Vorbereitung von Entscheidungen über die Erteilung oder Verlängerung der Fahrerlaubnis oder über die Anordnung von Beschränkungen oder Auflagen ordnet die Fahrerlaubnisbehörde an, dass

1. ein ärztliches Gutachten (§ 11 Abs. 2 Satz 3) beizubringen ist, wenn Tatsachen die Annahme von Alkohol-

abhängigkeit begründen oder die Fahrerlaubnis wegen Alkoholabhängigkeit entzogen war oder sonst zu klären ist, ob Abhängigkeit nicht mehr besteht oder

2. ein medizinisch-psychologisches Gutachten beizubringen ist, wenn

a) nach dem ärztlichen Gutachten zwar keine Alkoholabhängigkeit, jedoch Anzeichen für Alkoholmissbrauch vorliegen oder sonst Tatsachen die Annahme von Alkoholmissbrauch begründen,

b) wiederholt Zuwiderhandlungen im Straßenverkehr unter Alkoholeinfluss begangen wurden,

c) ein Fahrzeug im Straßenverkehr bei einer Blutalkoholkonzentration von 1,6 Promille oder mehr oder einer Atemalkoholkonzentration von 0,8 mg/l oder mehr geführt wurde,

d) die Fahrerlaubnis aus einem der unter Buchstabe a bis c genannten Gründe entzogen war oder

e) sonst zu klären ist, ob Alkoholmissbrauch nicht mehr besteht.

§ 14 [Klärung von Eignungszweifeln im Hinblick auf Betäubungsmittel und Arzneimittel)

(1) Zur Vorbereitung von Entscheidungen über die Erteilung oder die Verlängerung der Fahrerlaubnis oder über die Anordnung von Beschränkungen oder Auflagen ordnet die Fahrerlaubnisbehörde an, dass ein ärztliches Gutachten (§ 11 Abs. 2 Satz 3) beizubrin-

gen ist, wenn Tatsachen die Annahme begründen, dass

1. Abhängigkeit von Betäubungsmitteln im Sinne des Betäubungsmittelgesetzes in der Fassung der Bekanntmachung vom 1. März 1994 (BGBl. I S. 358), zuletzt geändert durch Artikel 4 des Gesetzes vom 26. Januar 1998 (BGBl. I S. 160), in der jeweils geltenden Fassung, oder von anderen psychoaktiv wirkenden Stoffen,

2. Einnahme von Betäubungsmitteln im Sinne des Betäubungsmittelgesetzes oder

3. missbräuchliche Einnahme von psychoaktiv wirkenden Arzneimitteln oder anderen psychoaktiv wirkenden Stoffen

vorliegt. Die Beibringung eines ärztlichen Gutachtens kann angeordnet werden, wenn der Betroffene Betäubungsmittel im Sinne des Betäubungsmittelgesetzes widerrechtlich besitzt oder besessen hat. Das ärztliche Gutachten nach Satz 1 Nr. 2 oder 3 kann auch von einem Arzt, der die Anforderungen an den Arzt nach Anlage 14 erfüllt, erstellt werden. Die Beibringung eines medizinisch-psychologischen Gutachtens kann angeordnet werden, wenn gelegentliche Einnahme von Cannabis vorliegt und weitere Tatsachen Zweifel an der Eignung begründen.

(2) Die Beibringung eines medizinisch-psychologischen Gutachtens ist für die Zwecke nach Absatz 1 anzuordnen, wenn

1. die Fahrerlaubnis aus einem der in Absatz 1 genannten Gründe entzogen war oder

2. zu klären ist, ob der Betroffene noch abhängig ist oder - ohne abhängig zu sein - weiterhin die in Absatz 1 genannten Mittel oder Stoffe einnimmt.

Anlage 4 (zu den §§ 11, 13 und 14)
Eignung und bedingte Eignung zum Führen von Kraftfahrzeugen
Vorbemerkung:

1. Die nachstehende Aufstellung (S. 196 bis 203) enthält häufiger vorkommende Erkrankungen und Mängel, die die Eignung zum Führen von Kraftfahrzeugen längere Zeit beeinträchtigen oder aufheben können. Nicht aufgenommen sind Erkrankungen, die seltener vorkommen oder nur kurzzeitig andauern (z.B. grippale Infekte, akute infektiöse Magen-/Darmstörungen, Migräne, Heuschnupfen, Asthma).

2. Grundlage der Beurteilung, ob im Einzelfall Eignung oder bedingte Eignung vorliegt, ist in der Regel ein ärztliches Gutachten (§ 11 Abs. 2 Satz 3), in besonderen Fällen ein medizinisch-psychologisches Gutachten (§ 11 Abs. 3) oder ein Gutachten eines amtlich anerkannten Sachverständigen oder Prüfers für den Kraftfahrzeugverkehr (§ 11 Abs. 4).

3. Die nachstehend vorgenommenen Bewertungen gelten für den Regelfall. Kompensationen durch besondere menschliche Veranlagung, durch

Gewöhnung, durch besondere Einstellung oder durch besondere Verhaltenssteuerungen und -umstellungen sind möglich. Ergeben sich im Einzelfall in dieser Hinsicht Zweifel, kann eine medizinisch-psychologische Begutachtung angezeigt sein.

Eignung oder bedingte Eignung zum Führen von Kraftfahrzeugen (Auszug aus der Übersichtstabelle)

Krankheiten, Mängel	Eignung oder bedingte Eignung		Beschränkungen/Auflage bei bedingter Eignung	
	Klassen A, A1, B, BE, M, L, T	Klassen C, C1, CE, C1E, D, D1, DE, D1E, FzF	Klassen A, A1, B, BE, M, L, T	Klassen C, C1, CE, C1E, D, D1, DE, D1E, FzF
6. Krankheiten des Nervensystems				
6.1 Erkrankungen und Folgen von Verletzungen des Rückenmarks	ja abhängig von der Symptomatik	nein	bei fortschreitendem Verlauf Nachuntersuchungen	–
6.2 Erkrankungen der neuromuskulären Peripherie	ja abhänging von der Symptomatik	nein	bei fortschreitendem Verlauf Nachuntersuchungen	–
6.3 Parkinsonsche Krankheit	ja bei leichten Fällen und erfolgreicher Therapie	nein	Nachuntersuchungen in Abständen von 1, 2 und 4 Jahren	–
6.4 Kreislaufabhängige Störungen der Hirntätigkeit	ja nach erfolgreicher Therapie und Abklingen des akuten Ereignisses ohne Rückfallgefahr	nein	Nachuntersuchungen in Abständen von 1, 2 und 4 Jahren	–
6.5 Zustände nach Hirnverletzungen und Hirnoperationen, angeborene und frühkindlich erworbene Hirnschäden				

Krankheiten, Mängel	Eignung oder bedingte Eignung		Beschränkungen/Auflage bei bedingter Eignung	
	Klassen A, A1, B, BE, M, L, T	Klassen C, C1, CE, C1E, D, D1, DE, D1E, FzF	Klassen A, A1, B, BE, M, L, T	Klassen C, C1, CE, C1E, D, D1, DE, D1E, FzF
6.5.1 Schädelhirnverletzungen oder Hirnoperationen ohne Substanzschäden	ja in der Regel nach 3 Monaten	ja in der Regel nach 3 Monaten	bei Rezidivgefahr nach Operationen von Hirnkrankheiten Nachuntersuchung	bei Rezidivgefahr nach Operationen von Hirnkrankheiten Nachuntersuchung
6.5.2 Substanzschäden durch Verletzungen oder Operationen	ja unter Berücksichtigung von Störungen der Motorik, chron.-hirnorganischer Psychosyndrome und hirnorganischer Wesensänderungen	ja unter Berücksichtigung von Störungen der Motorik, chron.-hirnorganischer Psychosyndrome und hirnorganischer Wesensänderungen	bei Rezidivgefahr nach Operationen von Hirnkrankheiten Nachuntersuchung	bei Rezidivgefahr nach Operationen von Hirnkrankheiten Nachuntersuchung
6.5.3 angeborene oder frühkindliche Hirnschäden siehe Nummer 6.5.2				
6.6 Anfallsleiden	ausnahmsweise ja, wenn kein wesentliches Risiko von Anfallsrezidiven mehr besteht, z. B. 2 Jahre anfallsfrei	ausnahmsweise ja, wenn kein wesentliches Risiko von Anfallsrezidiven mehr besteht, z. B. 5 Jahre anfallsfrei ohne Therapie	Nachuntersuchungen in Abständen von 1, 2 und 4 Jahren	Nachuntersuchungen in Abständen von 1, 2 und 4 Jahren

Krankheiten, Mängel	Eignung oder bedingte Eignung		Beschränkungen/Auflage bei bedingter Eignung	
	Klassen A, A1, B, BE, M, L, T	Klassen C, C1, CE, C1E, D, D1, DE, D1E, FzF	Klassen A, A1, B, BE, M, L, T	Klassen C, C1, CE, C1E, D, D1, DE, D1E, FzF
7. Psychische (geistige) Störungen				
7.1 Organische Psychosen				
7.1.1 akut	nein	nein	–	–
7.1.2 nach Abklingen	ja abhängig von Art und Prognose des Grundleidens, wenn bei positiver Beurteilung des Grundleidens keine Restsymptome und kein 7.2	ja abhängig von der Art und Prognose des Grundleidens, wenn bei positiver Beurteilung des Grundleidens keine Restsymptome und kein 7.2	in der Regel Nachuntersuchung	in der Regel Nachuntersuchung
7.2 Chronische hirnorganische Psychosyndrome				
7.2.1 leicht	ja abhängig von Art und Schwere	ausnahmsweise ja	Nachuntersuchung	Nachuntersuchung
7.2.2 schwer	nein	nein	–	–
7.3 Schwere Altersdemenz und schwere Persönlichkeitsveränderungen durch pathologische Alterungsprozesse	nein	nein	–	–

Krankheiten, Mängel	Eignung oder bedingte Eignung		Beschränkungen/Auflage bei bedingter Eignung	
	Klassen A, A1, B, BE, M, L, T	Klassen C, C1, CE, C1E, D, D1, DE, D1E, FzF	Klassen A, A1, B, BE, M, L, T	Klassen C, C1, CE, C1E, D, D1, DE, D1E, FzF
7.4 Schwere Intelligenzstörungen / geistige Behinderung				
7.4.1 leicht	ja wenn keine Persönlichkeitsstörung	ja wenn keine Persönlichkeitsstörung	–	–
7.4.2 schwer	ausnahmsweise ja, wenn keine Persönlichkeitsstörung (Untersuchung der Persönlichkeitsstruktur und des individuellen Leistungsvermögens)	ausnahmsweise ja, wenn keine Persönlichkeitsstörung (Untersuchung der Persönlichkeitsstruktur und des individuellen Leistungsvermögens)	–	–
7.5 Affektive Psychosen				
7.5.1 bei allen Manien und sehr schweren Depressionen	nein	nein	–	–
7.5.2 nach Abklingen der manischen Phase und der relevanten Symptome einer sehr schweren Depression	ja wenn nicht mit einem Wiederauftreten gerechnet werden muss; ggf. unter medikamentöser Behandlung	ja bei Symptomfreiheit	regelmäßige Kontrollen	regelmäßige Kontrollen

Krankheiten, Mängel	Eignung oder bedingte Eignung		Beschränkungen/Auflage bei bedingter Eignung	
	Klassen A, A1, B, BE, M, L, T	Klassen C, C1, CE, C1E, D, D1, DE, D1E, FzF	Klassen A, A1, B, BE, M, L, T	Klassen C, C1, CE, C1E, D, D1, DE, D1E, FzF
7.5.3 bei mehreren manischen oder sehr schweren depressiven Phasen mit kurzen Intervallen	nein	nein	–	–
7.5.4 nach Abklingen der Phasen	ja wenn Krankheitsaktivität geringer und mit einer Verlaufsform in der vorangegangenen Schwere nicht mehr gerechnet werden muss	nein	regelmäßige Kontrollen	–
7.6 Schizophrene Psychosen				
7.6.1 akut	nein	nein	–	–
7.6.2 nach Ablauf	ja wenn keine Störungen nachweisbar sind, die das Realitätsurteil erheblich beeinträchtigen	ausnahmsweise ja, nur unter besonders günstigen Umständen	–	–
7.6.3 bei mehreren psychotischen Episoden	ja	ausnahmsweise ja, nur unter besonders günstigen Umständen	regelmäßige Kontrollen	regelmäßige Kontrollen

Krankheiten, Mängel	Eignung oder bedingte Eignung		Beschränkungen/Auflage bei bedingter Eignung	
	Klassen A, A1, B, BE, M, L, T	Klassen C, C1, CE, C1E, D, D1, DE, D1E, FzF	Klassen A, A1, B, BE, M, L, T	Klassen C, C1, CE, C1E, D, D1, DE, D1E, FzF
8. Alkohol				
8.1 Missbrauch (Das Führen von Kraftfahrzeugen und ein die Fahrsicherheit beeinträchtigender Alkoholkonsum kann nicht hinreichend sicher getrennt werden.)	nein	nein	–	–
8.2 Nach Beendigung des Missbrauchs	ja wenn die Änderung des Trinkverhaltens gefestigt ist	ja wenn die Änderung des Trinkverhaltens gefestigt ist	–	–
8.3 Abhängigkeit	nein	nein	–	–
8.4 Nach Abhängigkeit (Entwöhnungsbehandlung)	ja wenn Abhängigkeit nicht mehr besteht und in der Regel ein Jahr Abstinenz nachgewiesen ist	ja wenn Abhängigkeit nicht mehr besteht und in der Regel ein Jahr Abstinenz nachgewiesen ist	–	–

Krankheiten, Mängel	Eignung oder bedingte Eignung		Beschränkungen/Auflage bei bedingter Eignung	
	Klassen A, A1, B, BE, M, L, T	Klassen C, C1, CE, C1E, D, D1, DE, D1E, FzF	Klassen A, A1, B, BE, M, L, T	Klassen C, C1, CE, D, D1, DE, D1E, FzF
9. Betäubungsmittel, andere psychoaktiv wirkende Stoffe und Arzneimittel				
9.1 Einnahme von Betäubungsmitteln im Sinne des Betäubungsmittelgesetzes (ausgenommen Cannabis)	nein	nein	–	–
9.2 Einnahme von Cannabis				
9.2.1 regelmäßige Einnahme von Cannabis	nein	nein	–	–
9.2.2 gelegentliche Einnahme von Cannabis	ja wenn Trennung von Konsum und Fahren und kein zusätzlicher Gebrauch von Alkohol oder anderen psychoaktiv wirkenden Stoffen, keine Störung der Persönlichkeit, kein Kontrollverlust	ja wenn Trennung von Konsum und Fahren und kein zusätzlicher Gebrauch von Alkohol oder anderen psychoaktiv wirkenden Stoffen, keine Störung der Persönlichkeit, kein Kontrollverlust	–	–

Krankheiten, Mängel	Eignung oder bedingte Eignung		Beschränkungen/Auflage bei bedingter Eignung	
	Klassen A, A1, B, BE, M, L, T	Klassen C, C1, CE, C1E, D, D1, DE, D1E, FzF	Klassen A, A1, B, BE, M, L, T	Klassen C, C1, CE, C1E, D, D1, DE, D1E, FzF
9.3 Abhängigkeit von Betäubungsmitteln im Sinne des Betäubungsmittelgesetzes oder von anderen psychoaktiv wirkenden Stoffen	nein	nein	–	–
9.4 Missbräuchliche Einnahme (regelmäßig übermäßiger Gebrauch) von psychoaktiv wirkenden Arzneimitteln und anderen psychoaktiv wirkenden Stoffen	nein	nein	–	–
9.5 Nach Entgiftung und Entwöhnung	ja nach einjähriger Abstinenz	ja nach einjähriger Abstinenz	regelmäßige Kontrollen	regelmäßige Kontrollen
9.6 Dauerbehandlung mit Arzneimitteln				
9.6.1 Vergiftung	nein	nein	–	–
9.6.2 Beeinträchtigung der Leistungsfähigkeit zum Führen von Kraftfahrzeugen unter das erforderliche Maß	nein	nein	–	–

13.16 Ehegesetz (EheG)

§ 1 [Ehemündigkeit]

(1) Eine Ehe soll nicht vor Eintritt der Volljährigkeit eingegangen werden.

(2) Das Vormundschaftsgericht kann auf Antrag von dieser Vorschrift Befreiung erteilen, wenn der Antragsteller das 16. Lebensjahr vollendet hat und sein künftiger Ehegatte volljährig ist.

§ 2 [Geschäftsunfähigkeit]

Wer geschäftsunfähig ist, kann eine Ehe nicht eingehen.

§ 18 [Mangel der Geschäfts- oder Urteilsfähigkeit]

(1) Eine Ehe ist nichtig, wenn einer der Ehegatten zur Zeit der Eheschließung geschäftsunfähig war oder sich im Zustand der Bewusstlosigkeit oder vorübergehenden Störung der Geistestätigkeit befand.

(2) Die Ehe ist jedoch als von Anfang an gültig anzusehen, wenn der Ehegatte nach dem Wegfall der Geschäftsunfähigkeit, der Bewusstlosigkeit oder der Störung der Geistestätigkeit zu erkennen gibt, dass er die Ehe fortsetzen will.

§ 32 [Irrtum über die persönlichen Eigenschaften des anderen Ehegatten]

(1) Ein Ehegatte kann Aufhebung der Ehe begehren, wenn er sich bei der Eheschließung über solche persönlichen Eigenschaften des anderen Ehegatten geirrt hat, die ihn bei Kenntnis der Sachlage und bei verständiger Würdigung des Wesens der Ehe von der Eingehung der Ehe abgehalten haben würden.

(2) Die Aufhebung ist ausgeschlossen, wenn der Ehegatte nach Entdeckung des Irrtums zu erkennen gegeben hat, dass er die Ehe fortsetzen will, oder wenn sein Verlangen nach Aufhebung der Ehe mit Rücksicht auf die bisherige Gestaltung des ehelichen Lebens der Ehegatten als sittlich nicht gerechtfertigt erscheint.

13.17 Gesetz über die Änderung der Vornamen und die Feststellung der Geschlechtszugehörigkeit in besonderen Fällen (Transsexuellengesetz, TSG)

§ 1 [Voraussetzungen]

(1) Die Vornamen einer Person, die sich aufgrund ihrer transsexuellen Prägung nicht mehr dem in ihrem Geburtseintrag angegebenen, sondern dem anderen Geschlecht als zugehörig empfindet und seit mindestens drei Jahren unter dem Zwang steht, ihren Vorstellungen entsprechend zu leben, sind auf ihren Antrag vom Gericht zu ändern, wenn

1. sie Deutscher im Sinne des Grundgesetzes ist oder wenn sie als Staatenloser oder heimatloser Ausländer ihren gewöhnlichen Aufenthalt oder als Asylberechtigter oder ausländischer Flüchtling ihren Wohnsitz im Geltungsbereich dieses Gesetzes hat,
2. mit hoher Wahrscheinlichkeit anzunehmen ist, dass sich ihr Zugehörigkeitsempfinden zum anderen Geschlecht nicht mehr ändern wird, und
3. sie mindestens fünfundzwanzig Jahre alt ist.

(2) In dem Antrag sind die Vornamen anzugeben, die der Antragsteller künftig führen will.

§ 4 [Gerichtliches Verfahren]

(1) Auf das gerichtliche Verfahren sind die Vorschriften des Gesetzes über die Angelegenheiten der freiwilligen Gerichtsbarkeit anzuwenden, soweit in diesem Gesetz nichts anderes bestimmt ist.

(2) Das Gericht hört den Antragsteller persönlich an.

(3) Das Gericht darf einem Antrag nach § 1 nur stattgeben, nachdem es die Gutachten von zwei Sachverständigen eingeholt hat, die aufgrund ihrer Ausbildung und ihrer beruflichen Erfahrung mit den besonderen Problemen des Transsexualismus ausreichend vertraut sind. Die Sachverständigen müssen unabhängig voneinander tätig werden; in ihren Gutachten haben sie auch dazu Stellung zu nehmen, ob sich nach den Erkenntnissen der medizinischen Wissenschaft das Zugehörigkeitsempfinden des Antragstellers mit hoher Wahrscheinlichkeit nicht mehr ändern wird.

§ 8 [Voraussetzungen]

(1) Auf Antrag einer Person, die sich aufgrund ihrer transsexuellen Prägung nicht mehr dem in ihrem Geburtseintrag angegebenen, sondern dem anderen Geschlecht als zugehörig empfindet und die seit mindestens drei Jahren unter dem Zwang steht, ihren Vorstellungen entsprechend zu leben, ist vom Gericht festzustellen, dass sie als dem anderen Geschlecht zugehörig anzusehen ist, wenn sie

1. die Voraussetzungen des § 1 Abs. 1 Nr. 1 und 2 erfüllt,

2. nicht verheiratet ist,
3. dauernd fortpflanzungsunfähig ist und
4. sich einem ihre äußeren Geschlechtsmerkmale verändernden operativen Eingriff unterzogen hat, durch den eine deutliche Annäherung an das Erscheinungsbild des anderen Geschlechts erreicht worden ist.

(2) In dem Antrag sind die Vornamen anzugeben, die der Antragsteller künftig führen will; dies ist nicht erforderlich, wenn seine Vornamen bereits aufgrund von § 1 geändert worden sind.

§ 9 [Gerichtliches Verfahren]

(1) Kann dem Antrag nur deshalb nicht stattgegeben werden, weil der Antragsteller sich einem seine äußeren Geschlechtsmerkmale verändernden operativen Eingriff noch nicht unterzogen hat, noch nicht dauernd fortpflanzungs-unfähig ist oder noch verheiratet ist, so stellt das Gericht dies vorab fest. Gegen die Entscheidung steht den Beteiligten die sofortige Beschwerde zu.

(2) Ist die Entscheidung nach Absatz 1 Satz 1 unanfechtbar und sind die dort genannten Hinderungsgründe inzwischen entfallen, so trifft das Gericht die endgültige Entscheidung nach § 8. Dabei ist es an seine Feststellungen in der Entscheidung nach Absatz 1 Satz 1 gebunden.

(3) Die §§ 2 bis 4 und 6 gelten entsprechend; die Gutachten sind auch darauf zu erstrecken, ob die Voraussetzungen nach § 8 Abs. 1 Nr. 3 und 4 vorliegen. In der Entscheidung aufgrund von § 8 und in der Endentscheidung nach Absatz 2 sind auch die Vornamen des Antragstellers zu ändern, es sei denn, dass diese bereits aufgrund von § 1 geändert worden sind.

13.18 GdB/MdE-Tabellen (Auszug aus den Anhaltspunkten für die ärztliche Gutachtertätigkeit im sozialen Entschädigungsrecht und nach dem Schwerbehindertengesetz, 1996)

26.2 Kopf und Gesicht

Substanzverluste am knöchernen Schädel und Schädelbrüche sind selten isoliert, vielmehr meist im Zusammenhang mit den Störungen durch die vom Schädel eingeschlossenen Organe zu bewerten.

GdB/
MdE-Grad

Narben nach Warzenfortsatzaufmeißelung 0

Einfache Schädelbrüche ohne Komplikationen im Heilverlauf 0

Kleinere Knochenlücken, Substanzverluste (auch größere gedeckte) am knöchernen Schädel ... 0–10

Schädelnarben am Hirnschädel mit erheblichem Verlust von Knochenmasse ohne Funktionsstörung des Gehirns (einschließlich entstellender Wirkung) 30
Hierzu gehören insbesondere alle traumatisch entstandenen erheblichen (nicht gedeckten) Substanzverluste am Hirnschädel, die auch das innere Knochenblatt betreffen.

Einfache Gesichtsentstellung nur wenig störend 10

GdB/
MdE-Grad

sonst 20–30

Abstoßend wirkende Entstellung des Gesichts 50
Eine abstoßend wirkende Gesichtsentstellung liegt vor, wenn die Entstellung bei Menschen, die nur selten Umgang mit Behinderten haben, üblicherweise Missempfindungen wie Erschrecken oder Abscheu oder eine anhaltende Abneigung gegenüber dem Behinderten auszulösen vermag. Bei hochgradigen Gesichtsentstellungen mit außergewöhnlichen psychoreaktiven Störungen kommen entsprechend höhere Werte in Betracht.

Sensibilitätsstörungen im Gesichtsbereich
leicht 0–10
ausgeprägt, den oralen Bereich einschließend 20–30

Gesichtsneuralgien (z.B. Trigeminusneuralgie)
leicht (seltene, leichte Schmerzen) 0–10
mittelgradig (häufigere, leichte bis mittelgra-

*GdB/
MdE-Grad*

dige Schmerzen, schon durch
geringe Reize auslösbar) 20–40
schwer
(häufige, mehrmals im Monat
auftretende starke Schmerzen
bzw. Schmerzattacken) 50–60
besonders schwer
(starker Dauerschmerz oder
Schmerzattacken mehrmals
wöchentlich) 70–80

Echte Migräne
je nach Häufigkeit und Dauer der
Anfälle und Ausprägung der Begleiterscheinungen (vegetative
Störungen, Augensymptome,
andere zerebrale Reizerscheinungen)
  leichte Verlaufsform
  (Anfälle durchschnittlich
  einmal monatlich) 0–10
  mittelgradige Verlaufsform
  (häufigere Anfälle, jeweils
  einen oder mehrere Tage
  anhaltend) 20–40
  schwere Verlaufsform
  (lang dauernde Anfälle mit
  stark ausgeprägten Begleiter-
  scheinungen, Anfallspau-
  sen von nur wenigen Ta-
  gen) 50–60

Periphere Fazialisparese
  einseitig
  kosmetisch nur wenig
  störende Restparese 0–10

*GdB/
MdE-Grad*

ausgeprägtere Restparese
oder Kontrakturen 20–30
komplette Lähmung oder
entstellende Kontraktur 40
beidseitig komplette Lähmung 50

26.3   Nervensystem und Psyche

Hirnschäden
Hirnbeschädigte sind Behinderte, bei
denen das Gehirn in seiner Entwicklung
gestört wurde oder durch äußere Gewalt-
einwirkung, Krankheit, toxische Einflüsse oder Störungen der Blutver-
sorgung organische Veränderungen erlitten und nachweisbar behalten hat.
Als *nachgewiesen* ist ein solcher *Hirnschaden* anzusehen, wenn Symptome
einer organischen Veränderung des Gehirns – nach Verletzung oder Krankheit
nach dem Abklingen der akuten Phase –
festgestellt worden sind; dies gilt auch,
wenn bei späteren Untersuchungen keine hirnorganischen Funktionsstörungen
und Leistungsbeeinträchtigungen mehr
zu erkennen sind (GdB/MdE-Grad dann
20 – auch unter Einschluss geringer z.
B. vegetativer Beschwerden; nach offe-
nen Hirnverletzungen nicht unter 30).
*Bestimmend für die Beurteilung des
GdB/MdE-Grades* ist das Ausmaß der
bleibenden Ausfallserscheinungen. Dabei sind der neurologische Befund,
die Ausfallserscheinungen im psychischen Bereich unter Würdigung der prä-

morbiden Persönlichkeit und ggf. das Auftreten von zerebralen Anfällen zu beachten. Bei der Mannigfaltigkeit der Folgezustände von Hirnschädigungen kommen für die GdB/MdE-Beurteilung zwischen 20 und 100 in Betracht.

Bei *Kindern* ist zu berücksichtigen, dass sich die Auswirkungen eines Hirnschadens abhängig vom Reifungsprozess sehr verschieden (Besserung oder Verschlechterung) entwickeln können, sodass in der Regel Nachprüfungen in Abständen von wenigen Jahren angezeigt sind.

Bei einem mit Ventil versorgten Hydrozephalus ist ein GdB/MdE-Grad von wenigstens 30 anzusetzen.

Nicht nur vorübergehende vegetative Störungen nach *Gehirnerschütterung* (reversible und morphologisch nicht nachweisbare Funktionsstörung des Gesamthirns) rechtfertigen im ersten Jahr nach dem Unfall einen GdB/MdE-Grad von 10–20.

Bei der folgenden GdB/MDE-Tabelle der Hirnschäden soll die Gesamtbewertung (**A.**) im Vordergrund stehen. Die unter **B.** angeführten *isoliert vorkommenden bzw. führenden Syndrome* stellen eine ergänzende Hilfe zur Beurteilung dar.

*GdB/
MdE-Grad*

A. Grundsätze der Gesamtbewertung von Hirnschäden

1. Hirnbeschädigung mit geringer Leistungsbeeinträchtigung 30–40

*GdB/
MdE-Grad*

2. Hirnbeschädigung mit mittelschwerer Leistungsbeeinträchtigung 50–60
3. Hirnbeschädigung mit schwerer Leistungsbeeinträchtigung 70–100

B. Bewertung von Hirnschäden mit isoliert vorkommenden bzw. führenden Syndromen (bei Begutachtungen im sozialen Entschädigungsrecht auch zur Feststellung der Schwerstbeschädigtenzulage):

Organisch-psychische Störungen

Hierbei wird zwischen hirnorganischen Allgemeinsymptomen, intellektuellem Abbau (Demenz) und hirnorganischen Persönlichkeitsveränderungen unterschieden, die jedoch oft kombiniert sind und fließende Übergänge zeigen können.

Zu den *hirnorganischen Allgemeinsymptomen („Hirnleistungsschwäche")* werden vor allem Beeinträchtigungen der Merkfähigkeit und der Konzentration, Reizbarkeit, Erregbarkeit, vorzeitige Ermüdbarkeit, Einbuße an Überschau- und Umstellungsvermögen und psychovegetative Labilität (z.B. Kopfschmerzen, vasomotorische Störungen, Schlafstörungen, affektive Labilität) gerechnet.

Die *hirnorganische Persönlichkeitsveränderung („hirnorganische Wesensänderung")* wird von einer Verarmung und Vergröberung der Persönlichkeit mit Störungen des Antriebs, der Stimmungslage und der Emotionalität, mit Einschränkung des Kritikvermögens und des Umweltkontaktes sowie mit Akzentuierungen besonderer Persönlichkeitseigenarten bestimmt.

Auf der Basis der organisch-psychischen Veränderungen entwickeln sich nicht selten zusätzliche *psychoreaktive* Störungen.

GdB/
MdE-Grad

Hirnschäden mit psychischen Störungen (je nach vorstehend beschriebener Art)
leicht (im Alltag sich gering auswirkend) 30–40
mittelgradig (im Alltag sich deutlich auswirkend) 50–60
schwer 70–100

Zentrale vegetative Störungen als Ausdruck eines Hirndauerschadens (z.B. Störungen des Schlaf-Wach-Rhythmus, der Vasomotorenregulation oder der Schweißregulation)
leicht 30
mittelgradig, auch mit vereinzelten synkopalen Anfällen 40
mit häufigeren Anfällen oder erheblichen Auswirkungen auf den Allgemeinzustand 50

Koordinations- und Gleichgewichtsstörungen (spino-)zerebellarer Ursache je nach dem

GdB/
MdE-Grad

Ausmaß der Störung der Ziel- und Feinmotorik einschließlich der Schwierigkeiten beim Gehen und Stehen 30–100

Hirnschäden mit kognitiven Leistungsstörungen (z.B. Aphasie, Apraxie, Agnosie)
leicht (z.B. Restaphasie) 30–40
mittelgradig (z.B. Aphasie mit deutlicher bis sehr ausgeprägter Kommunikationsstörung) 50–80
schwer (z.B. globale Aphasie) 90–100

Zerebral bedingte Teillähmungen und Lähmungen
leichte Restlähmungen und Tonusstörungen der Gliedmaßen 30
bei ausgeprägteren Teillähmungen und vollständigen Lähmungen ist der GdB/ MdE-Grad aus Vergleichen mit den nachfolgend aufgeführten Gliedmaßenverlusten, peripheren Lähmungen und anderen Funktionseinbußen der Gliedmaßen abzuleiten
vollständige Lähmung von Arm und Bein (Hemiplegie) 100

Parkinson-Syndrom
ein- oder beidseitig, geringe Störung der Bewegungsab-

GdB/
MdE-Grad

läufe, keine Gleichgewichts-
störung, geringe Verlang-
samung 30–40
deutliche Störung der Bewe-
gungsabläufe, Gleichgewichtsstörungen, Unsicherheit beim
Umdrehen, stärkere Verlang-
samung 50–70
schwere Störung der Bewe-
gungsabläufe bis zur
Immobilität 80–100

Andere extrapyramidale Syndrome –
auch mit Hyperkinesen – sind analog
nach Art und Umfang der gestörten Be-
wegungsabläufe und der Möglichkeit
ihrer Unterdrückung zu bewerten; bei
lokalisierten Störungen (z.B. Torticollis
spasmodicus) sind niedrigere GdB/
MdE-Grade als bei generalisierten (z.B.
choreatische Syndrome) in Betracht zu
ziehen.

Epileptische Anfälle
  je nach Art, Schwere, Häufigkeit
  und tageszeitlicher Verteilung
  sehr selten
    (generalisierte [große] und
    komplex-fokale Anfälle mit
    Pausen von mehr als einem
    Jahr; kleine Anfälle mit
    Pausen von Monaten) 40
  selten
    (generalisierte [große] und
    komplex-fokale Anfälle mit
    Pausen von Monaten; kleine

GdB/
MdE-Grad

    und einfach-fokale Anfälle
    mit Pausen von Wochen) 50–60
  mittlere Häufigkeit
    (generalisierte [große] und
    komplex-fokale Anfälle mit
    Pausen von Wochen; kleine
    und einfach-fokale Anfälle
    mit Pausen von Tagen) 60–80
  häufig
    (generalisierte [große] oder
    komplex-fokale Anfälle
    wöchentlich oder Serien
    von generalisierten
    Krampfanfällen, von fokal
    betonten oder von multifo-
    kalen Anfällen; kleine und
    einfach-fokale Anfälle
    täglich) 90–100
  nach drei Jahren Anfallsfreiheit
  bei weiterer Notwendigkeit
  antikonvulsiver Behandlung 30

Ein Anfallsleiden gilt als abgeklungen,
wenn ohne Medikation drei Jahre Anfallsfreiheit besteht. Ohne nachgewiese-
nen Hirnschaden ist dann kein GdB/
MdE-Grad mehr anzunehmen.

Narkolepsie
Je nach Häufigkeit, Ausprägung und
Kombination der Symptome (Tagesschläfrigkeit, Schlafattacken, Kataplexi-
en, automatisches Verhalten im Rahmen
von Ermüdungserscheinungen, Schlaflähmungen – häufig verbunden mit
hypnagogen Halluzinationen) sind im

Allgemeinen GdB/MdE-Grade von 50 bis 80 anzusetzen. Selten kommen auch GdB/MdE-Grade von 40 (z.B. bei gering ausgeprägter Tagesschläfrigkeit in Kombination mit seltenen Schlaflähmungen und hypnagogen Halluzinationen) oder auch über 80 (bei ungewöhnlich starker Ausprägung) in Betracht.

Hirntumoren

Die GdB/MdE-Bewertung von *Hirntumoren* ist vor allem von der Art und Dignität und von der Ausdehnung und Lokalisation mit ihren Auswirkungen abhängig.

Nach der Entfernung *gutartiger Tumoren* (z.B. Meningiom, Neurinom) richtet sich der GdB/MdE-Grad allein nach dem verbliebenen Schaden.

Bei Tumoren wie Oligodendrogliom, Ependymom, Astrozytom II ist der GdB/MdE-Grad, wenn eine vollständige Tumorentfernung nicht gesichert ist, nicht niedriger als 50 anzusetzen.

Bei *malignen Tumoren* (z.B. Astrozytom III, Glioblastom, Medulloblastom) ist der GdB/MdE-Grad mit wenigstens 80 zu bewerten.

Das Abwarten einer Heilungsbewährung (von *fünf* Jahren) kommt in der Regel nur nach der *Entfernung* eines malignen Kleinhirntumors des Kindesalters (z.B. Medulloblastom) in Betracht: GdB/MdE-Grad während dieser Zeit (im Frühstadium) bei geringer Leistungsbeeinträchtigung 50.

Beeinträchtigung der geistigen Entwicklung

Die GdB/MdE-Beurteilung der Beeinträchtigung der geistigen Entwicklung darf nicht allein vom Ausmaß der Intelligenzminderung und von diesbezüglichen Testergebnissen ausgehen, die immer nur Teile der Behinderung zu einem bestimmten Zeitpunkt erfassen können. Daneben muss stets auch die Persönlichkeitsentwicklung auf affektivem und emotionalem Gebiet wie auch im Bereich des Antriebs und der Prägung durch die Umwelt mit allen Auswirkungen auf die sozialen Einordnungsmöglichkeiten berücksichtigt werden.

	GdB/ MdE-Grad
Kognitive Teilleistungsschwächen (z.B. Lese- und Rechtschreibschwäche [Legasthenie], isolierte Rechenstörung)	
leicht, ohne wesentliche Beeinträchtigung der Leistungen	0–10
sonst – auch unter Berücksichtigung von Konzentrations- und Aufmerksamkeitsstörungen – bis zum Ausgleich	20–40
bei besonders schwerer Ausprägung (selten)	50

Einschränkung der geistigen Leistungsfähigkeit mit einem Intelligenzrückstand entsprechend einem Intelligenzalter (IA) von etwa 10 bis 12 Jahren bei Erwachsenen (IQ von etwa 70 bis 60)

*GdB/
MdE-Grad*

– wenn *während des Schulbesuchs* nur geringe Störungen,
insbesondere der Auffassung,
der Merkfähigkeit, der psychischen Belastbarkeit, der sozialen Einordnung, des Sprechens,
der Sprache oder anderer kog-
nitiver Teilleistungen, vorliegen,
oder
wenn sich *nach Abschluss der
Schule* noch eine weitere
Bildungsfähigkeit gezeigt hat
und keine wesentlichen, die
soziale Einordnung erschwe-
renden Persönlichkeitsstörungen bestehen,
oder
wenn ein *Ausbildungsberuf*
unter Nutzung der Sonder-
regelungen für Behinderte
erreicht werden kann 30–40
– wenn *während des Schulbesuchs*
die oben genannten Störungen
stark ausgeprägt sind oder
mit einem Schulversagen zu
rechnen ist,
oder
wenn *nach Abschluss der
Schule* auf eine Beeinträchtigung der Fähigkeit zu selbst-
ständiger Lebensführung oder
sozialer Einordnung geschlossen werden kann,
oder
wenn der Behinderte wegen
seiner Behinderung trotz be-

*GdB/
MdE-Grad*

ruflicher Fördermöglichkeiten
(z.B. in besonderen Rehabilitationseinrichtungen) nicht in
der Lage ist, sich auch unter
Nutzung der Sonderregelun-
gen für Behinderte beruflich
zu qualifizieren 50–70

Schwerer Intelligenzmangel mit
stark eingeengter Bildungsfähigkeit, erheblichen Mängeln im
Spracherwerb, Intelligenzrückstand entsprechend einem IA
unter 10 Jahren bei Erwachsenen (IQ unter 60)

– bei relativ günstiger Persönlichkeitsentwicklung und sozialer
Anpassungsmöglichkeit (Teil-
erfolg in einer Sonderschule,
selbstständige Lebensführung
in einigen Teilbereichen und
Einordnung im allgemeinen
Erwerbsleben mit einfachen
motorischen Fertigkeiten noch
möglich) 80–90
– bei stärkerer Einschränkung
der Eingliederungsmöglich-
keiten mit hochgradigem Mangel an Selbstständigkeit und
Bildungsfähigkeit, fehlender
Sprachentwicklung, unabhängig von der Arbeitsmarktlage
und auf Dauer Beschäftigungs-
möglichkeit nur in einer Werk-
statt für Behinderte 100

GdB/
MdE-Grad

**Besondere, im Kindesalter be-
ginnende psychische Behinderungen**
Autistische Syndrome
leichte Formen
(z.B. Typ Asperger) 50–80
sonst 100

Andere emotionale und psychosoziale Störungen („Verhaltens-
störungen")
mit lang dauernden erheblichen
Einordnungsschwierigkeiten
(z.B. Integration in der Normal-
schule nicht möglich) 50–80

**Schizophrene und affektive
Psychosen**
Lang dauernde (über ein halbes
Jahr anhaltende) Psychose
im floriden Stadium je nach Ein-
buße beruflicher und sozialer
Anpassungsmöglichkeiten 50–100

Schizophrener Residualzu-
stand (z.B. Konzentrations-
störung, Kontaktschwäche,
Vitalitätseinbuße, affektive
Nivellierung)
mit geringen und einzelnen
Restsymptomen ohne soziale
Anpassungsschwierigkeiten 10–20
mit leichten sozialen Anpassungsschwierigkeiten 30–40
mit mittelgradigen sozialen
Anpassungsschwierigkeiten 50–70

GdB/
MdE-Grad

mit schweren sozialen Anpassungsschwierigkeiten 80–100

Affektive Psychose mit relativ
kurz dauernden, aber häufig
wiederkehrenden Phasen
bei 1 bis 2 Phasen im Jahr
von mehrwöchiger Dauer je
nach Art und Ausprägung 30–50
bei häufigeren Phasen von
mehrwöchiger Dauer 60–100

Nach dem Abklingen lang dauernder psychotischer Episoden
ist im Allgemeinen (Ausnahme
siehe unten) eine Heilungsbewährung von *zwei* Jahren abzuwarten.
GdB/MdE-Grad während dieser
Zeit
wenn bereits mehrere manische
oder manische und depressive
Phasen vorangegangen sind 50
sonst 30

Eine Heilungsbewährung braucht nicht
abgewartet zu werden, wenn eine mono-
polar verlaufende depressive Phase vorgelegen hat, die als erste Krankheitsphase oder erst mehr als zehn Jahre nach
einer früheren Krankheitsphase aufge-
treten ist.

**Neurosen, Persönlichkeitsstörungen,
Folgen psychischer Traumen**
Leichtere psychovegetative
oder psychische Störungen 0–20

GdB/
MdE-Grad

Stärker behindernde Störungen
mit wesentlicher Einschränkung der Erlebnis- und
Gestaltungsfähigkeit (z.b.
ausgeprägtere depressive,
hypochondrische, asthenische
oder phobische Störungen,
Entwicklungen mit Krank-
heitswert, somatoforme
Störungen) 30–40

Schwere Störungen
(z.B. schwere Zwangskrankheit)
mit mittelgradigen
sozialen Anpassungs-
schwierigkeiten 50–70
mit schweren sozialen Anpassungsschwierigkeiten 80–100

Alkoholkrankheit, -abhängigkeit
Eine *Alkoholkrankheit* liegt vor, wenn
ein chronischer Alkoholkonsum zu körperlichen und/oder psychischen Schäden geführt hat.
Die GdB/MdE-Bewertung wird vom
Ausmaß des Organschadens und seiner
Folgen (z.B. Leberschaden, Polyneuropathie, organisch-psychische Veränderung, hirnorganische Anfälle) und/
oder vom Ausmaß der Abhängigkeit und
der suchtspezifischen Persönlichkeits-
änderung bestimmt. Bei nachgewiesener
Abhängigkeit mit Kontrollverlust und
erheblicher Einschränkung der Willens-
freiheit ist der Gesamt-GdB/MdE-Grad
aufgrund der Folgen des chronischen

Alkoholkonsums nicht niedriger als 50
zu bewerten.
Ist bei nachgewiesener Abhängigkeit
eine *Entziehungsbehandlung* durchgeführt worden, muss eine *Heilungsbewährung* abgewartet werden (im Allgemeinen *zwei* Jahre). Während dieser
Zeit ist in der Regel ein GdB/MdE-Grad
von 30 anzunehmen, es sei denn, dass der
Organschaden noch einen höheren GdB/
MdE-Grad bedingt.

Drogenabhängigkeit
Eine *Drogenabhängigkeit* liegt vor,
wenn ein chronischer Gebrauch von
Rauschmitteln zu einer körperlichen
und/oder psychischen Abhängigkeit mit
entsprechender *psychischer Veränderung* und *sozialen Einordnungsschwierigkeiten* geführt hat.
Der GdB/MdE-Grad ist je nach psychischer Veränderung und sozialen Anpassungsschwierigkeiten auf mindestens
50 einzuschätzen.
Ist bei nachgewiesener Abhängigkeit
eine weitere Entziehungsbehandlung
durchgeführt worden, muss eine *Heilungsbewährung* abgewartet werden (im
Allgemeinen *zwei* Jahre). Während dieser Zeit ist in der Regel ein GdB/MdE-
Grad von 30 anzunehmen.

GdB/
MdE-Grad
Rückenmarkschäden
  Unvollständige, leichte Hals-
  markschädigung mit beidseits
  geringen motorischen und

sensiblen Ausfällen, ohne
Störungen der Blasen- und
Mastdarmfunktion 30–60
Unvollständige Brustmark-,
Lendenmark- oder Kauda-
schädigung mit Teillähmung
beider Beine, ohne Störungen
der Blasen- und Mastdarm-
funktion 30–60
Unvollständige Brustmark-,
Lendenmark- oder Kauda-
schädigung mit Teillähmung
beider Beine und Störungen
der Blasen- und/oder
Mastdarmfunktion 60–80
Unvollständige Halsmark-
schädigung mit gewichtigen
Teillähmungen beider Arme
und Beine und Störungen
der Blasen- und/oder
Mastdarmfunktion 100
Vollständige Halsmark-
schädigung mit vollständiger
Lähmung beider Arme und
Beine und Störungen der Blasen-
und/oder Mastdarmfunktion 100
Vollständige Brustmark-, Len-
denmark- oder Kaudaschädi-
gung mit vollständiger Lähmung
beider Arme und Beine und
Störungen der Blasen- und/
oder Mastdarmfunktion 100

Die Bezeichnung „Querschnittsläh-
mung" ist den Fällen vorzubehalten,
in denen quer durch das Rückenmark

alle Bahnen in einer bestimmten
Höhe *vollkommen* unterbrochen sind.

Multiple Sklerose

Der GdB/MdE-Grad richtet sich vor allem nach den zerebralen und spinalen
Ausfallserscheinungen. Zusätzlich ist
die aus dem klinischen Verlauf sich
ergebende Krankheitsaktivität zu berücksichtigen. Bei *gesicherter* Diagnose
ist im akuten Stadium und für *zwei* Jahre
danach in jedem Fall im Sinne einer
Heilungsbewährung ein GdB/MdE-
Grad von mindestens 50 anzunehmen.

Polyneuropathien

Bei den Polyneuropathien können sich
Funktionsbeeinträchtigungen – zum Teil
abhängig von der Ursache – überwie-
gend aus motorischen Ausfällen (mit
Muskelatrophien) oder mehr oder allein
aus sensiblen Störungen und schmerz-
haften Reizerscheinungen ergeben. Der
GdB/MdE-Grad *motorischer* Ausfälle
ist in Analogie zu den peripheren Ner-
venschäden einzuschätzen. Bei den *sensiblen* Störungen und Schmerzen ist zu
berücksichtigen, dass schon leichte Störungen zu Beeinträchtigungen – z.B. bei
Feinbewegungen – führen können.

Spina bifida

Der GdB/MdE-Grad wird durch das
Ausmaß des Rückenmarkschadens (siehe oben) bestimmt. Daneben sind häufig
ein Hydrozephalus und eine entsprechende Hirnschädigung zu berücksichtigen.

13.19 Unterbringungsgesetze der Bundesländer (Auszüge)

(modifiziert nach SCHOLZ J, LANZEN-DÖRFER C, SCHÜTTE T. Rechtsfragen bei psychiatrischen Patienten. Praxisprobleme und Lösungsvorschläge. Urban und Fischer: Ulm, München, Stuttgart, Jena, Lübeck 1999)

13.19.1 Baden-Württemberg

Gesetz über die Unterbringung psychisch Kranker (Unterbringungsgesetz – UBG) in der Fassung vom 2.12.1991; GBl. S. 794

§ 1 [Voraussetzungen der Unterbringung]

(1) Psychisch Kranke können gegen ihren Willen in einer nach § 2 anerkannten Einrichtung untergebracht werden, wenn sie unterbringungsbedürftig sind.

(2) Psychisch Kranke im Sinne dieses Gesetzes sind Personen, bei denen eine geistige oder seelische 1. Krankheit, 2. Behinderung oder 3. Störung von erheblichem Ausmaß einschließlich einer physischen oder psychischen Abhängigkeit von Rauschmitteln oder Medikamenten vorliegt (Krankheit).

(4) Unterbringungsbedürftig sind psychisch Kranke, die infolge ihrer Krankheit ihr Leben oder ihre Gesundheit erheblich gefährden oder eine erhebliche Gefahr für Rechtsgüter anderer darstellen, wenn die Gefährdung oder Gefahr nicht auf andere Weise abgewendet werden kann.

§ 3 [Unterbringungsantrag]

(1) Die Unterbringung (§ 70 Abs. 1 Satz 2 Nr. 3 FGG), eine vorläufige Unterbringung aufgrund einer einstweiligen Anordnung (§ 70 h FGG) oder eine Unterbringung zur Beobachtung und Erstellung eines Gutachtens (§§ 70 e Abs. 2, 68 b Abs. 4 FGG) werden nur auf schriftlichen Antrag angeordnet. Antragsberechtigt ist die untere Verwaltungsbehörde; befindet sich der Betroffene bereits in einer anerkannten Einrichtung, so ist auch diese antragsberechtigt.

(2) Dem Antrag ist eine Darstellung des Sachverhaltes und das ärztliche Zeugnis eines Gesundheitsamtes beizufügen, aus dem der derzeitige Krankheitszustand des Betroffenen und die Unterbringungsbedürftigkeit ersichtlich sind. Das Zeugnis des Gesundheitsamtes kann durch das Zeugnis eines Arztes einer anerkannten Einrichtung ersetzt werden; das Zeugnis muss von einem Arzt mit psychiatrischer Gebietsbezeichnung unterschrieben sein. Liegt ein Zeugnis zum Zeitpunkt der Antragstellung noch nicht vor, ist es unverzüglich nachzureichen.

(3) Aus dem Zeugnis soll hervorgehen, ob der Betroffene ohne erhebliche

Nachteile für seinen Gesundheitszustand durch das Gericht mündlich angehört werden kann; aus ihm soll ferner die voraussichtliche Behandlungsdauer ersichtlich sein.

§ 4 [Fürsorgliche Aufnahme und Zurückhaltung]

(1) Sind dringende Gründe für die Annahme vorhanden, dass die Voraussetzungen für eine Unterbringung vorliegen, und erscheint eine sofortige Unterbringung erforderlich, so kann eine anerkannte Einrichtung eine Person aufnehmen oder zurückhalten, bevor die Unterbringung beantragt oder angeordnet ist.

(2) Die dringenden Gründe für die Annahme einer Krankheit und der Unterbringungsbedürftigkeit müssen durch das Zeugnis eines Arztes, der nicht Arzt der anerkannten Einrichtung ist, belegt werden, wenn der Einholung eines solchen Zeugnisses keine besonderen Gründe entgegenstehen.

(3) Die aufgenommene oder zurückgehaltene Person ist unverzüglich von einem Arzt der anerkannten Einrichtung zu untersuchen. Bestätigt die Untersuchung die Annahme der Voraussetzungen für eine Unterbringung nicht, so ist die Person sofort zu entlassen.

(4) Die anerkannte Einrichtung hat den Antrag auf Anordnung der Unterbringung unverzüglich, spätestens aber bis zum Ablauf des dritten Tages nach der Aufnahme oder Zurückhaltung abzusenden, falls eine weitere Unterbringung gegen den Willen des Betroffenen erforderlich erscheint.

§ 5 [Ärztliche Untersuchung durch das Gesundheitsamt]

Die untere Verwaltungsbehörde kann die ärztliche Untersuchung einer Person durch das Gesundheitsamt anordnen, wenn dringende Gründe für die Annahme vorhanden sind, dass bei dieser die Voraussetzungen für eine Unterbringung vorliegen...

13.19.2 Bayern

Gesetz über die Unterbringung psychisch Kranker und deren Betreuung (Unterbringungsgesetz – UnterbrG) in der Fassung vom 5.4.1992; GVBI. S. 60

§ Art. 1 [Voraussetzungen der Unterbringung]

(1) Wer psychisch krank oder infolge Geistesschwäche oder Sucht psychisch gestört ist und dadurch in erheblichem Maß die öffentliche Sicherheit oder Ordnung gefährdet, kann gegen oder ohne seinen Willen in einem psychiatrischen Krankenhaus oder sonst in geeigneter Weise untergebracht werden. Unter den Voraussetzungen des Satzes 1 ist die Unterbringung insbesondere auch dann zulässig, wenn jemand sein Leben oder in erheblichem Maß seine Gesundheit gefährdet. Die Unterbringung darf nur angeordnet werden, wenn die Gefährdung nicht durch weniger einschneiden-

de Mittel, insbesondere durch Hilfen nach Art. 3, abgewendet werden kann.

§ Artikel 5 [Antrag]

Die Unterbringung wird auf Antrag der Kreisverwaltungsbehörde angeordnet.

§ Artikel 7 [Vorbereitendes Verfahren]

(1) Die Kreisverwaltungsbehörde führt die Ermittlungen von Amts wegen durch. Ergeben sich gewichtige Anhaltspunkte für das Vorliegen der Voraussetzungen des Art. 1, Abs. 1, so hat sie ein schriftliches Gutachten eines Arztes am Gesundheitsamt darüber einzuholen, ob die Unterbringung aus medizinischer Sicht geboten ist oder ob und durch welche Hilfen nach Art. 3 die Unterbringung vermieden werden kann. Das nötigenfalls unter Beiziehung eines Arztes für Psychiatrie zu erstellende Gutachten muss auf den gegenwärtigen Gesundheitszustand des Betroffenen abstellen und auf einer höchstens 14 Tage zurückliegenden persönlichen Untersuchung des Betroffenen beruhen...

§ Artikel 10 [Sofortige vorläufige Unterbringung]

(1) Sind dringende Gründe für die Annahme vorhanden, dass die Voraussetzungen für eine Unterbringung nach Art. 1 Abs. 1 vorliegen, und kann auch eine gerichtliche Entscheidung nach § 70 h oder nach § 70 e Abs. 2 in Verbindung mit § 68 b Abs. 4 des Gesetzes über die Angelegenheiten der freiwilligen Gerichtsbarkeit nicht mehr rechtzeitig ergehen, um einen für die öffentliche Sicherheit und Ordnung drohenden Schaden zu verhindern, so kann die Kreisverwaltungsbehörde die sofortige vorläufige Unterbringung anordnen und nach Maßgabe des Art. 8 vollziehen. Die Kreisverwaltungsbehörde hat das nach § 70 Abs. 5 Satz 1 des Gesetzes über die Angelegenheiten der freiwilligen Gerichtsbarkeit zuständige Gericht unverzüglich, spätestens bis zwölf Uhr des auf das Ergreifen folgenden Tages, von der Einlieferung zu verständigen.

(2) In unaufschiebbaren Fällen des Absatzes 1 kann die Polizei den Betroffenen ohne Anordnung der Kreisverwaltungsbehörde in eine Einrichtung im Sinn des Art. 1 Abs. 1 einliefern...

(4) Befindet sich jemand in einer Einrichtung im Sinn des Art. 1 Abs. 1, ohne aufgrund dieses Gesetzes eingewiesen worden zu sein, so kann, wenn die Voraussetzungen des Absatzes 1 vorliegen, aber eine Entscheidung der Kreisverwaltungsbehörde nicht mehr rechtzeitig veranlasst werden kann, der Betroffene gegen seinen Willen festgehalten werden. Die Entscheidung trifft der Leiter der Einrichtung...

13.19.3 Berlin

Gesetz für psychisch Kranke (PsychKG) vom 8.3.1985; GVBI. S. 586

§ 1 [Anwendungsbereich]

(1) Psychisch Kranke im Sinne dieses Gesetzes sind Personen, die an einer Psychose, einer psychischen Störung, die in ihren Auswirkungen einer Psychose gleichkommt, oder einer mit dem Verlust der Selbstkontrolle einhergehenden Abhängigkeit von Suchtstoffen leiden und bei denen ohne Behandlung keine Aussicht auf Heilung oder Besserung besteht.

(2) Dieses Gesetz findet auch Anwendung auf geistig behinderte Personen, bei denen ohne Behandlung keine Aussicht auf Besserung besteht.

§ 8 [Voraussetzungen der Unterbringung]

(1) Psychisch Kranke können nach Abs. 1 Nr. 2 Buchstabe a gegen oder ohne ihren Willen nur untergebracht werden, wenn und solange sie durch ihr krankheitsbedingtes Verhalten ihr Leben, ernsthaft ihre Gesundheit oder besonders bedeutende Rechtsgüter anderer in erheblichem Maß gefährden und diese Gefahr nicht anders abgewendet werden kann. Die fehlende Bereitschaft, sich behandeln zu lassen, rechtfertigt für sich allein keine Unterbringung.

§ 11 [Anordnung der Unterbringung]

Die Unterbringung wird auf schriftlichen Antrag des Bezirksamtes vom Amtsgericht angeordnet.

§ 12 [Gutachten]

(1) Ergeben sich gewichtige Anhaltspunkte für das Vorliegen der Voraussetzungen nach § 8, so hat das Bezirksamt ein schriftliches Gutachten durch einen in der Psychiatrie erfahrenen Arzt des Bezirksamtes zu erstatten, ob die Unterbringung aus medizinischer Sicht geboten ist und aus welchen Gründen die Unterbringung nicht durch Hilfen nach dem Zweiten Abschnitt vermieden werden kann. Das Gutachten muss auf den gegenwärtigen Gesundheitszustand des Betroffenen abstellen und auf einer höchstens drei Werktage zurückliegenden persönlichen Untersuchung des Betroffenen beruhen.

§ 26 [Vorläufige behördliche Unterbringung]

(1) Bestehen dringende Anhaltspunkte für die Annahme, dass die Voraussetzungen für die Unterbringung vorliegen, und kann eine gerichtliche Entscheidung nicht rechtzeitig herbeigeführt werden, so kann das Bezirksamt eine vorläufige Unterbringung längstens bis zum Ablauf des auf die Unterbringung folgenden Tages anordnen.

(2) Kann das Bezirksamt die vorläufige Unterbringung nach Absatz 1 nicht rechtzeitig anordnen, so kann auch der Polizeipräsident in Berlin oder eine der in § 10 genannten Einrichtungen anordnen. Die vorläufige Unterbringung durch den Polizeipräsidenten in Berlin ist nur zulässig, wenn sie auch ein Arzt für erforderlich hält...

13.19.4 Brandenburg

Gesetz über Hilfen und Schutzmaßnahmen sowie über den Vollzug gerichtlich angeordneter Unterbringung für psychisch Kranke (BbgPsychKG) vom 8.2.1996; GVBl. S. 25)

§ 1 [Anwendungsbereich]

(1) Dieses Gesetz regelt... 3. den Vollzug einer a) nach diesem Gesetz oder b) nach § 1906 des Bürgerlichen Gesetzbuches oder c) nach den §§ 63 und 64 Abs. 1 des Strafgesetzbuches, den §§ 81 und 126 a der Strafprozessordnung oder nach § 7 des Jugendgerichtsgesetzes angeordneten Unterbringung in einem psychiatrischen Krankenhaus oder einer psychiatrischen Krankenhausabteilung, in einer Entziehungsanstalt oder in einer sonstigen psychiatrischen Einrichtung.

(2) Psychisch Kranke oder seelisch Behinderte im Sinne dieses Gesetzes sind Personen, die an einer Psychose, einer psychischen Störung, die in ihren Auswirkungen einer Psychose gleichkommt, oder einer mit dem Verlust der Selbstkontrolle einhergehenden Abhängigkeit von Suchtstoffen leiden und bei denen ohne Behandlung keine Aussicht auf Heilung oder Besserung besteht.

(3) Dieses Gesetz findet auch Anwendung auf geistig behinderte Personen, die aufgrund hinzutretender psychischer Störungen im Sinne des Abs. 2 besonderer Hilfen bedürfen.

§ 6 [Träger der Hilfen; örtliche Zuständigkeit]

(1) Träger der Hilfen nach § 5 sind die Landkreise und kreisfreien Städte...

§ 8 [Begriff und Voraussetzungen der Unterbringung]

(1) Eine Unterbringung im Sinne dieses Gesetzes liegt vor, wenn eine Person aufgrund ihrer psychischen Krankheit oder seelischen Behinderung gegen ihren Willen oder in willenlosem Zustand oder gegen den Willen ihres gesetzlichen Vertreters oder gerichtlich bestellten Betreuers nicht nur vorübergehend in eine Einrichtung der psychiatrischen Versorgung gemäß § 10 eingewiesen und dort festgehalten wird.

(2) Für psychisch Kranke oder seelisch Behinderte kann eine Unterbringung nur dann vorgenommen werden, wenn und solange durch ihr krankheitsbedingtes Verhalten oder die Auswirkungen ihrer Krankheit 1. ihr Leben oder ihre Gesundheit ernsthaft gefährdet sind oder 2. eine unmittelbare Gefahr für Leib und Leben anderer Personen oder für die öffentliche Sicherheit besteht und diese Gefahren nach fachärztlichem Urteil nicht anders abgewendet werden können.

(3) Eine ernsthafte Gefährdung oder unmittelbare Gefahr im Sinne von Abs. 2 Nr. 1 und 2 besteht dann, wenn infolge der Krankheitsauswirkungen ein Schaden stiftendes Ereignis unmittelbar bevorsteht oder sein Eintritt zwar unvorhersehbar, aber wegen der besonderen

Umstände des Einzelfalles jederzeit zu erwarten ist.

(4) Die fehlende Bereitschaft sich behandeln zu lassen, rechtfertigt ohne das Vorliegen der in Absatz 2 genannten Voraussetzungen keine Unterbringung.

§ 11 [Einleitung]

(1) Ein Unterbringungsverfahren nach Maßgabe dieses Gesetzes wird durch den Antrag des oder der Personensorgeberechtigten oder des Betreuers oder der Betreuerin der betroffenen Person oder durch den Antrag des Trägers der Hilfen nach § 6 Abs. 1 eingeleitet, in dessen örtlichen Zuständigkeitsbereich die Notwendigkeit für die Unterbringung hervortritt...

§ 12 [Sofortiger Gewahrsam]

(1) Ist aufgrund des krankheitsbedingten Verhaltens einer Person mit einer unmittelbaren Gefahr für die betroffene oder eine andere Person oder für bedeutende Rechtsgüter zu rechnen, so kann die betreffende Person auf Anordnung der örtlichen Ordnungsbehörde in sofortigen Gewahrsam genommen werden...

(3) Der sozialpsychiatrische Dienst, bei Minderjährigen auch die gesetzliche Vertretung... haben unter Beachtung des § 4 Abs. 3 zu prüfen, ob eine Unterbringung durch geeignete sofortige Hilfsmaßnahmen abgewendet werden kann.

§ 13 [Sofortige Aufnahme und vorläufige Unterbringung]

(1) Eine Person, die gemäß § 12 Abs. 1 in Gewahrsam genommen worden ist oder bei der die Voraussetzungen des § 12 Abs. 2 Satz 2 vorliegen, muss unverzüglich der Dienst habenden Ärztin oder dem Dienst habenden Arzt in der nach § 10 Abs. 2 zuständigen psychiatrischen Krankenhauseinrichtung vorgestellt werden. Die Dienst habende Ärztin oder der Dienst habende Arzt entscheidet über die Notwendigkeit einer sofortigen Aufnahme. Das aufnehmende Krankenhaus ist insoweit durch dieses Gesetz mit hoheitlicher Gewalt beliehen.

13.19.5 Bremen

Gesetz über Hilfen und Schutzmaßnahmen bei psychischen Krankheiten (PsychKG) vom 9.4.1979, zuletzt geändert am 18.2.1992; GBI. S. 31

§ 1 [Anwendungsbereich]

(2) Psychisch Kranke sind Personen, die an einer behandlungsbedürftigen psychischen Störung, einer Psychose, einer Suchtkrankheit oder an Schwachsinn leiden.

§ 11 [Voraussetzungen der Unterbringung]

(1) Die Unterbringung von psychisch Kranken ist nur zulässig, wenn und solange durch ihr krankhaftes Verhalten

gegen sich oder andere eine gegenwärtige erhebliche Gefahr für die öffentliche Sicherheit oder Ordnung besteht, die nicht anders abgewendet werden kann. Die Unterbringung ist insbesondere dann zulässig, wenn nach dem krankhaften Verhalten eine nicht anders abwendbare gegenwärtige Gefahr besteht, dass der psychisch Kranke Selbstmord begeht oder sich selbst, etwa infolge von Verwahrlosung, erheblichen gesundheitlichen Schaden zufügt. Die fehlende Bereitschaft, sich einer notwendigen ärztlichen Behandlung zu unterziehen, rechtfertigt für sich allein keine Unterbringung.

(2) Eine gegenwärtige Gefahr im Sinne von Absatz 1 besteht dann, wenn infolge der Krankheit ein Schaden stiftendes Ereignis unmittelbar bevorsteht oder sein Eintritt zwar unvorhersehbar, wegen besonderer Umstände jedoch jederzeit zu erwarten ist.

§ 14 [Sofortige Unterbringung]

(1) Eine Unterbringung ohne vorherige gerichtliche Entscheidung (sofortige Unterbringung) kann von der Ortspolizeibehörde vorgenommen werden, wenn die sofortige Unterbringung das einzige Mittel ist, um die von dem psychisch Kranken aufgrund seines krankhaften Verhaltens ausgehende gegenwärtige erhebliche Gefahr im Sinne des § 11 abzuwenden, eine gerichtliche Entscheidung nicht rechtzeitig herbeigeführt werden kann und ein ärztliches Zeugnis über den Gesund-

heitszustand der betroffenen Person aufgrund einer frühestens am Vortage durchgeführten Untersuchung vorliegt.

§ 15 [Vorläufige Unterbringung]

(1) Die Ortspolizeibehörde kann einen Antrag auf Anordnung einer vorläufigen Unterbringungsmaßnahme stellen, wenn dringende Gründe für die Annahme bestehen, dass die Voraussetzungen des § 11 vorliegen.

§ 17 [Antragstellung]

Die Anordnung einer freiheitsentziehenden Unterbringung kann nur auf Antrag der Ortspolizeibehörde erfolgen. Dem Antrag ist das Zeugnis eines Arztes beizufügen.

13.19.6 Hamburg

(Hamburgisches Gesetz über Hilfen und Schutzmaßnahmen bei psychischen Krankheiten (HmbPsychKG) vom 22.9.1977; zuletzt geändert am 14.6.1989; GVBl. S. 99

§ 1 [Anwendungsbereich]

(1) Dieses Gesetz regelt... 3. die Unterbringung von Personen, die an einer Psychose, einer psychischen Störung, die in ihren Auswirkungen einer Psychose gleichkommt, einer Suchtkrankheit oder an Schwachsinn leiden und dadurch sich selbst oder die Allgemeinheit erheb-

lich gefährden, einschließlich des gerichtlichen Verfahrens.

§ 10 [Voraussetzungen der Unterbringung]

(1) Die Unterbringung von Personen, die an einer Psychose, einer psychischen Störung, die in ihren Auswirkungen einer Psychose gleichkommt, einer Suchtkrankheit oder an Schwachsinn leiden, ist nur zulässig, wenn und solange durch ihr krankhaftes Verhalten gegen sich oder andere eine unmittelbar bevorstehende Gefahr für die öffentliche Sicherheit und Ordnung besteht, die nicht anders abgewendet werden kann. Die Unterbringung ist auch dann zulässig, wenn nach dem krankhaften Verhalten eine nicht anders abwendbare gegenwärtige Gefahr besteht, dass die betroffene Person Selbstmord begeht oder sich selbst erheblichen gesundheitlichen Schaden zufügt. Die fehlende Bereitschaft, sich behandeln zu lassen, rechtfertigt für sich allein keine Unterbringung.

(2) Eine gegenwärtige Gefahr im Sinne von Abs. 1 besteht dann, wenn sich die Krankheit so auswirkt, dass ein Schaden stiftendes Ereignis unmittelbar bevorsteht oder sein Eintritt zwar unvorhersehbar, wegen besonderer Umstände jedoch jederzeit zu erwarten ist.

§ 11 [Sachliche Zuständigkeit]

Die Unterbringung wird auf Antrag der zuständigen Behörde durch das Amtsgericht angeordnet. Dem Antrag soll das Zeugnis eines Arztes beigefügt werden.

§ 29 [Vorläufige Unterbringung]

(1) Eine vorläufige Unterbringung kann durch einstweilige Anordnung ausgesprochen werden, wenn 1. dringende Gründe für die Annahme bestehen, dass die Voraussetzungen für eine Unterbringung vorliegen, 2. ein ärztliches Zeugnis über den Gesundheitszustand des Betroffenen vorliegt und 3. mit dem Aufschub der Unterbringung Gefahr verbunden sein würde.

§ 31 [Sofortige Unterbringung]

(1) Ist eine sofortige Unterbringung notwendig, so kann die zuständige Behörde diese ohne vorherige gerichtliche Entscheidung vornehmen, wenn ein ärztliches Zeugnis über den Gesundheitszustand des Betroffenen aufgrund einer frühestens am Vortage persönlich durchgeführten Untersuchung vorliegt.

(2) Der Betroffene soll vor der Unterbringung von einem in der Psychiatrie erfahrenen Arzt der zuständigen Behörde aufgesucht werden. Ergibt sich hierbei, dass durch eine sofort beginnende ambulante Heilbehandlung die Unterbringung entbehrlich werden würde, so soll der Arzt, sofern der Betroffene damit einverstanden ist, mit der Heilbehandlung beginnen.

13.19.7 Hessen

Gesetz über die Entziehung der Freiheit geisteskranker, geistesschwacher, rauschgift- oder alkoholsüchtiger Personen vom 19.5.1952, zuletzt geändert am 5.2.1992; GVBI. 1 S. 66

§ 1

(1) Geisteskranke, geistesschwache, rauschgift- oder alkoholsüchtige Personen sind auch gegen ihren Willen in einer geschlossenen Krankenabteilung oder in einer anderen geeigneten Verwahrung unterzubringen, wenn aus ihrem Geisteszustand oder ihrer Sucht eine erhebliche Gefahr für ihre Mitmenschen droht und diese nicht anders angewendet werden kann.

§ 2

(1) Das Unterbringungsverfahren wird durch einen Antrag der Verwaltungsbehörde beim Vormundschaftsgericht eingeleitet; der Erlass einer einstweiligen Anordnung von Amts wegen nach § 70 h Abs. 1 des Gesetzes über die Angelegenheiten der freiwilligen Gerichtsbarkeit bleibt unberührt.

(2) Zuständige Verwaltungsbehörde ist in Gemeinden bis zu 7500 Einw. der Landrat der Landesverwaltung, im Übrigen der Gemeindevorstand.

§ 5

(1) Der Antrag auf Unterbringung ist schriftlich einzureichen.

(2) Dem Antrag ist das Zeugnis eines approbierten Arztes über den Geisteszustand oder die Süchtigkeit des Unterzubringenden beizufügen, das auf einer höchstens 14 Tage zurückliegenden Untersuchung beruht.

§ 10

Liegen die Voraussetzungen für eine Unterbringung nach § 1 Abs. 1 oder 2 mit hoher Wahrscheinlichkeit vor und ist Gefahr im Verzug, kann die allgemeine Ordnungsbehörde oder die Polizeibehörde die sofortige Ingewahrsamnahme anordnen und vollziehen. In diesem Fall ist unverzüglich eine richterliche Entscheidung über die Zulässigkeit und Fortdauer der sofortigen Ingewahrsamnahme herbeizuführen.

13.19.8 Mecklenburg-Vorpommern

Gesetz über Hilfen und Schutzmaßnahmen für psychisch Kranke (PsychKG) vom 1.7.1993; GVBI. S. 528

§ 1 [Anwendungsbereich]

(1) Psychisch Kranke im Sinne dieses Gesetzes sind Personen, die an einer Psychose, einer psychischen Störung, die in ihren Auswirkungen einer Psychose gleichkommt, oder einer mit dem Verlust der Selbstkontrolle einhergehenden Abhängigkeit von Suchtstoffen leiden.

(2) Dieses Gesetz findet auch Anwendung auf geistig behinderte Personen, bei denen ohne Behandlung keine Aussicht auf Besserung besteht.

§ 11 [Voraussetzungen der Unterbringung]

(1) Die Unterbringung von psychisch Kranken nach § 1 Abs. 1 Nr. 3 a ist nur zulässig, wenn und solange durch ihr

krankhaftes Verhalten gegen sich oder andere eine gegenwärtige erhebliche Gefahr für eine Selbstschädigung oder für die öffentliche Sicherheit besteht, die nicht anders abgewendet werden kann. Die fehlende Bereitschaft, sich einer notwendigen ärztlichen Behandlung zu unterziehen, rechtfertigt für sich allein keine Unterbringung.

(2) Eine gegenwärtige Gefahr im Sinne von Abs. 1 besteht dann, wenn infolge der Krankheit ein Schaden stiftendes Ereignis unmittelbar bevorsteht oder sein Eintritt zwar unvorhersehbar, wegen besonderer Umstände jedoch jederzeit zu erwarten ist.

§ 14 [Antragstellung]
Die Anordnung einer freiheitsentziehenden Unterbringung durch das Amtsgericht kann nur auf Antrag des örtlich zuständigen Landrats oder Oberbürgermeisters (Bürgermeisters) als Ordnungsbehörde erfolgen. Dem Antrag ist das Zeugnis eines Arztes mit Erfahrung in der Psychiatrie beizufügen. Das Zeugnis muss auf einer persönlichen Untersuchung beruhen, die bei Antragstellung höchstens zwei Wochen zurückliegt.

§ 15 [Sofortige Unterbringung]
(1) Ergibt sich aus einem ärztlichen Zeugnis, das auf einer frühestens am Vortage durchgeführten eigenen Untersuchung beruht, dass die Voraussetzungen für eine Unterbringung vorliegen, und kann eine gerichtliche Entscheidung nicht rechtzeitig herbeigeführt werden,

so kann der Landrat oder Oberbürgermeister (Bürgermeister) eine sofortige Unterbringung längstens bis zum Ablauf des auf die Unterbringung folgenden Tages anordnen.

13.19.9 Niedersachsen

Niedersächsisches Gesetz über Hilfen und Schutzmaßnahmen bei psychischen Krankheiten (NPsychKG) vom 16.6.1997; GVBl. S. 272

§ 1 [Anwendungsbereich]
Dieses Gesetz regelt
1. Hilfen für Personen, die infolge einer psychischen Störung krank oder behindert sind oder gewesen sind oder bei denen Anzeichen für eine solche Krankheit oder Behinderung bestehen,
2. die Unterbringung von Personen, die im Sinne von 1. krank oder behindert sind.

§ 3 [Zuständigkeit]
Die Landkreise und kreisfreien Städte nehmen die Aufgaben nach diesem Gesetz als Aufgabe des übertragenen Wirkungskreises wahr.

§ 16 [Voraussetzungen der Unterbringung]
Die Unterbringung einer Person ist nach diesem Gesetz nur zulässig, wenn von ihr infolge ihrer Krankheit oder Behinderung im Sinne des § 1 Nr. 1 eine gegenwärtige erhebliche Gefahr für sich

oder andere ausgeht und diese Gefahr auf andere Weise nicht abzuwenden ist.

§ 17 [Antragserfordernis]

(1) Das Vormundschaftsgericht entscheidet über die Unterbringung nach diesem Gesetz auf Antrag der zuständigen Behörde. Satz 1 gilt entsprechend, wenn die betroffene Person zur Vorbereitung eines Gutachtens über ihren Gesundheitszustand untergebracht werden soll, um festzustellen, ob die Voraussetzungen des § 16 erfüllt sind; dem Antrag ist ein ärztliches Zeugnis beizufügen.

§ 18 [Vorläufige Einweisung]

(1) Kann eine gerichtliche Entscheidung nicht rechtzeitig herbeigeführt werden, so kann die zuständige Behörde die betroffene Person längstens bis zum Ablauf des folgenden Tages in ein geeignetes Krankenhaus einweisen, wenn die Voraussetzungen des § 16 durch das Zeugnis einer Ärztin oder eines Arztes mit Erfahrung auf dem Gebiet der Psychiatrie dargelegt werden, dem ein frühestens am Vortag erhobener Befund zugrunde liegt.

13.19.10 *Nordrhein-Westfalen*

Gesetz über Hilfen und Schutzmaßnahmen bei psychischen Krankheiten (PsychKG) vom 17.12.1999

§ 1 [Anwendungsbereich]

(1) Dieses Gesetz regelt 1. Hilfen für Personen, bei denen Anzeichen einer psychischen Krankheit bestehen, die psychisch erkrankt sind oder bei denen die Folgen einer psychischen Krankheit fortbestehen, 2. die Anordnung von Schutzmaßnahmen durch die untere Gesundheitsbehörde, soweit gewichtige Anhaltspunkte für eine Selbstgefährdung oder eine Gefährdung bedeutender Rechtsgüter anderer aufgrund einer psychischen Krankheit bestehen, und 3. die Unterbringung von den Betroffenen, die psychisch erkrankt sind und dadurch sich selbst oder bedeutende Rechtsgüter anderer erheblich gefährden.

(2) Psychische Krankheiten im Sinne dieses Gesetzes sind behandlungsbedürftige Psychosen sowie andere behandlungsbedürftige psychische Störungen und Abhängigkeitserkrankungen von vergleichbarer Schwere.

(3) Dieses Gesetz gilt nicht für Personen, die aufgrund der §§ 63, 64 StGB, 81, 126 a, 453 c in Verbindung mit § 463 StPO, §§ 7, 73 JGG und §§ 1631 b, 1800, 1915 sowie 1906 BGB untergebracht sind.

§ 2 [Grundsatz]

[1]Bei allen Hilfen und Maßnahmen aufgrund dieses Gesetzes ist auf den Willen und die Bedürfnisse der Betroffenen besondere Rücksicht zu nehmen. [2]Dies gilt auch für Willensäußerungen der Betroffenen vor Beginn einer Maßnahme, insbesondere für Behandlungsvereinbarungen mit Ärztinnen und Ärzten ihres Vertrauens. [3]Für eine ausreichende Dokumentation ist Sorge zu tragen.

§ 10 [Unterbringung und Aufsicht]

(1) Ziel der Unterbringung ist es, die in § 11 Abs. 1 und 2 genannten Gefahren abzuwenden und die Betroffenen nach Maßgabe dieses Gesetzes zu behandeln.

(2) [1]Eine Unterbringung im Sinne dieses Gesetzes liegt vor, wenn Betroffene gegen ihren Willen oder gegen den Willen Aufenthaltsbestimmungsberechtigter oder im Zustand der Willenlosigkeit in ein psychiatrisches Fachkrankenhaus, eine psychiatrische Fachabteilung eines Allgemeinkrankenhauses oder einer Hochschulklinik (Krankenhaus) eingewiesen werden und dort verbleiben. [2]Die §§ 1631 b, 1800, 1915 und 1906 BGB bleiben unberührt. [3]Die Krankenhäuser haben durch geeignete Maßnahmen sicherzustellen, dass sich die Betroffenen der Unterbringung nicht entziehen.

§ 11 [Voraussetzungen der Unterbringung]

(1) [1]Die Unterbringung Betroffener ist nur zulässig, wenn und solange durch deren krankheitsbedingtes Verhalten gegenwärtig eine erhebliche Selbstgefährdung oder eine erhebliche Gefährdung bedeutender Rechtsgüter anderer besteht, die nicht anders abgewendet werden kann. [2]Die fehlende Bereitschaft, sich behandeln zu lassen, rechtfertigt allein keine Unterbringung.

(2) Von einer gegenwärtigen Gefahr im Sinne von Abs. 1 ist dann auszugehen, wenn ein Schaden stiftendes Ereignis unmittelbar bevorsteht oder sein Eintritt zwar unvorhersehbar, wegen besonderer Umstände jedoch jederzeit zu erwarten ist.

(3) Die Anordnung der Unterbringung ist aufzuheben, wenn Maßnahmen nach den in § 1 Abs. 3 genannten Bestimmungen erfolgt sind.

§ 14 [Sofortige Unterbringung]

(1) [1]Ist bei Gefahr im Verzug eine sofortige Unterbringung notwendig, kann die örtliche Ordnungsbehörde die sofortige Unterbringung ohne vorherige gerichtliche Entscheidung vornehmen, wenn ein ärztliches Zeugnis über einen entsprechenden Befund vorliegt, der nicht älter als vom Vortage ist. [2]Zeugnisse nach Satz 1 sind grundsätzlich von Ärztinnen oder Ärzten auszustellen, die im Gebiet der Psychiatrie und Psychotherapie weitergebildet oder auf dem Gebiet der Psychiatrie erfahren sind. [3]Sie haben die Betroffenen persönlich zu untersuchen und die Notwendigkeit einer sofortigen Unterbringung schriftlich zu begründen. [4]Will die örtliche Ordnungsbehörde in der Beurteilung der Voraussetzungen für eine sofortige Unterbringung von einem vorgelegten ärztlichen Zeugnis abweichen, hat sie den sozialpsychiatrischen Dienst der unteren Gesundheitsbehörde zu beteiligen.

(2) [1]Nimmt die örtliche Ordnungsbehörde eine sofortige Unterbringung vor, ist sie verpflichtet, unverzüglich beim Amtsgericht - Vormundschafts-

gericht - einen Antrag auf Unterbringung zu stellen. [2]In diesem Antrag ist darzulegen, warum andere Hilfsmaßnahmen nicht ausreichen und eine gerichtliche Entscheidung nicht möglich war. [3]Ist die Unterbringung und deren sofortige Wirksamkeit nicht bis zum Ablauf des auf den Beginn der sofortigen Unterbringung folgenden Tages durch das Gericht angeordnet, so sind die Betroffenen von der ärztlichen Leitung des Krankenhauses, bei selbstständigen Abteilungen von der fachlich unabhängigen ärztlichen Leitung der Abteilung (ärztliche Leitung) zu entlassen.

§ 18 [Behandlung]

(1) Während der Unterbringung wird eine ärztlich und psychotherapeutisch gebotene und rechtlich zulässige Heilbehandlung vorgenommen.

(2) [1]Unverzüglich nach der Aufnahme ist für die Betroffenen ein individueller Behandlungsplan zu erstellen. [2]Die Behandlung und der Plan sind den Betroffenen und ihrer gesetzlichen Vertretung zu erläutern. [3]Befinden sich die Betroffenen in einer akuten Krise, sind Zeitpunkt und Form der Erläuterung des Behandlungsplanes nach therapeutischen Kriterien zu bestimmen. [4]Betroffenen, ihren Verfahrenspflegerinnen/Verfahrenspflegern, Verfahrensbevollmächtigten und ihrer gesetzlichen Vertretung ist auf Verlangen unter Beachtung der datenschutzrechtlichen Bestimmungen Einsicht in die Krankenunterlagen zu gewähren. [5]Wenn gewichtige Anhaltspunkte dafür vorliegen, dass die Einsicht in die Krankenunterlagen zu erheblichen Nachteilen für die Gesundheit der Betroffenen führt, kann sie unterbleiben.

(3) [1]Die Behandlung bedarf vorbehaltlich der Regelungen in den Abs. 4 und 5 der Einwilligung der Betroffenen. [2]Können die Betroffenen bei einer erforderlichen Einwilligung Grund, Bedeutung und Tragweite der Behandlung nicht einsehen oder sich nicht nach dieser Einsicht verhalten, ist die Einwilligung der gesetzlichen Vertretung oder der rechtsgeschäftlich Bevollmächtigten erforderlich. [3]§ 1904 BGB bleibt unberührt.

(4) Nur in den Fällen von Lebensgefahr, von erheblicher Gefahr für die eigene und für die Gesundheit anderer Personen ist die Behandlung ohne oder gegen den Willen Betroffener oder deren gesetzlicher Vertretung oder der rechtsgeschäftlich Bevollmächtigten zulässig.

(5) Maßnahmen nach Abs. 4, die ohne Einwilligung der Betroffenen, ihrer gesetzlichen Vertretung oder ihrer Bevollmächtigten durchgeführt werden, dürfen nur durch die ärztliche Leitung, bei deren Verhinderung durch deren Vertretung angeordnet werden und nur durch Ärztinnen oder Ärzte vorgenommen werden.

13.19.11 Rheinland-Pfalz

Landesgesetz für psychisch kranke Personen (PsychKG) vom 17.11.1995; GVBl. S. 473

§ 1 [Anwendungsbereich]

(1) Psychisch Kranke im Sinne dieses Gesetzes sind Personen, die an einer Psychose, an einer psychischen Störung, die in ihrer Auswirkung einer Psychose gleichkommt, oder an einer mit dem Verlust der Selbstkontrolle einhergehenden Abhängigkeit von Suchtstoffen leiden.

§ 11 [Voraussetzungen der Unterbringung]

Psychisch kranke Personen können gegen ihren Willen oder im Zustand der Willenlosigkeit untergebracht werden, wenn sie durch ihr krankheitsbedingtes Verhalten ihr Leben, ihre Gesundheit oder besonders bedeutende Rechtsgüter anderer gegenwärtig in erheblichem Maße gefährden und diese Gefahr nicht anders abgewendet werden kann. Eine gegenwärtige Gefahr im Sinne des Satzes 1 besteht dann, wenn infolge der psychischen Erkrankung ein Schaden stiftendes Ereignis unmittelbar bevorsteht oder sein Eintritt zwar unvorhersehbar, wegen besonderer Umstände jedoch jederzeit zu erwarten ist. Die fehlende Bereitschaft, sich behandeln zu lassen, rechtfertigt für sich allein keine Unterbringung.

§ 13 [Zuständigkeit]

(1) Zuständige Behörde für die im Zusammenhang mit der Einleitung und Durchführung des Unterbringungsverfahrens einschließlich des gerichtlichen Verfahrens anfallenden Aufgaben ist die Kreisverwaltung, in kreisfreien Städten die Stadtverwaltung. Die Landkreise und die kreisfreien Städte nehmen die Aufgaben als Auftragsangelegenheit wahr.

§ 14 [Verfahren]

(1) Die Unterbringung wird vom zuständigen Gericht auf schriftlichen Antrag der zuständigen Behörde angeordnet.

(2) Dem Antrag ist ein Gutachten eines Arztes für Psychiatrie oder für Kinder- und Jugendpsychiatrie beizufügen. Das Gutachten muss auf einer höchstens eine Woche vor der Antragstellung erfolgten, von dem Arzt selbst durchgeführten Untersuchung der betroffenen Person beruhen...

(3) Der Vorlage eines Gutachtens bedarf es nicht, wenn sie wegen Gefahr im Verzug nicht möglich ist. In diesem Fall ist dem Antrag eine Darstellung des wesentlichen Sachverhalts und ein ärztliches Zeugnis, aus dem in kurzer Zusammenfassung der Krankheitszustand der betroffenen Person und die Unterbringungsbedürftigkeit ersichtlich sind, beizufügen. Ist auch die Beifügung des ärztlichen Zeugnisses nicht möglich, weil es zum Zeitpunkt der Antragstellung noch nicht vorliegt, ist es unverzüglich nachzureichen.

§ 15 [Sofortige Unterbringung]

(1) Sind dringende Gründe für die Annahme vorhanden, dass die Voraussetzungen für eine Unterbringung nach § 11 Abs. 1 Satz 1 vorliegen, und kann eine gerichtliche Entscheidung nach § 70 h oder nach 70 e Abs. 2 in Verbindung mit § 68 b Abs. 4 des Gesetzes über die Angelegenheiten der freiwilligen Gerichtsbarkeit nicht mehr rechtzeitig ergehen, um die in § 11 Abs. 1 Satz 1 bezeichnete Gefahr abzuwenden, so kann die zuständige Behörde die betroffene Person in Gewahrsam nehmen und die sofortige Unterbringung längstens bis zum Ende des auf die Ingewahrsamnahme folgenden Tages in einer Einrichtung im Sinne des § 12 Abs. 1 anordnen und nach Maßgabe des § 14 Abs. 6 vollstrecken.

(2) Voraussetzung der Anordnung der sofortigen Unterbringung ist, dass ein Arzt die betroffene Person untersucht und aufgrund des Ergebnisses der Untersuchung die Notwendigkeit der sofortigen Unterbringung festgestellt hat; über die Untersuchung und ihr Ergebnis ist ein Protokoll zu erstellen.

13.19.12 Saarland

Gesetz Nr. 1301 über die Unterbringung psychisch Kranker (Unterbringungsgesetz - UBG) vom 11.11.1992; ABl. S. 1271

§ 1 [Personenkreis]

Psychisch Kranke im Sinne dieses Gesetzes sind Personen, bei denen eine geistige oder seelische Krankheit oder Störung von erheblichem Ausmaß vorliegt oder die an einer mit dem Verlust der Selbstkontrolle einhergehenden Abhängigkeit von Suchtstoffen leiden.

§ 4 [Voraussetzungen der Unterbringung]

(1) Eine psychisch kranke Person darf nach diesem Gesetz gegen oder ohne ihren Willen in einem Krankenhaus im Sinne des § 10 stationär nur untergebracht werden, wenn und solange die betroffene Person durch ihr krankheitsbedingtes Verhalten ihr Leben, ihre Gesundheit, bedeutende eigene oder bedeutende Rechtsgüter Dritter in erheblichem Maße gefährdet und diese Gefahr nicht anders als durch stationäre Aufnahme in einem Krankenhaus abgewendet werden kann.

§ 5 [Anordnung der Unterbringung]

(1) Die Unterbringung wird auf schriftlichen Antrag der zuständigen Verwaltungsbehörde durch das Vormundschaftsgericht angeordnet.

(3) Dem Antrag ist das Gutachten eines(r) Sachverständigen beizufügen, aus dem sich ergeben muss, dass die Voraussetzungen der Unterbringung nach § 4 Abs. 1 vorliegen. Der/Die Sachverständige soll in der Regel Arzt/Ärztin für Psychiatrie sein; in jedem Fall muss er/sie Arzt/Ärztin mit Erfahrung

auf dem Gebiet der Psychiatrie sein. Das Gutachten muss auf den gegenwärtigen Gesundheitszustand der betroffenen Person abstellen und auf einer höchstens drei Tage zurückliegenden persönlichen Untersuchung beruhen.

§ 6 [Einstweilige Unterbringung in Eilfällen]

(1) Sind dringende Gründe für die Annahme vorhanden, dass die Voraussetzungen nach § 4 Abs. 1 vorliegen, und kann eine gerichtliche Entscheidung nach § 70 h oder nach § 70 e Abs. 2 in Verbindung mit § 68 b Abs. 4 des Gesetzes über die Angelegenheiten der freiwilligen Gerichtsbarkeit nicht rechtzeitig ergehen, um einen unmittelbar drohenden Schaden zu verhindern, so kann die zuständige Verwaltungsbehörde die einstweilige Unterbringung anordnen. Die zuständige Verwaltungsbehörde hat das nach § 70 Abs. 5 Satz 1 des Gesetzes über die Angelegenheiten der freiwilligen Gerichtsbarkeit zuständige Gericht unverzüglich zu verständigen und spätestens bis zum Ablauf des auf die Einweisung folgenden Tages auf eine Entscheidung über die Unterbringung hinzuwirken.

(2) In unaufschiebbaren Fällen des Abs. 1 kann die Polizei die/den Betroffene/n ohne Anordnung der zuständigen Verwaltungsbehörde in einer Einrichtung im Sinne des § 10 unterbringen...

(4) In den Fällen der Abs. 1 und 2 ist vor der Anordnung der Einweisung durch die Verwaltungsbehörde oder der Unterbringung durch die Polizei eine Begutachtung des/der Betroffenen gemäß § 5 Abs. 3 einzuholen; das Gutachten kann in diesen Fällen auch durch eine(n) approbierte(n) Arzt/Ärztin erstattet werden.

13.19.13 Sachsen

Sächsisches Gesetz über die Hilfen und die Unterbringung bei psychischen Krankheiten (SächsPsychKG) vom 16.6.1994; GVBl. S. 1097

§ 1 [Anwendungsbereich]

(1) Dieses Gesetz regelt... 3. die Unterbringung von psychisch Kranken...

(2) Psychisch Kranke im Sinne dieses Gesetzes sind auch Personen, bei denen eine Suchtkrankheit vorliegt.

§ 10 [Unterbringung und deren Voraussetzungen]

(1) Eine Unterbringung liegt vor, wenn ein psychisch Kranker gegen oder ohne seinen Willen aufgrund einer gerichtlichen Entscheidung, einer vorläufigen Einweisung oder einer fürsorglichen Aufnahme oder Zurückhaltung nach diesem Gesetz in ein Krankenhaus eingewiesen wird oder dort weiterhin zu bleiben hat.

(2) Eine Unterbringung ist nur zulässig, wenn und solange ein psychisch Kranker infolge seiner psychischen Krankheit sein Leben oder seine Ge-

sundheit erheblich und gegenwärtig gefährdet oder eine erhebliche und gegenwärtige Gefahr für bedeutende Rechtsgüter anderer darstellt und die Gefahr nicht auf andere Weise abwendbar ist.

§ 12 [Örtlich zuständige Verwaltungsbehörde]

Verwaltungsbehörde im Sinne dieses Gesetzes ist das Bürgermeisteramt der kreisfreien Stadt oder das Landratsamt (Verwaltungsbehörde). Örtlich zuständig ist die Verwaltungsbehörde, in deren Bezirk das Bedürfnis für die Unterbringung entsteht.

§ 13 [Vorbereitendes Verfahren]

(1) Die Verwaltungsbehörde ermittelt von Amts wegen, wenn sich gewichtige Anhaltspunkte für das Vorliegen der Voraussetzungen einer Unterbringung ergeben. In diesem Fall hat sie ein amtsärztliches Gutachten darüber einzuholen, ob eine Unterbringung aus medizinischer Sicht erforderlich ist oder ob andere minderbelastende Maßnahmen ausreichen, ob und welche Behandlungen ohne Zustimmung des Patienten notwendig sind, ob der Patient offensichtlich nicht in der Lage ist, seinen Willen kundzutun und ob von seiner persönlichen Anhörung erhebliche Nachteile für seine Gesundheit oder eine Gefährdung Dritter zu besorgen sind. Die beabsichtigte Maßnahme und mögliche Alternativen sind mit dem Patienten zu erörtern. Das Gutachten, an dessen Erstellung ein Psychiater oder ein in der Psychiatrie

erfahrener Arzt zu beteiligen ist, muss auf den gegenwärtigen Gesundheitszustand des Patienten abstellen und auf dessen persönlicher Untersuchung beruhen. Zum Zeitpunkt der Entscheidung über die Unterbringung darf die persönliche Untersuchung nicht länger als drei Tage zurückliegen.

§ 17 [Vorläufige Unterbringung]

(1) Vor einer vorläufigen Unterbringungsmaßnahme gibt das Gericht dem Gesundheitsamt, in dessen Bezirk der Patient seinen gewöhnlichen Aufenthalt hat, Gelegenheit zur Äußerung, sofern nicht Gefahr im Verzug ist; bei Gefahr im Verzug ist dem Gesundheitsamt alsbald nach Anordnung der vorläufigen Unterbringungsmaßnahme Gelegenheit zur Äußerung zu geben.

§ 18 [Sofortige vorläufige Unterbringung und fürsorgliche Aufnahme oder Zurückhaltung]

(1) Bestehen dringende Gründe für die Annahme, dass die Voraussetzungen für eine Unterbringung vorliegen, und kann eine gerichtliche Entscheidung nicht mehr rechtzeitig ergehen, um die drohende Gefahr abzuwenden, so kann die Verwaltungsbehörde die sofortige vorläufige Unterbringung anordnen und nach Maßgabe des § 14 vollstrecken...

(2) Im Falle des Absatzes 1 ist der Patient unverzüglich zu untersuchen. Ergibt die Untersuchung, dass die Voraussetzungen für eine Unterbringung nicht vorliegen, so ist der Patient zu ent-

lassen, es sei denn, er verbleibt aufgrund einer rechtswirksamen Einwilligung im Krankenhaus...

(3) Bei Gefahr im Verzug kann der Polizeivollzugsdienst in Fällen des Abs. 1 einen Patienten ohne Anordnung der Verwaltungsbehörde dem nach § 15 zuständigen Krankenhaus vorführen. Soweit möglich, ist vorher ein Arzt beizuziehen. Der Patient ist unverzüglich zu untersuchen. Ergibt die Untersuchung, dass die Voraussetzungen für eine Unterbringung vorliegen, so kann der Patient gegen oder ohne seinen Willen fürsorglich aufgenommen werden...

13.19.14 Sachsen-Anhalt

Gesetz über Hilfen für psychisch Kranke und Schutzmaßnahmen des Landes Sachsen-Anhalt (PsychKG LSA) vom 30.1.1992; GVBl. S. 88; ber. in GVBl. S. 432

§ 1 [Anwendungsbereich]
Dieses Gesetz regelt (1) Hilfen für Personen, die an einer Psychose, Suchtkrankheit, einer anderen krankhaften seelischen oder geistigen Störung oder an einer seelischen oder geistigen Behinderung leiden oder gelitten haben oder bei denen Anzeichen einer solchen Krankheit, Störung oder Behinderung vorliegen; (2) Schutzmaßnahmen bis hin zu Unterbringung für Personen, die an einer Krankheit, Störung oder Behinderung im Sinne der Nummer 1 leiden.

§ 7 [Allgemeine Vorschriften]
(1) Schutzmaßnahmen einschließlich des Vollzugs der gerichtlichen Entscheidung über die Unterbringung obliegen den Landkreisen und kreisfreien Städten (Verwaltungsbehörden) als Aufgabe des übertragenen Wirkungskreises...

(3) Ärztliche Aufgaben bei der Durchführung von Schutzmaßnahmen sind grundsätzlich Ärzten zu übertragen, die ihre Befähigung zur Beurteilung psychischer Krankheiten durch das Recht zum Führen einer entsprechenden Facharzt- bzw. Gebietsbezeichnung nachweisen können. Steht ein derartiger aus- bzw. weitergebildeter Arzt nicht zur Verfügung, sind für diese Aufgabe Ärzte mit längerer Erfahrung in der Beurteilung psychischer Krankheiten heranzuziehen, wobei zunächst auf bei der Verwaltungsbehörde angestellte Ärzte zurückzugreifen ist. In Zusammenhang mit der Durchführung von Schutzmaßnahmen sind die eingesetzten Ärzte befugt, unmittelbaren Zwang anzuwenden, soweit dies zur Wahrnehmung der Aufgabe erforderlich ist.

§ 13 [Voraussetzungen der Unterbringung]
(1) Eine Unterbringung ist nur zulässig, wenn und solange 1. die gegenwärtige erhebliche Gefahr besteht, dass der Betroffene sich infolge einer Krankheit, Störung oder Behinderung im Sinne des § 1 Nr. 1 schwerwiegende gesundheitliche Schäden zufügt, oder 2. das durch die Krankheit, Störung

oder Behinderung bedingte Verhalten des Betroffenen aus anderen Gründen eine gegenwärtige erhebliche Gefahr für die öffentliche Sicherheit oder Ordnung darstellt und die Gefahr auf andere Weise nicht abgewendet werden kann.

§ 14 [Antragserfordernis]

(1) Eine Unterbringung oder eine vorläufige Unterbringungsmaßnahme kann nur auf Antrag der Verwaltungsbehörde durch gerichtliche Entscheidung angeordnet werden.

§ 15 [Vorläufige Einweisung]

Kann eine gerichtliche Entscheidung über eine Unterbringungsmaßnahme nicht rechtzeitig herbeigeführt werden, so kann die Verwaltungsbehörde den Betroffenen längstens bis zum Ablauf des folgenden Tages vorläufig in den geschlossenen Teil eines Krankenhauses einweisen, wenn ein ärztliches Zeugnis über einen Befund vorliegt, nach dem die Voraussetzungen der Unterbringung nach § 13 vorliegen, und wenn der Befund frühestens am Tage vor der vorläufigen Einweisung erhoben worden ist...

13.19.15 *Schleswig-Holstein*

Gesetz für psychisch Kranke (PsychKG) vom 26.3.1979, zuletzt geändert am 17.12.1991; GVBl. S. 693

§ 1 [Anwendungsbereich]

(1) Psychisch Kranke im Sinne dieses Gesetzes sind Personen, bei denen eine geistige oder seelische 1. Krankheit, 2. Behinderung oder 3. Störung von erheblichem Ausmaß einschließlich einer Abhängigkeit von Rauschmitteln oder Medikamenten erkennbar ist.

§ 2 [Träger]

Die Aufgaben nach diesem Gesetz werden den Kreisen und kreisfreien Städten zur Erfüllung nach Weisung übertragen...

§ 3 [Zuständigkeit]

Die Durchführung der Aufgaben nach § 2 Satz 1 obliegt den Landräten und Bürgermeistern der kreisfreien Städte als Kreisgesundheitsbehörden...

§ 8 [Voraussetzungen der Unterbringung]

(1) Psychisch Kranke können gegen oder ohne ihren Willen in einem Krankenhaus untergebracht werden, wenn und solange sie infolge ihres Leidens ihr Leben, ihre Gesundheit oder Rechtsgüter anderer erheblich gefährden und die Gefahr nicht anders abgewendet werden kann.

(2) Eine Gefahr im Sinne von Abs. 1 besteht insbesondere dann, wenn sich die Krankheit so auswirkt, dass ein Schaden stiftendes Ereignis unmittelbar bevorsteht oder wegen der Unberechenbarkeit des psychisch Kranken unvorhersehbar ist, jedoch jederzeit damit gerechnet werden muss.

§ 9 [Unterbringungsantrag]

(1) Die Unterbringung kann nur auf schriftlichen Antrag der zuständigen Kreisgesundheitsbehörde angeordnet werden.

(2) Dem Antrag ist ein ärztliches Gutachten eines in der Psychiatrie erfahrenen Arztes beizufügen. Aus dem Gutachten muss hervorgehen, aus welchen Tatsachen und ärztlichen Beurteilungen sich ergibt, dass der psychisch Kranke infolge seines Leidens sein Leben, seine Gesundheit oder Rechtsgüter anderer erheblich gefährdet.

§ 24 [Vorläufige Unterbringung]

(1) Kann eine gerichtliche Entscheidung nicht rechtzeitig herbeigeführt werden, so kann die Kreisgesundheitsbehörde die Unterbringung im Rahmen des Artikels 104 Abs. 2 des Grundgesetzes vorläufig vornehmen. § 9 Abs. 2 gilt entsprechend.

13.19.16 *Thüringen*

Thüringer Gesetz zur Hilfe und Unterbringung psychisch Kranker (Thür PsychKG) vom 2.2.1994; GVBl. S. 81

§ 1 [Anwendungsbereich]

(2) Psychisch Kranke im Sinne dieses Gesetzes sind Personen, bei denen eine geistige oder seelische 1. Krankheit, 2. Behinderung oder 3. Störung von erheblichem Ausmaß mit Krankheitswert einschließlich einer physischen oder psychischen Abhängigkeit von Rauschmitteln, Suchtmitteln oder Medikamenten vorliegt.

§ 6 [Voraussetzungen und Zweck der Unterbringung]

(1) Ein psychisch Kranker kann gegen seinen Willen oder ohne seine Zustimmung in einem psychiatrischen Krankenhaus oder in einer psychiatrischen Abteilung eines Krankenhauses, auch in einem abgeschlossenen Teil untergebracht werden, wenn und solange er infolge seines Leidens sein Leben, seine Gesundheit oder Rechtsgüter anderer erheblich gefährdet und die Gefahr nicht anders abgewendet werden kann...

(2) Eine Gefahr im Sinne von Abs. 1 besteht auch dann, wenn der bisherige Verlauf der Krankheit erkennen lässt, dass ein Schaden stiftendes Ereignis unmittelbar bevorsteht oder jederzeit damit gerechnet werden kann. Die fehlende Bereitschaft, sich behandeln zu lassen, rechtfertigt für sich allein keine Unterbringung.

§ 7 [Unterbringungsantrag und -verfahren]

(1) Die Unterbringung kann nur auf schriftlichen Antrag des zuständigen sozialpsychiatrischen Dienstes durch gerichtliche Entscheidung angeordnet werden. Für das gerichtliche Verfahren gelten die Bestimmungen des Gesetzes über die Angelegenheiten der freiwilligen Gerichtsbarkeit.

(2) Dem Antrag ist ein ärztliches Gutachten eines Sachverständigen beizufügen. Der Sachverständige soll in der Regel ein Arzt für Psychiatrie sein; in jedem Fall muss er Arzt mit Erfahrungen auf dem Gebiet der Psychiatrie sein. Das Gutachten muss auf einer höchstens drei Tage zurückliegenden Untersuchung beruhen. Aus diesem Gutachten müssen die Unterbringungsvoraussetzungen nach § 6 im Einzelnen hervorgehen.

§ 8 [Vorläufige Unterbringung durch den sozialpsychiatrischen Dienst]

(1) Bestehen dringende Anhaltspunkte für die Annahme, dass die Voraussetzungen für die Unterbringung vorliegen, und kann eine gerichtliche Entscheidung nicht rechtzeitig herbeigeführt werden, so kann der sozialpsychiatrische Dienst die vorläufige Unterbringung längstens bis zum Ablauf des auf den Beginn der Unterbringung folgenden Tages anordnen...

13.20 Zehnte Verordnung zur Änderung betäubungsmittelrechtlicher Vorschriften (Zehnte Betäubungsmittelrechts-Änderungsverordnung - 10. BtMÄndV vom 20. Januar 1998)

§ 2 [Verschreiben durch einen Arzt]

(1) Für einen Patienten darf der Arzt innerhalb von 30 Tagen verschreiben:
a) bis zu zwei der folgenden Betäubungsmittel unter Einhaltung der nachstehend festgelegten Höchstmengen:

1.	Amfetaminil	600 mg,
2.	Buprenorphin	150 mg,
3.	Codein (nur für Betäubungsmittelabhängige)	30 000 mg,
4.	Dihydrocodein (nur für Betäubungsmittelabhängige)	30 000 mg,
5.	Dronabinol	500 mg,
6.	Fenetyllin	2 500 mg,
7.	Fentanyl	1 000 mg,
8.	Hydrocodon	1 200 mg,
9.	Hydromorphon	5 000 mg,
10.	Levacetylmethadol	2 000 mg,
11.	Levomethadon	1 500 mg,
12.	Methadon	3 000 mg,
13.	Methylphenidat	1 500 mg,
14.	Modafinil	12 000 mg,
15.	Morphin	20 000 mg,
16.	Opium, eingestelltes	4 000 mg,
17.	Opiumextrakt	2 000 mg,
18.	Opiumtinktur	40 000 mg,
19.	Oxycodon	15 000 mg,
20.	Pentazocin	15 000 mg,
21.	Pethidin	10 000 mg,
22.	Phenmetrazin	600 mg,
23.	Piritramid	6 000 mg,
24.	Tilidin	18 000 mg

oder

b) eines der weiteren in Anlage III des Betäubungsmittelgesetzes bezeichneten Betäubungsmittel außer Alfentanil, Cocain, Etorphin, Pentobarbital, Remifentanil und Sufentanil.

(2) In begründeten Einzelfällen und unter Wahrung der erforderlichen Sicherheit des Betäubungsmittelverkehrs darf der Arzt für einen Patienten, der in seiner Dauerbehandlung steht, von den Vorschriften des Abs. 1 hinsichtlich 1. des Zeitraumes der Verschreibung, 2. der Zahl der verschriebenen Betäubungsmittel und 3. der festgesetzten Höchstmengen abweichen. Eine solche Verschreibung ist mit dem Buchstaben „A" zu kennzeichnen.

(3) Für seinen Praxisbedarf darf der Arzt die in Abs. 1 aufgeführten Betäubungsmittel sowie Alfentanil, Cocain zur Lokalanästhesie bei Eingriffen am Kopf als Lösung bis zu einem Gehalt von 20 vom Hundert oder als Salbe bis zu einem Gehalt von 2 vom Hundert, Pentobarbital, Remifentanil und Sufentanil bis zur Menge seines durchschnittlichen Zweiwochenbedarfs, mindestens jedoch die kleinste Packungseinheit verschreiben. Die Vorratshaltung soll für jedes Betäubungsmittel den Monatsbedarf des Arztes nicht überschreiten.

(4) Für den Stationsbedarf darf nur der Arzt verschreiben, der ein Kranken-

haus oder eine Teileinheit eines Krankenhauses leitet oder in Abwesenheit des Leiters beaufsichtigt. Er darf die in Absatz 3 bezeichneten Betäubungsmittel unter Beachtung der dort festgelegten Beschränkungen über Bestimmungszweck, Gehalt und Darreichungsform verschreiben. Dies gilt auch für einen Belegarzt, wenn die ihm zugeteilten Betten räumlich und organisatorisch von anderen Teileinheiten abgegrenzt sind.

§ 5 [Verschreiben eines Substitutionsmittels]

(1) Für einen Patienten darf der Arzt ein Substitutionsmittel unter den Voraussetzungen des § 13 Abs. 1 des Betäubungsmittelgesetzes für folgende Bestimmungszwecke verschreiben: 1. die Behandlung der Opiatabhängigkeit mit dem Ziel der schrittweisen Wiederherstellung der Betäubungsmittelabstinenz einschließlich der Besserung und Stabilisierung des Gesundheitszustandes, 2. den befristeten Austausch eines unerlaubt konsumierten Opiats durch ein Substitutionsmittel im Rahmen der Behandlung einer neben der Betäubungsmittelabhängigkeit bestehenden schweren Erkrankung oder 3. die Verringerung der Risiken einer Opiatabhängigkeit während einer Schwangerschaft und nach der Geburt.

(2) Das Verschreiben eines Substitutionsmittels ist zulässig, wenn und solange 1. der Patient für eine Substitution geeignet ist, 2. die Substitution im Rahmen eines darüber hinausgehenden Behandlungskonzeptes erfolgt, das erforderliche begleitende psychiatrische, psychotherapeutische oder psychosoziale Behandlungs- und Betreuungsmaßnahmen mit einbezieht, 3. der Arzt auf die Durchführung erforderlicher begleitender Behandlungs- und Betreuungsmaßnahmen hinwirkt, 4. die vom Arzt durchgeführten Erhebungen keine Erkenntnisse ergeben haben, dass der Patient a) von einem anderen Arzt verschriebene Substitutionsmittel erhält, b) nach Nummer 2 erforderliche begleitende Behandlungs- und Betreuungsmaßnahmen dauerhaft nicht in Anspruch nimmt, c) Stoffe gebraucht, deren Konsum nach Art und Menge den Zweck der Substitution gefährdet, oder d) das ihm verschriebene Substitutionsmittel nicht bestimmungsgemäß verwendet, und 5. der Patient mindestens einmal wöchentlich den behandelnden Arzt konsultiert. Im Übrigen sind die anerkannten Regeln nach dem Stand der medizinischen Wissenschaft zu beachten. Die Bundesärztekammer kann Empfehlungen für das Verschreiben von Substitutionsmitteln auf Grundlage des Standes der medizinischen Wissenschaft abgeben.

(3) Die Verschreibung über ein Substitutionsmittel ist mit dem Buchstaben „S" zu kennzeichnen. Als Substitutionsmittel darf der Arzt für einen Patienten nur Zubereitungen von Levomethadon, Methadon oder ein zur Substitution zugelassenes Arzneimittel oder

in anders nicht behandelbaren Ausnahmefällen Codein oder Dihydrocodein verschreiben. Die oberste Landesgesundheitsbehörde kann zur Bestimmung der anders nicht behandelbaren Ausnahmefälle nähere Festlegungen treffen. Bei der Wahl des Substitutionsmittels sind die Regeln nach dem Stand der medizinischen Wissenschaft zu beachten. Im Falle des Verschreibens nach Abs. 7 ist das Substitutionsmittel in einer zur parenteralen Anwendung nicht verwendbaren gebrauchsfertigen Form zu verschreiben.

(4) Der Arzt, der ein Substitutionsmittel für einen Patienten verschreibt, darf die Verschreibung außer in den in Abs. 7 genannten Fällen nicht dem Patienten aushändigen. Das Rezept darf nur von ihm selbst, seinem ärztlichen Vertreter oder durch das in Abs. 5 Satz 1 bezeichnete Personal in der Apotheke eingelöst werden.

(5) Das Substitutionsmittel ist dem Patienten vom behandelnden Arzt, seinem ärztlichen Vertreter oder von dem von ihm angewiesenen oder beauftragten, eingewiesenen und kontrollierten medizinischen, pharmazeutischen oder in staatlich anerkannten Einrichtungen der Suchtkrankenhilfe tätigen und dafür ausgebildeten Personen zum unmittelbaren Verbrauch zu überlassen. Im Falle des Verschreibens von Codein oder Dihydrocodein kann dem Patienten nach der Überlassung jeweils einer Dosis zum unmittelbaren Verbrauch die für einen Tag zusätzlich benötigte Menge des Substitutionsmittels in abgeteilten Einzeldosen ausgehändigt und ihm dessen eigenverantwortliche Einnahme gestattet werden, wenn dem Arzt keine Anhaltspunkte für eine nicht bestimmungsgemäße Verwendung des Substitutionsmittels durch den Patienten vorliegen.

(6) Das Substitutionsmittel ist dem Patienten in der Praxis eines behandelnden Arztes, in einem Krankenhaus oder in einer Apotheke oder in einer hierfür von der zuständigen Landesbehörde anerkannten anderen geeigneten Einrichtung oder, im Falle einer ärztlich bescheinigten Pflegebedürftigkeit, bei einem Hausbesuch zum unmittelbaren Verbrauch zu überlassen. Der Arzt darf die benötigten Substitutionsmittel in einer der in Satz 1 genannten Einrichtungen unter seiner Verantwortung lagern; die Einwilligung des über die jeweiligen Räumlichkeiten Verfügungsberechtigten bleibt unberührt. Für den Nachweis über den Verbleib und Bestand gelten die §§ 13 und 14 entsprechend.

(7) Der Arzt oder sein ärztlicher Vertreter in der Praxis kann abweichend von Abs. 4 bis 6 dem Patienten einmal in der Woche eine Verschreibung über die für bis zu 7 Tage benötigte Menge des Substitutionsmittels aushändigen und ihm dessen eigenverantwortliche Einnahme erlauben, wenn und solange 1. dem Patienten seit mindestens 6 Monaten ein Substitutionsmittel entsprechend den Abs. 1 bis 6 verschrieben und zum unmittelbaren Verbrauch überlas-

sen wurde, 2. die Einstellung auf die jeweils erforderliche Dosierung des Substitutionsmittels abgeschlossen ist, 3. die vom Arzt durchgeführten Erhebungen keine Erkenntnisse ergeben haben, dass der Patient a) Stoffe gebraucht, deren Konsum nach Art und Menge die eigenverantwortliche Einnahme des Substitutionsmittels nicht erlaubt, oder b) das ihm verschriebene Substitutionsmittel nicht bestimmungsgemäß verwendet. Das Rezept ist dem Patienten durch den Arzt oder seinen ärztlichen Vertreter im Rahmen einer persönlichen ärztlichen Konsultation auszuhändigen.

(8) Patienten, die die Praxis des behandelnden Arztes zeitweilig oder auf Dauer wechseln, hat der behandelnde Arzt vor der Fortsetzung der Substitution auf einem Betäubungsmittelrezept eine Substitutionsbescheinigung auszustellen. Auf der Substitutionsbescheinigung sind anzugeben: 1. Name, Vorname und Anschrift des Patienten, für den die Substitutionsbescheinigung bestimmt ist, 2. Ausstellungsdatum, 3. das verschriebene Substitutionsmittel und die Tagesdosis, 4. Beginn des Verschreibens und der Abgabe nach Abs. 1 bis 6 und gegebenenfalls Beginn des Verschreibens nach Abs. 7, 5. Gültigkeit: von/bis, 6. Name des ausstellenden Arztes, seine Berufsbezeichnung und An-

schrift einschließlich Telefonnummer, 7. Unterschrift des ausstellenden Arztes. Die Substitutionsbescheinigung ist mit dem Vermerk „Nur zur Vorlage beim Arzt" zu kennzeichnen. Teil I der Substitutionsbescheinigung erhält der Patient, die Teile II und III verbleiben bei dem ausstellenden Arzt. Nach Vorlage des Teils I der Substitutionsbescheinigung durch den Patienten und Überprüfung der Angaben zur Person durch Vergleich mit dem Personalausweis oder Reisepass des Patienten kann ein anderer Arzt das Verschreiben des Substitutionsmittels fortsetzen; erfolgt dies nur zeitweilig, hat der andere Arzt den behandelnden Arzt unverzüglich nach Abschluss seines Verschreibens schriftlich über die durchgeführten Maßnahmen zu unterrichten.

(9) Der Arzt hat die Durchführung der nach den vorstehenden Absätzen erforderlichen Maßnahmen zu dokumentieren. Die Dokumentation ist auf Verlangen der zuständigen Landesbehörde zur Einsicht und Auswertung vorzulegen oder einzusenden.

(10) Die Vorschriften nach den Absätzen 1 bis 9 sind entsprechend anzuwenden, wenn das Substitutionsmittel aus dem Bestand des Praxisbedarfs oder Stationsbedarfs zum unmittelbaren Verbrauch überlassen oder abgegeben wird.

13.21 Handreichungen für Ärzte zum Umgang mit Patientenverfügungen (Dt Ärztebl 1999; 96: B-2195–2196)

Jeder Patient hat ein Recht auf Selbstbestimmung. Das gilt auch für Situationen, in denen der Patient nicht mehr in der Lage ist, seinen Willen zu äußern. Für diesen Fall gibt es vorsorgliche Willensbekundungen, die den Arzt darüber informieren, in welchem Umfang bei fehlender Einwilligungsfähigkeit eine medizinische Behandlung gewünscht wird. Da nach wie vor Unsicherheit darüber besteht, wie solche Erklärungen formal und inhaltlich zu gestalten sind und wann beziehungsweise inwieweit sie Gültigkeit haben, wurden die nachstehenden Hinweise von der Bundesärztekammer erarbeitet. Sie dienen als Handreichung für Ärzte, die um Rat bei der Aufstellung von Patientenverfügungen gefragt werden oder denen eine Patientenverfügung vorgelegt wird.

1. Möglichkeiten der Willensbekundung
Möglichkeiten der vorsorglichen Willensbekundung zur Sicherung der Selbstbestimmung sind Patientenverfügungen, Vorsorgevollmachten und Betreuungsverfügungen. Sie können jederzeit vom Patienten geändert oder widerrufen werden.

1.1 Patientenverfügungen
Eine Patientenverfügung (bisweilen Patiententestament genannt) ist eine schriftliche oder mündliche Willensäußerung eines entscheidungsfähigen Patienten zur zukünftigen Behandlung für den Fall der Äußerungsunfähigkeit. Mit ihr kann der Patient unter anderem bestimmen, ob und in welchem Umfang bei ihm in bestimmten, näher umrissenen Krankheitssituationen medizinische Maßnahmen eingesetzt werden sollen.
In einer Patientenverfügung kann der Patient auch eine Vertrauensperson benennen, mit der der Arzt die erforderlichen medizinischen Maßnahmen besprechen soll und die dem Arzt dann, wenn der Patient nicht mehr in der Lage ist, seinen Willen selbst zu äußern, bei der ihm obliegenden Ermittlung des mutmaßlichen Willens unterstützend zur Verfügung steht.
Es empfiehlt sich, den Arzt gegenüber dieser Person von seiner Schweigepflicht zu entbinden.

1.2 Vorsorgevollmachten
Mit einer Vorsorgevollmacht kann der Patient für den Fall, dass er nicht mehr in der Lage ist, seinen Willen zu äußern, eine oder mehrere Personen bevollmächtigen, Entscheidungen mit bindender Wirkung für ihn, unter anderem in seinen Gesundheitsangelegenheiten, zu treffen (§ 1904 Abs. 2 BGB).
Vorsorgevollmachten sollten schriftlich abgefasst sein und die von ihnen umfassten ärztlichen Maßnahmen möglichst benennen. Eine Vorsorgevollmacht muss schriftlich niedergelegt

werden, wenn sie sich auf Maßnahmen erstreckt, bei denen die begründete Gefahr besteht, dass der Patient stirbt oder einen schweren und länger dauernden gesundheitlichen Schaden erleidet. Die Einwilligung des Bevollmächtigten bedarf in diesen Fällen (§ 1904 BGB) der Zustimmung des Vormundschaftsgerichtes, es sei denn, dass mit dem Aufschub Gefahr verbunden ist.

Ob die Einschaltung des Vormundschaftsgerichts auch bei der Beendigung lebenserhaltender Maßnahmen im Vorfeld der Sterbephase erforderlich ist, ist zurzeit strittig. Zur rechtlichen Absicherung kann es sich empfehlen, das Vormundschaftsgericht anzurufen. Die Beendigung lebenserhaltender Maßnahmen während des Sterbeprozesses verpflichtet nicht zur Anrufung des Vormundschaftsgerichtes.

1.3 Betreuungsverfügungen

Eine Betreuungsverfügung ist eine für das Vormundschaftsgericht bestimmte Willensäußerung für den Fall der Anordnung einer Betreuung. In ihr können Vorschläge zur Person eines Betreuers und Wünsche zur Wahrnehmung seiner Aufgaben fixiert sein. Eine Betreuung kann vom Gericht für bestimmte Bereiche angeordnet werden, wenn der Patient nicht mehr in der Lage ist, seine Angelegenheiten selbst zu besorgen und eine Vorsorgevollmacht hierfür nicht vorliegt oder nicht ausreicht. Der Betreuer entscheidet im Rahmen seines Aufgabenkreises für den Betreuten. Auch dann

dürfen Maßnahmen nicht gegen den erkennbaren Willen des Patienten durchgeführt werden.

2. Vertrauensperson, Bevollmächtigter, Betreuer

In der Regel werden nahe stehende Personen benannt werden. Bei der Benennung ist zu bedenken, dass Nahestehende in kritischen Situationen besonders schweren Belastungen und Konflikten ausgesetzt sein können. Es sollte niemand bestimmt werden, ohne dass mit ihm rechtzeitig und ausführlich über die anstehenden Aufgaben gesprochen wurde. Die benannte Person sollte die getroffenen Regelungen - insbesondere eine Patientenverfügung - kennen.

Wer zu einer Einrichtung, in welcher der Betreute untergebracht ist oder wohnt, in einer engen Beziehung steht, darf nicht zum Betreuer bestellt werden (§ 1897 Abs. 3 BGB).

3. Inhalt

3.1 Situationen

Willensbekundungen im Sinne der Ziffer 1 sollen Aussagen zu den Situationen enthalten, für die sie gelten sollen, z. B.:

- Sterbephase
- nicht aufhaltbare schwere Leiden
- dauernder Verlust der Kommunikationsfähigkeit
- Notwendigkeit andauernder schwerwiegender Eingriffe (z.B. Beatmung, Dialyse, künstliche Ernährung, Organersatz)

3.2 Ärztliche Maßnahmen

Für die genannten Situationen können Patientenverfügungen auch Aussagen zur Einleitung, zum Umfang und zur Beendigung ärztlicher Maßnahmen enthalten, etwa

- künstliche Ernährung, Beatmung oder Dialyse
- Verabreichung von Medikamenten wie z.B. Antibiotika, Psychopharmaka oder Zytostatika
- Schmerzbehandlung
- Art der Unterbringung und Pflege
- Hinzuziehung eines oder mehrerer weiterer Ärzte

3.3 Ergänzende persönliche Angaben

Um in Situationen, die in der Verfügung nicht erfasst sind, den mutmaßlichen Willen besser ermitteln zu können, empfiehlt es sich auch, Lebenseinstellungen, religiöse Überzeugung sowie die Bewertung von Schmerzen und schweren Schäden in der verbleibenden Lebenszeit mitzuteilen.

3.4 Ärztliche Beratung

Vor Abfassung einer Patientenverfügung kann es hilfreich sein, ein ärztliches Gespräch über deren Inhalt und Umfang und Tragweite zu führen. Ein Vermerk darüber, dass eine ärztliche Beratung stattgefunden hat, kann zusätzlich belegen, dass der Patient sich auch mit dem medizinischen Für und Wider seiner Entscheidung auseinander gesetzt hat; dies kann die Ernsthaftigkeit unterstreichen und die Verbindlichkeit erhöhen.

3.5 Schweigepflicht

Gegenüber dem Bevollmächtigten und dem Betreuer ist der Arzt zur Auskunft verpflichtet, da Vollmacht und Gesetz den Arzt von der Schweigepflicht freistellen. In der Patientenverfügung können weitere Personen benannt werden, gegenüber denen der Arzt von der Schweigepflicht entbunden wird und denen Auskunft erteilt werden soll.

3.6 Aktive Sterbehilfe

Aktive Sterbehilfe darf, auch wenn sie in einer Patientenverfügung verlangt wird, nicht geleistet werden, da sie gesetzwidrig ist.

4. Form

Patientenverfügungen bedürfen keiner besonderen Form. Aus Beweisgründen sollten sie jedoch schriftlich abgefasst sein. Eine eigenhändige Niederschrift der Patientenverfügung ist nicht notwendig. Die Benutzung eines Formulars ist möglich. Eine Patientenverfügung soll möglichst persönlich unterschrieben und mit Datum versehen sein. Rechtlich ist es weder erforderlich, die Unterschrift durch Zeugen bestätigen zu lassen, noch eine notarielle Beglaubigung der Unterschrift herbeizuführen.

Um Zweifeln zu begegnen, kann sich jedoch eine Unterschrift vor Zeugen empfehlen, die ihrerseits schriftlich die Echtheit der Unterschrift sowie das Vorliegen der Einwilligungsfähigkeit des Verfassers bestätigen.

5. Einwilligungsfähigkeit

Patientenverfügungen sind nur wirksam, wenn der Patient zur Zeit der Abfassung einwilligungsfähig war. Sofern keine gegenteiligen Anhaltspunkte vorliegen, kann der Arzt von der Einwilligungsfähigkeit des volljährigen Patienten ausgehen. Die Einwilligungsfähigkeit liegt vor, wenn der Patient Bedeutung, Umfang und Tragweite der Verfügung zu beurteilen vermag. Das gilt auch für Minderjährige. Die Umsetzung ihres Willens kann grundsätzlich jedoch nicht gegen den Willen der Sorgeberechtigten erfolgen.

6. Verbindlichkeit

Grundsätzlich gilt der in der Patientenverfügung geäußerte Wille des Patienten, es sei denn, es liegen konkrete Anhaltspunkte vor, die auf eine Veränderung seines Willens schließen lassen. Da Patientenverfügungen jederzeit formlos widerruflich sind, muss vom behandelnden Arzt geprüft werden, ob Anhaltspunkte für eine Willensänderung vorliegen.

Um Zweifel an der Verbindlichkeit älterer Verfügungen zu beseitigen, empfiehlt es sich, diese in regelmäßigen Abständen zu bestätigen oder zu ergänzen.

7. Aufbewahrungsempfehlung

Um sicherzugehen, dass die behandelnden Ärzte Patientenverfügungen zur Kenntnis nehmen können, sollten diese gemeinsam mit den persönlichen Papieren bei sich geführt werden. Auch ein einfacher Hinweis, dass solche Verfügungen verfasst wurden und wo sie zu finden sind, kann förderlich sein.

Hilfreich ist es weiterhin, wenn z.B. die Angehörigen oder der Arzt des Vertrauens über das Vorliegen informiert werden.

Für den Arzt, der gemäß einer Patientenverfügung behandelt, empfiehlt es sich, eine Kopie der Patientenverfügung zu den Krankenunterlagen zu nehmen und Äußerungen benannter Personen zu dokumentieren.

13.22 Satzung der Ethikkommission der Ärztekammer Westfalen-Lippe (Auszug)

Die Kammerversammlung der Ärztekammer Westfalen-Lippe hat in ihrer Sitzung am 22. Mai 1996 aufgrund § 7 Heilberufsgesetz NW in der Fassung der Bekanntmachung vom 27. April 1994 (GV. NW. S. 204/SGV. NW. 2122) folgende Satzung der Ethikkommission beschlossen:

§ 1 [Errichtung, Zuständigkeit und Aufgaben]

(1) Bei der Ärztekammer Westfalen-Lippe ist eine Ethikkommission als unabhängige Einrichtung eingerichtet. Sie führt die Bezeichnung: „Ethikkommission der Ärztekammer Westfalen-Lippe und der Medizinischen Fakultät der Westfälischen Wilhelms-Universität Münster". Sie hat ihren Sitz in Münster unter der Anschrift der Medizinischen Fakultät der Westfälischen Wilhelms-Universität Münster.

(2) Die Ethikkommission hat die Aufgabe, auf Antrag medizinsche Forschung am Menschen und epidemiologische Forschung mit personenbezogenen Daten ethisch und rechtlich zu beurteilen und in diesem Rahmen Kammerangehörige und Fakultätsmitglieder in berufsethischen und berufsrechtlichen Fragestellungen zu beraten. Sie nimmt insbesondere auch die Aufgaben gem. § 40 Abs. 1 Arzneimittelgesetz, § 17 Medizinproduktegesetz und § 1 Abs. 4 und 5 Berufsordnung wahr. Die Kommission legt ihrer Arbeit die gesetzlichen Bestimmungen und berufsrechtlichen Regelungen sowie die Deklarationen des Weltärztebundes von Helsinki in der jeweils geltenden Fassung zugrunde.

(4) Die Ethikkommission ist zuständig für alle von Kammerangehörigen durchgeführten medizinischen Forschungsvorhaben und klinischen Prüfungen am Menschen. Die Kommission ist auch zuständig, wenn über das Erstvotum hinaus gem. § 17 Abs. 6 Satz 2 Medizinproduktegesetz weitere Voten beantragt werden. Die Ethikkommission kann Entscheidungen anderer, nach Landesrecht gebildeter Ethikkommissionen übernehmen, sofern deren Verfahren und Kriterien der Bewertung gleichwertig sind.

§ 2 [Zusammensetzung]

(1) Die Ethikkommission besteht aus 10 Mitgliedern. Sie werden von der Kammerversammlung der Ärztekammer Westfalen-Lippe auf Vorschlag des Kammervorstandes für die Dauer der Wahlperiode der Organe der Ärztekammer Westfalen-Lippe gewählt und durch den Fachbereichsrat der Medizinischen Fakultät der Westfälischen Wilhelms-Universität Münster bestätigt.

(2) Mindestens 5 Mitglieder müssen Ärztinnen oder Ärzte sein. Ein Mitglied muss die Befähigung zum Richteramt besitzen, ein weiteres Mitglied muss

über eine durch einen akademischen philosophischen oder theologischen Grad ausgewiesene Qualifikation sowie über mehrjährige Erfahrung auf dem Gebiet der Ethik verfügen. Zwei der ärztlichen Mitglieder sollen erfahrene Klinikerinnen oder Kliniker, ein Mitglied sollte auf dem Gebiet der theoretischen Medizin besonders erfahren sein. Für Stellvertreterinnen oder Stellvertreter gilt Entsprechendes.

(5) Mitglieder der Ethikkommission können aus wichtigem Grund vom Kammervorstand abberufen werden. Das Mitglied ist vorher anzuhören. In einem Verfahren der Ethikkommission getroffene Entscheidungen können keinen Grund für die Abberufung eines Mitgliedes der Kommission darstellen.

§ 3 [Anforderungen an die Sachkunde, die Unabhängigkeit und die Pflichten der Mitglieder]

(1) Die Mitglieder und ihre Stellvertreterinnen bzw. Stellvertreter müssen über die erforderliche Fachkompetenz verfügen.

(2) Sie sind bei der Wahrnehmung ihrer Aufgaben unabhängig, an Weisungen nicht gebunden und nur ihrem Gewissen verantwortlich. Sie sind zur Vertraulichkeit und Verschwiegenheit verpflichtet.

§ 4 [Voraussetzungen für das Tätigwerden]

(1) Die Ethikkommission wird auf schriftlichen Antrag eines Kammeran-gehörigen oder des Kammervorstandes tätig. Anträge können geändert oder zurückgenommen werden.

(2) Voraussetzung für ein Tätigwerden der Ethikkommission ist die Vorlage aller erforderlichen Unterlagen und die Entrichtung der Gebühren.

(3) Dem Antrag ist eine Erklärung darüber beizufügen, ob und gegebenenfalls wo bereits vorher oder - bei multizentrischen Forschungsvorhaben - gleichzeitig Anträge gleichen Inhaltes bei anderen Ethikkommissionen gestellt worden sind. Dazu bereits vorliegende Voten sind beizufügen.

(4) Sofern dem Forschungsvorhaben ein anderes vorausgegangen ist (Pilotstudie), ist die Stellungnahme der Ethikkommission zu diesem anderen Vorhaben mit einem Bericht über die Durchführung und das Ergebnis dieses anderen Vorhabens dem Antrag beizufügen.

(5) Des Weiteren ist eine Erklärung beizufügen, in der sich die Antragstellerin bzw. der Antragsteller verpflichtet, Änderungen des Forschungsvorhabens oder Prüfplanes sowie schwerwiegende oder unerwartete unerwünschte Ereignisse, die nach der Antragstellung oder nach dem Verfahren vor der Ethikkommission vorgenommen werden oder eintreten, der Ethikkommission unverzüglich anzuzeigen. Dies gilt insbesondere für Änderungen des Forschungsvorhabens oder des Prüfplanes, die vor oder während der Durchführung des Forschungsvorhabens vorgenommen werden und für schwerwiegende oder uner-

247

wartete unerwünschte Ereignisse, die während oder nach der Durchführung des Forschungsvorhabens eintreten.

§ 5 [Verfahren und Entscheidung]

(1) Die Ethikkommission trifft ihre Entscheidungen in der Regel nach mündlicher Erörterung. Anträge, gegen die nach Meinung des Vorsitzenden keine ethischen und rechtlichen Bedenken bestehen, können im schriftlichen Verfahren behandelt werden, sofern nicht ein Mitglied der Kommission eine mündliche Erörterung verlangt. Die Kommission kann beschließen, dass in einfachen, genau definierten Fällen ein Ausschuss, bestehend aus dem Vorsitzenden und dem juristischen Mitglied der Kommission, anstelle der Kommission im schriftlichen Verfahren entscheidet.

(2) Zu den im Regelfall einmal im Monat stattfindenden Sitzungen beruft der Vorsitzende oder im Verhinderungsfall der stellvertretende Vorsitzende ein. Die Ethikkommission ist beschlussfähig, wenn mindestens fünf Mitglieder oder stellvertretende Mitglieder anwesend sind; davon muss ein Mitglied die Befähigung zum Richteramt haben. Mitglieder oder stellvertretende Mitglieder sind von der Beratung und Beschlussfassung ausgeschlossen, wenn sie selbst an dem Forschungsprojekt oder der klinischen Prüfung mitwirken oder ihre Interessen berührt sind.

(3) Die Kommission kann von den Antragstellerinnen bzw. Antragstellern ergänzende Unterlagen, Angaben oder Begründungen verlangen. Die Antragstellerinnen bzw. Antragsteller können gehört werden. Die Kommission kann Sachverständige beratend hinzuziehen.

(4) Die Sitzungen der Ethikkommission sind nicht öffentlich. Über jede Sitzung ist eine Niederschrift mit den wesentlichen Ergebnissen anzufertigen.

(5) Die Kommission entscheidet bei mündlicher Erörterung mit einfacher Mehrheit der Anwesenden, im schriftlichen Verfahren mit einfacher Mehrheit aller Mitglieder. Stimmenthaltung gilt als Ablehnung. Bei Stimmengleichheit entscheidet die Stimme des Vorsitzenden.

(6) Die Voten der Ethikkommission lauten entweder: a) „Es bestehen keine Bedenken gegen die Durchführung des Forschungsvorhabens." *) oder b) „Es bestehen keine Bedenken gegen die Durchführung des Forschungsvorhabens, wenn - im Einzelnen zu bestimmende - Auflagen erfüllt werden." oder c) „Es bestehen Bedenken gegen die Durchführung des Forschungsvorhabens." Die Voten sind den Antragstellerinnen bzw. Antragstellern schriftlich bekannt zu geben mit dem Hinweis auf die Verpflichtung, das Votum jeder teilnehmenden Ärztin und jedem teilnehmenden Arzt mitzuteilen. Die Voten können mit weiteren Hinweisen, Ratschlägen oder Empfehlungen versehen werden. Ablehnende Voten sind zu begründen.

(7) Bei Anzeige von schwerwiegenden oder unerwarteten, unerwünschten

Ereignissen, die während des Forschungsvorhabens auftreten und die die Sicherheit der Teilnehmer oder die Durchführung des Forschungsvorhabens beeinträchtigen könnten, prüft die Kommission die Wiederaufnahme des Verfahrens. Wird das Verfahren wiederaufgenommen, prüft die Kommission, ob sie ihr früheres Votum aufrechterhält.

*) (Dieses Votum stellt eine zustimmende Bewertung der Ethikkommission gem. § 40 Abs. 1 Satz 2 Arzneimittelgesetz bzw. § 17 Abs. 6 Medizinproduktegesetz dar.)

§ 6 [Sonderbestimmungen bei Vorliegen von Voten anderer Ethikkommissionen]

(1) Ärzte im Zuständigkeitsbereich der Ärztekammer Westfalen-Lippe, die an einem multizentrischen Forschungsvorhaben teilzunehmen beabsichtigen, das bereits von einer anderen, nach Landesrecht gebildeten zuständigen Ethikkommission zustimmend bewertet worden ist, haben die Ethikkommission durch Vorlage des bei einer anderen Ethikkommission gestellten Antrages und deren Votums zu informieren. Der Vorsitzende der Ethikkommission oder ein von ihm beauftragtes Mitglied entscheidet innerhalb von 14 Tagen nach Eingang dieser Unterlagen, ob eine Beratung des Arztes durch die Ethikkommission erforderlich ist. Der die Teilnahme beabsichtigende Arzt ist bejahendenfalls verpflichtet, bei der Ethikkommission einen Antrag gemäß § 4 zu stellen.

(2) Die Ethikkommission kann in einem vereinfachten schriftlichen Verfahren entscheiden, wenn ihr ein Antrag zur Beurteilung eines Forschungsvorhabens vorgelegt wird, an dem Ärzte im Zuständigkeitsbereich der Ärztekammer Westfalen-Lippe teilzunehmen beabsichtigen und das von einer anderen, nicht nach Landesrecht gebildeten Ethikkommission zustimmend bewertet worden ist. In dem vereinfachten schriftlichen Verfahren prüfen nur der Vorsitzende und ein weiteres Mitglied die vollständigen Unterlagen.

14. Abkürzungsverzeichnis

AMG	Arzneimittelgesetz	LBG	Landesbeamtengesetz
AUB	Allgemeine Unfallversicherungsbedingungen	LG	Landgericht
		LVA	Landesversicherungsanstalt
AVB	Allgemeine Versicherungsbedingungen	MdE	Minderung der Erwerbsfähigkeit
BBG	Bundesbeamtengesetz	MDK	Medizinischer Dienst der
BEG	Bundesentschädigungsgesetz		Krankenversicherung
		NJW	Neue Juristische Wochenschrift
BfA	Bundesversicherungsanstalt für Angestellte	OEG	Opferentschädigungsgesetz
BGB	Bürgerliches Gesetzbuch	PKV	Private Krankenversicherung
BGH	Bundesgerichtshof	PsychK	Gesetz für Hilfen und
BGHZ	Entscheidungen des BGH in Zivilsachen		Schutzmaßnahmen bei psychisch Kranken
BSeuchG	Bundesseuchengesetz	pVV	positive Vertragsverletzung
BSG	Bundessozialgesetz	RVO	Reichsversicherungsordnung
BSHG	Bundessozialhilfegesetz		
BtG	Betreuungsgesetz	SchwbG	Schwerbehindertengesetz
BVG	Bundesversorgungsgesetz	SGB	Sozialgesetzbuch
EheG	Ehegesetz	StGB	Strafgesetzbuch
FamRZ	Zeitschrift für Familienrecht	StPO	Strafprozessordnung
		StVZ	Straßenverkehrszulassungsordnung
FGG	Gesetz über die Angelegenheiten der freiwilligen Gerichtsbarkeit	SVG	Soldatenversorgungsgesetz
		TSG	Transsexuellengesetz
GdB	Grad der Behinderung	ZDG	Zivildienstgesetz
GG	Grundgesetz	ZPO	Zivilprozessordnung
GKV	Gesetzliche Krankenversicherung	ZSEG	Gesetz für die Entschädigung von Zeugen und Sachverständigen
HHG	Häftlingshilfegesetz		

15. Stichwortverzeichnis*

*kursiv gestellte Seitenzahlen beziehen sich auf die im Anhang enthaltenen Gesetzestexte